苏州大学专业学位硕士案例教材

企业伦理与文化案例精选

魏文斌　编著

苏州大学出版社
Soochow University Press

图书在版编目(CIP)数据

企业伦理与文化案例精选 / 魏文斌编著. —苏州:苏州大学出版社,2016.9
苏州大学专业学位硕士案例教材
ISBN 978-7-5672-1854-3

Ⅰ.①企… Ⅱ.①魏… Ⅲ.①企业伦理-案例-研究生-教材②企业文化-案例-研究生-教材 Ⅳ.①F270-05②F272-05

中国版本图书馆 CIP 数据核字(2016)第 226139 号

内容简介

本书以《企业伦理与文化》课程内容为主题精选 10 篇典型案例和 1 篇专题案例,除第一部分综述企业伦理与文化研究进展外,所选案例的素材均源于对苏州本土企业的实地调研或对公开资料的收集整理。每个案例都包括案例正文和案例使用说明,部分案例提供了较为详细的分析过程,力求与国际国内 MBA 教学案例标准接轨,内容上完整呈现工商管理教学案例全貌。

本书适合 MBA 学员、工商管理专业本科生以及感兴趣的人员阅读。

企业伦理与文化案例精选

魏文斌 编著

责任编辑 王 亮

苏州大学出版社出版发行
(地址:苏州市十梓街1号 邮编:215006)
丹阳市兴华印刷厂印装
(地址:丹阳市胡桥镇 邮编:212313)

开本 710 mm×1 000 mm 1/16 印张 15 字数 260 千
2016 年 9 月第 1 版 2016 年 9 月第 1 次印刷
ISBN 978-7-5672-1854-3 定价:38.00 元

苏州大学版图书若有印装错误,本社负责调换
苏州大学出版社营销部 电话:0512-65225020
苏州大学出版社网址 http://www.sudapress.com

前　言

　　企业伦理与文化管理问题是一个极具复杂性的世界性课题。近年来,面对一些企业发生的重大失信、社会责任缺失事件,国内外学者对企业伦理与文化管理的研究空前活跃,相关文献可谓汗牛充栋。与之相适应,各国商学院或管理学院纷纷开设《商业伦理学》《企业文化学》《企业伦理与文化》《企业社会责任》等课程。回顾中国的MBA教育,这个世界性课题也引起了主管部门和教育机构的重视。全国MBA教育指导委员会在2009年5月修订的《关于工商管理硕士(MBA)研究生培养过程的若干基本要求》中,规定MBA教育项目的"课程设置、教育环节或课程内容中应包含有企业社会责任和商业伦理教育方面的具体内容和明确要求"。

　　MBA是我国于1991年试办的管理类第一个专业硕士学位,培养过程主要采用"三段式"培养方式,即结合课程学习、企业实践和学位论文来培养管理类专业型硕士研究生的综合素质。实践活动是专业学位硕士教育的重要环节之一,案例教学则是MBA教学的主要方法,即围绕一定培训目的,把企业实际中真实的情景加以典型化处理,形成供学员思考分析和决策的案例,通过独立研究和相互讨论的方式提高学员对企业经营管理问题分析和解决问题能力的一种方法。

　　苏州大学是国务院学位办2003年批准的第五批MBA培养院校,于2004年正式招生,已培养MBA毕业生1500多名,目前在读MBA学员超过800名。自开办MBA教育以来,积极探索MBA教学规律,注重培养学员的管理实践能力,取得了一定的办学效果,但案例教学仍然存在一些突出问题,尤其是缺少典型的本土企业教学案例。为此,我们于 2012 年 3 月成立了 MBA 案例研究中心。2013 年开始,苏州大学 MBA 积极响应全国 MBA 教育指导委员会"百篇优秀管理案例"评选工作,动员和组织专业教师开发、编写本土企业教学案例。

多年来,笔者主讲 MBA《企业伦理与文化》课程,在编写理论著作的同时,关注苏州本土企业案例。特别是 2012 年 6 月苏州大学 MBA 和苏州市工商行政管理学会合作成立"企业案例研究基地"以来,确定了以"苏州本土品牌企业发展研究"为重点课题,先后实地调研了 30 多家本土品牌企业,共同主编出版了《苏州本土品牌企业发展报告》"三部曲"(驰名商标卷、老字号卷、上市公司卷),为本书的编写提供了第一手的企业案例素材。

为深入探讨 MBA 教学改革,笔者申请并主持了 2013 年度江苏省研究生创新工程教改项目:工商管理硕士(MBA)研究生课程教学改革研究与实践——以 MBA 项目为例(项目编号:JGZZ13_073),该项目于 2016 年 2 月通过了结题验收。在笔者提出的进一步发展和完善 MBA 互动式培养模式对策建议中,强调要持续开发本土企业教学案例,采编第一手教学案例应常态化。本书的编写即是持续开发本土企业教学案例的阶段性成果。

本书除第一部分综述企业伦理与文化研究进展外,编写的案例具有三个方面的特点:一是案例对象典型,以原创型案例为主。本书所选取的案例对象具有典型性,所编案例的素材均源于对苏州本土企业的实地调研或对公开资料的收集整理。二是以正面剖析本土品牌企业社会责任和企业文化建设实践为主。学习、讨论和借鉴行业领先企业或典型企业的社会责任与文化管理实践,有助于学员提高运用理论知识分析企业实际问题的能力,有利于学员掌握企业社会责任与文化管理解决方案的操作性。三是案例编写具有规范性、可读性和专业性。案例格式上写作规范,兼顾行文上的可读性。每个案例都包括案例正文和案例使用说明,部分案例提供了较为详细的分析过程,力求与国际国内管理教学案例标准接轨,内容上完整呈现工商管理教学案例全貌。

前言

在对本书所涉及企业的实地调研过程中,得到了苏州市市场监督管理学会(原工商行政管理学会)洪海秘书长的大力支持,得到了被调研企业高管和其他管理人员以及课题组成员的积极配合。笔者指导的硕士生沈正、汤华、雷星星、胡菊、华佩佩等同学参与了部分企业的调研和资料整理。本书的编写,得到了加拿大毅伟商学院案例教学资深教师陈时奋教授的指点和中国管理案例共享中心副主任、大连理工大学管理与经济学部案例教学与研究中心主任王淑娟以及国内同行在中国管理案例共享中心案例库的分享。本书的出版,得到了苏州大学研究生院、苏州大学东吴商学院、苏州大学出版社有关领导的关心和支持,获得了2014年度苏州大学专业学位硕士案例教材建设项目的资助。对于上述人员和单位的支持,在此一并表示感谢!

编写面向MBA专业学位、以《企业伦理与文化》课程内容为主题的原创型苏州本土企业教学案例,对笔者而言还是初步尝试,而且对案例写作并无定论,因而书中不足及疏漏之处在所难免,恳请读者批评指正。

文 子
2016年5月4日于苏州大学MBA案例研究中心
2016年7月15日定稿于加拿大蒙城寓所

目 录

理 论 篇

企业伦理兴起的背景与研究进展 / 002

企业文化的兴起、理论标志及其发展趋势 / 012

案 例 篇

雷允上：三百年品牌传承与发展 / 024

亨通集团的社会责任体系 / 042

纽威阀门的利益相关者管理 / 060

昆山中荣公司爆炸事件 / 078

苏州上市公司社会责任信息披露与分析 / 096

宋郑还：追梦"好孩子" / 120

旭日装饰的企业文化升级之路 / 136

德胜洋楼：制度背后的立法精神 / 156

捷安特的品牌文化 / 175

飞翔公司的企业文化建设如何优化 / 189

松鹤楼：餐饮老字号的品牌创新 / 207

附录：管理案例教学 / 222

理论篇
LILUNPIAN

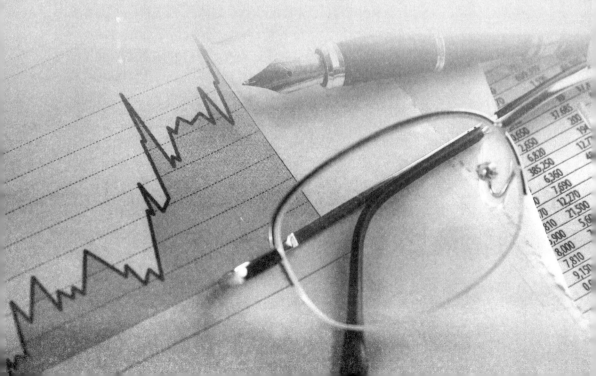

企业伦理兴起的背景与研究进展

一、企业伦理兴起的背景

从全球范围的人类文明进程来看,人类活动在对社会进步不懈追求的同时,也让潘多拉打开了罪恶的盒子;随着"天使"的降临,"魔鬼"也跟踪而至。工业文明使人类找到了通过商品经济实现生产力高速增长的通道,但付出的成本却是生态环境的破坏、不可再生资源的丧失、道德的沦丧以及人性的扭曲。面对企业社会责任行为缺失的种种困境,人们提出了可持续发展、社会责任和利益相关者管理,呼吁构建企业责任文化。随着人们对企业管理行为进行伦理反思的不断深入,企业伦理和社会责任在世界范围内吸引了许多学者进行跨学科的讨论,已成为管理学科和应用伦理学中的一个极具活力的研究领域。

从理论层面来看,企业伦理研究经历了从经济伦理、商业伦理到企业社会责任这样一个历史发展脉络。其理论渊源可追溯到英国古典经济学家亚当·斯密的经济伦理学,斯密以伦理学为基础,研究了经济学与伦理学之间的关系,建立了经济伦理学基础。20世纪初,美国商业界和法学界兴起了关于企业社会责任的讨论。1953年,霍华德·R. 鲍恩(Howard R. Bowen)在其著作《商人的社会责任》[①]中提出"商人应该为社会承担什么责任"的问题,开创了企业社会责任研究的领域,他因此被誉为"企业社会责任之父"。1974年11月,在美国堪萨斯大学召开了第一届全美企业伦理学讨论会,这次大会的举行标志着企业伦理作为一门学科得到了相应的确立,并由此引发了"利润先于伦理"与"伦理先于利润"之争。

从实践层面来看,对企业经营活动中的伦理道德因素的重视,发端于20世纪60年代美国的企业伦理运动。当时一些企业在生产经营活动中肆意污染环境、忽视安全生产、销售不合格产品、歧视员工等,这些不道德行为经

---

① 霍华德·R. 鲍恩. 商人的社会责任[M]. 北京:经济管理出版社,2015.

媒体曝光后,引起了公众的强烈反响,并在全社会引发了一场保护消费者权益的运动。企业的反伦理行为,不仅扭曲了市场体系,导致资源配置效率低下,而且破坏了企业与其利益相关者的关系,直接影响到企业的形象和长期绩效。因此,企业不得不屈从于社会公众的压力和自我生存的需要,转而重视企业伦理问题。

20世纪80年代以后,企业伦理在理论和实践方面进入了全面发展的阶段。主要标志为:

第一,就范围来看,企业伦理学从美国迅速扩展到日本、欧洲等国家和地区。有关企业管理伦理方面的研究机构、出版物在美国、加拿大、欧洲、日本和韩国纷纷问世。欧洲对管理伦理的研究更是采取联合行动,1987年成立了"欧洲经济伦理网络"(EBEN),参加国有德国、瑞典、意大利、法国、西班牙、荷兰和英国等,其宗旨是要在所有的经济管理层次上为改进整个决策过程和伦理质量做出贡献。西方各国的政府和民间机构在推动管理伦理建设方面也发挥了重要的作用。一些民间组织,如美国的伦理资源中心、欧洲经济伦理网络、日本经营伦理学会等,则经常就一些管理伦理问题进行全方位、多层次的讨论,使管理伦理运动不断向纵深发展。

第二,在企业伦理教育和研究方面,绝大多数大学中的商学院开设了企业伦理和商业道德方面的课程。据统计,美国已有90%以上的商学院开设了企业伦理学课程,其中,哈佛大学商学院是最早强调企业伦理方面教育的学院之一。1987年,毕业于哈佛大学商学院的美国前证券交易委员会主席约翰·沙德(John Shad)先生,由于看到不少全美著名的管理学院与法学院的年轻人被卷入金钱交易和公物私用的商界丑闻,在颇感失望之余,给哈佛商学院捐款2000万美元,并提出倡议开设"管理决策与伦理价值"课程。一些学者也相继编写了企业伦理方面的教材,如汤姆·比彻姆和诺曼·鲍依的《企业与伦理理论》,施泰因曼和勒尔的《企业伦理学基础》,D. J. 弗里切的《商业伦理学》,O. C. 费雷尔、约翰·弗雷德里克和琏达·费雷尔的《商业伦理:伦理决策与案例》等。

第三,企业伦理在实践中也得到了广泛的应用。在西方企业伦理运动的演进过程中,企业界无疑扮演了核心的角色。20世纪80年代,大多数西方企业开始明确企业的价值观、信条和使命,制定企业经营管理守则和行为规范,对企业管理人员和一般员工进行伦理道德培训,建立企业伦理官员和伦理办公室制度。1988年,由各大公司总裁组成的美国企业圆桌委员会把企业良好的伦理道德风气看作是首要的企业资产,并以此促进美国企业界的观念变革。1994年,欧美日三方企业界领袖在瑞士通过了《康克斯圆桌委员会商务原则》,呼吁全球企业特别是跨国公司本着"共生"和"人类尊严"的理念,处理好企业与其雇员、客户、竞争对手、所有人或投资者、供应商以及所在社区的关系,积极承担相应的责任,而不能仅仅依靠法律和市场的力量去规范企业活动。这一原则为企业经营管理提供了伦理道德上的重要参考。英国、德国等欧洲国家中越来越多的大企业已经和正在制定成文的企业管理伦理准则,有超过一半的企业设有专门的企业伦理机构,负责有关企业伦理方面的工作,在企业的实际运作中对于企业的文化氛围和道德形象均起到了良好作用。

另外,美国一流商学院纷纷成立企业伦理研究中心或企业社会责任研究中心。如沃顿商学院于1997年成立了"企业伦理研究中心",圣母大学门多萨商学院于2001年成立了"全球道德经营研究所",卡内基·梅隆大学商学院于2002年成立了"国际企业责任研究中心",哥伦比亚大学商学院于2003年成立了"领导与伦理研究中心",等等。可以看出,依托研究机构开展企业伦理和社会责任的教学与研究,培养具有社会责任感的管理者,已成为一流商学院在竞争中谋求发展的重要战略举措。

二、企业伦理研究的发展阶段和研究内容

(一)企业伦理研究的发展阶段

20世纪以后,随着科技的发展和文明的进步,工业生产的规模进一步扩大,生产的社会性程度也大大增加,在此基础上,以泰罗科学管理理论为标志的管理学诞生了,该领域的各种理论也相继出现。由于管理活动涉及大量对人的管理问题,因此每种管理理论或多或少都涉及对管理中伦理问题的思考。特别是企业伦理学,自从其成为一门独立学科以来,吸引了世界范围内许多学者进行跨学科的讨论,取得了很多新的进展。

从企业伦理研究的发展历程来看,中外学者对企业伦理发展阶段的划分不尽一致。美国的O. C. 费雷尔等人将企业伦理的研究发展分为五个阶段:

(1) 1960年以前,企业伦理问题主要从宗教方面来讨论,宗教领袖提出了有关公平薪水、劳动行为和资本主义道德等方面的问题。

(2) 20世纪60年代,商业中许多社会问题开始出现,社会良知随之浮现。

(3) 20世纪70年代,企业伦理开始发展成为一个独立的研究领域。企

业伦理发展成为一门为人认可的学科,学者和实践者开始探讨伦理问题并试图理解个人和组织如何做出伦理的决策。

(4) 20世纪80年代,企业伦理进入巩固阶段。美国的大学里设置了500多门商业伦理方面的课程,商业伦理中心提供出版物、课程、会议和研讨会。许多公司建立伦理委员会和社会政策委员会来处理伦理问题。

(5) 20世纪90年代,是企业伦理的制度化阶段。进入21世纪后,企业伦理研究继续在发展。企业伦理问题可以从法律、哲学、神学或社会学的角度来着手处理;或者可以用实用主义精神来处理它们,寻求特殊管理问题的解决方案。企业管理者、学者和政府正在试图开发系统的指南来帮助个人或组织做伦理决策。当前的潮流是组织正在转向基于诚实正直的品质,它使伦理成为核心组织价值观的一部分。①

(二) 企业伦理研究的主要内容

总体上看,企业伦理研究的主要内容分属于三个层面:

其一,微观层面,主要探讨企业活动中的相关个人之间的伦理关系,即雇主与雇员、管理者与被管理者、同事与同事之间,以及投资者、供应者、消费者等这些单个人之间的伦理关系。特别是对利益相关者的研究,已形成当今风靡于理论界,尤其是管理学界和企业伦理学界的利益相关者理论。1984年,弗里曼(R. Edward Freeman)在其经典著作《战略管理——利益相关者方法》中强调利益相关者在企业战略分析、规划和实施中的作用。而动态演化的观点则认为利益相关者是不断变化的,他们与公司的利害关系也随着公司考虑战略问题的改变而改变。为此,卡罗尔和巴克霍尔茨提出两种利益相关者分类方法:一是根据利益相关者与公司关系的正式性,区分为主要的利益相关者和次要的利益相关者;二是将利益相关者区分为核心利益相关者、战略利益相关者和环境利益相关者。② 对此,公司战略必须考虑不同情境下利益相关者的变化与要求。总之,利益相关者理论的要旨在于为企业及其管理者对企业所有利益相关者负责提供深层次的理论证明,并践行企业社会责任,这是企业伦理微观层面研究的核心内容。

其二,中观层面,主要研究各种管理组织之间,特别是各种经济性组织之间的伦理关系问题。这类组织包括公司、厂家、贸易联盟、消费者组织、行业协会、工会等。尽管这些组织是由个人组成的,但是组织的行为却不能简

---

① O. C. 费雷尔等. 商业伦理:伦理决策与案例[M]. 第5版. 北京:清华大学出版社,2005:9-13.
② 阿奇·B·卡罗尔,安·K·巴克霍尔茨. 企业与社会:伦理与利益相关者管理[M]. 北京:机械工业出版社,2004:46-48.

单地表述成单个成员的行为之和。组织有自己的目标、利益和行为方式,并能发展一定的自治性,因而具有超越个人行为的特征。由于社会分工不同,各种组织在社会中扮演着不同的角色,这些组织在自身的行为中应具有什么样的观念?如何以自身的独特作用为组织的管理伦理做出自己的贡献?如何处理与贸易伙伴、竞争对手的关系?如何积极吸纳其他组织参与管理伦理的建设?这类问题,是这一层面商业伦理研究的主要内容。

其三,宏观层面,主要研究社会或制度层次,包括经济制度和经济条件的形态,如经济秩序、经济政策、金融政策、社会政策、国际商务活动以及国际商务关系等方面的伦理问题。如:社会保障究竟是谁的责任?政府、企业、个人应如何分担?在国际贸易中应如何对待客国与母国的伦理规范和道德标准的差异?如何形成公平的国际商务关系?如何在国际社会构建公平、正义的贸易环境?等等。由于这些问题涉及市场经济、所有制及产权制度等的道德评价,与经济学、伦理学和社会学关系密切,因而除了管理学界外,一些伦理学家和经济学家也对企业伦理进行了讨论。

三、企业社会责任研究及其新进展

(一)关于企业社会责任的争论

企业社会责任是一个交叉学科的研究领域,其演进历程反映了多元学科的视角。早在20世纪30年代,美国哈佛大学法学院教授伯利(Adolf A. Berle)与多德(E. Merrick Dodd)就引发了著名的论战,后人称之为"哈佛论战"。伯利认为,企业乃营利性经济组织,一切企业权力都是为股东的利益而委托的权力,企业管理者是只受股东委托、唯求股东利益而管理和控制企业的;法律的功能亦在于保护股东利益,防止管理层出现任何可能的放弃追求利润的动机。伯利的上述认识,立即引起了多德的激烈回应。多德认为,伯利提出的工商企业的唯一目的在于为股东赚取利润、企业管理者只是股东的受托人的观点,是不合时宜的,也是不可取的。在对日益高涨的企业社会责任的呼声、不断壮大的企业社会责任运动以及初见端倪的相应法律观念变革进行全面考察之后,多德进而认为,企业财产的运用是深受公共利益影响的,除股东利益外,法律和舆论在一定程度上正迫使企业同时承认和尊重其他人的利益;企业管理者应因此树立起对雇员、消费者和广大公众的社会责任观。

在伯利、多德及曼尼(Manne)等从法学角度对管理者作为受托人所应履行的责任以及现代公司的功能展开激烈争论后,鲍恩(Bowen)和弗里德曼

(Friedman)从经济学的角度分别提出支持和反对企业社会责任的观点。弗里曼(Freeman)从战略管理的角度提出利益相关方的观点;卡罗尔(Carroll)和伍德(Wood)等学者从企业与社会关系的视角对企业社会责任展开研究;唐纳森(Donaldson)等基于哲学和管理学的视角,提出综合性社会契约理论;琼斯(Jones)基于伦理学和经济学的视角,提出工具性的利益相关方模式;斯旺森(Swanson)基于伦理学和管理学的视角,提出价值协调的框架,以克服该领域中规范性和描述性研究相分离的局限性。

概括而言,在企业社会责任问题上的深入研究,引发了利润学派与伦理学派的论战,加深了企业管理伦理的理论基础。以 M. 弗里德曼为代表的利润学派认为,利润先于伦理,企业的社会责任就是增加利润,企业作为一种经济实体对社会只具有经济责任,其他任何责任都必须服从于经济责任或包含在经济责任中。以 P. 弗兰奇为代表的伦理学派则认为伦理先于利润,企业具有法人地位的同时意味着它具有道德人格,其社会责任应是指经济责任以外的责任,如企业对环境的责任、对政府和公众的责任等。以 S. 塞迪为代表的调和派认为,企业的社会责任就是指企业在一个动态的系统中所应具有的权利和义务,它不应被片面归结为经济或伦理方面的责任,企业的利润目标和伦理目标同样都属于企业在社会活动中所具有的权利范畴和义务范畴。

还有一种基于更广泛意义上的社会责任观,认为企业的社会责任是企业与人类社会之间的一种主动的纽带。因为企业是被社会所定义的,因此,企业对社会的责任就是对自己的责任,这两种责任是不可分割也是无法分割的。建立社会责任观是企业主动与社会构建纽带的过程,这一过程不仅是基于利益交换的考虑,更是基于公正原则和企业对社会关爱的考虑。

(二)企业社会责任研究新进展

企业社会责任研究的新视角和新范式[①]主要有:

1. 企业社会责任研究的政治视角

随着全球化进程和跨国经营的发展,企业日益具备政治行为主体的特征,这要求企业加强自我管制并承担一些以往由政府承担的传统责任。在此背景下,从政治视角分析企业社会责任或者企业政治角色的研究得以复苏。[②] 讨论的议题包括企业社会责任的新兴全球制度背景(即从国家治理到

---

① 肖红军,李伟阳. 国外企业社会责任研究新进展[J]. 经济管理,2013(9):179-188.
② Makinen J, Kourula A. Pluralism in political corporate social responsibility [J]. Business Ethics Quarterly,2012,22(4):649-678.

全球治理)、作为自我管制的企业社会责任、企业社会责任范围的扩展(即从责任到社会联结)、企业合法性的环境变化、企业社会责任哲学基础的变化等。这一视角的特征可归结为:与利益相关方视角不同,它强调企业要超越其战略目标并要为利益相关方创造价值;与工具视角和企业政治活动不同,它认为企业决策不仅仅是基于股东利益;与企业伦理不同,它认为民主高于哲学,认为企业决策应该内嵌于各种民主机制中,如对话、透明和担责。

2. 企业社会责任研究的意义建构视角

根据组织理论中的建构主义思想和创生论观点,组织并非处于一个"真实的"而是感知到的环境中,并非以一个"真实的"而是自我感知的组织来采取行动。因此,企业社会责任活动不应该被视为外部需求的直接结果,而是源自那些内嵌于组织的认知和语言过程,即意义建构的过程。研究者将组织的意义建构过程分为认知的、语言的和意动的,并将企业社会责任定义为这样的过程:组织的管理者思考并讨论其与利益相关方之间的关系以及组织在实现共同利益中的作用,还包括组织在履行和实现这些角色和关系时所采取的行为倾向。同时,研究者还进一步从两个认知的维度(身份定位、合法性定位)、两个语言的维度(正当性和透明性的模式)和三个意动的维度(一致性、承诺以及其与利益相关方和社会总体进行接触时所采取的姿态)分析了企业社会责任过程。

3. 企业社会责任研究的动态视角

静态分析是以往企业社会责任研究的主要特征,近年来,越来越多的研究者从动态视角对企业社会责任展开研究。20世纪90年代中期以后,以布莱尔(Magarete M. Blair)为代表的研究者提出了利益相关者理论的"动态演化"观。动态演化的观点认为,企业和利益相关者的利害关系是不断变化的,随着企业考虑战略问题的改变而改变,因而应该动态看待利益相关者。Maon等从组织变革的角度分析了企业社会责任战略的制定和实施过程,提出成功履行社会责任要通过不断识别和管理利益相关方的期望,使组织管理与经营的动态需求与变化的社会环境相匹配。他们还将企业社会责任发展的阶段性模型与利益相关方的文化和社会回应连续体相联系,提出一个动态的企业社会责任发展阶段模型,将企业社会责任发展分为企业社会责任文化淡漠、企业社会责任文化理解、企业社会责任文化嵌入三个时期。[1]

---

[1] Maon F, Lindgreen A, Swaen V. Organizational stages and cultural phases: a critical review and a consolidative model of corporate social responsibility development [J]. International Journal of Management Reviews, 2010, 12(1): 20-38.

Bolton 等认为以往的研究主要关注外部压力和影响,而忽视将企业社会责任看作是一种动态的发展过程,因此,他们基于过程和相互作用的视角,考察企业社会责任发起、实施和成熟阶段中雇员的参与及影响。①

4. 企业社会责任研究的综合视角

为全面反映企业社会责任的研究现状,Aguinis 和 Glavas 等构建了一个综合性的文献研究框架,从多领域、多层次、跨学科的整合视角,对来源于环境、组织行为、人力资源管理、营销、组织理论和战略等不同领域的文献加以全面梳理。② 这一框架从制度、组织和个人三个分析层次,逐一梳理相关文献中所涉及的企业社会责任预测变量、中介变量、控制变量和因变量,提供了关于企业社会责任研究的全景图,改变了以往文献研究中单一脉络或维度的研究范式。

从国外最近几年企业社会责任研究的理论文献来看,研究热点主要集中在三个方面:(1)企业社会责任行为与绩效的影响因素研究。学者们探讨为什么一些企业的社会责任行为和绩效优于另一些企业,也就是哪些因素会影响企业社会责任行为和绩效,重点放在高管团队的影响、公司治理的影响、组织特征与外部因素的影响。(2)企业社会责任的影响效应研究。从层次上来看,企业社会责任的影响效应研究主要有微观的企业与特定利益相关方层面和宏观的区域或国家层面;从内容上来看,企业社会责任的影响效应研究主要集中在经济效率效应和非经济效率效应,前者的重点是企业社会责任的财务影响,后者的重点是企业社会责任的组织行为和消费者行为的影响。(3)企业社会责任沟通与信息披露研究。利益相关方沟通与参与是企业社会责任的基本要求和核心议题,也是企业社会责任领域的重要研究问题,而新媒体对企业社会责任沟通的影响与企业社会责任信息披露的前因后果是这一领域当前的研究热点。

综上所述,目前世界上各国已经逐渐形成了一个以政府主导推广企业社会责任、民间组织(企业协会)协同、企业自身的社会责任管理等有机构成的认识和使用企业伦理的新范式——企业社会责任的体系。各种级别的企业社会责任研讨会、培训班、论坛,使企业社会责任的知识广为传播,目的在于形成全社会的关于企业社会责任的共识。在企业社会责任标准体系的制

---

① Bolton S C, Kim Chung-hee R, Gorman K D. Corporate social responsibility as a dynamic internal organizational process: a case study[J]. Journal of Business Ethics, 2011(101): 61-74.

② Aguinis H, Glavas A. What we know and don't know about corporate social responsibility: a review and research agenda[J]. Journal of Management, 2012, 38(4): 932-968.

定上,国外很多国家制定了关于企业社会责任的标准,如美国的 SA 8000、德国的 CSM 2000 等,在国际上反响较大。2010 年 11 月 1 日,国际标准化组织(ISO)在瑞士日内瓦国际会议中心举办了社会责任指南标准(ISO 26000)的发布仪式,该标准正式出台。这是首个国际社会责任标准,第一次在全球范围内统一了社会责任的定义并阐明了社会责任的特征属性。ISO 26000 将企业社会责任(CSR)概念拓展为社会责任(SR)。社会责任适用于所有以不同形式存在的组织,七项原则(组织管理、人权、劳工实践、环境、公平运营、消费者权益、社区参与和发展)不仅适用于私人部门,同样适用于公共部门。ISO 26000 的社会责任概念适用于所有私立、公立和非营利的组织,这将使社会责任产生更为广泛的影响。

在立法上,企业社会责任内容已经渗透进相关法律。至今,美国已有近 30 个州相继在公司法中加入了公司的社会责任内容,要求公司经理为公司的"利益相关者"服务,而不仅仅是为股东服务。我国于 2006 年在修订的《公司法》中第 5 条明确规定,公司从事经营活动,必须诚实守信,接受政府和社会公众的监督,承担社会责任。首先从国有中央企业入手,推行企业社会责任报告制度,以期起到对全社会企业的示范作用。在 2009 年 11 月召开的中央企业社会责任工作会议上,明确提出中央企业必须在三年内发布社会责任报告。据《中国企业社会责任报告白皮书(2015)》统计,从社会责任报告发布的主体来看,国有企业是主力军。另外,上市公司发布的社会责任报告数量占到了总数量的四分之三。从 2006 年中国企业社会责任元年到 2015 年这十年间,社会责任报告的总量从 32 份增长到了 1 703 份,实现了迅速的增长。[①]

党的十八大以来,中央层面更加重视企业社会责任。十八届三中全会要求,国有企业应"以规范经营决策、资产保值增值、公平参与竞争、提高企业效率、增强企业活力、承担社会责任为重点,进一步深化国有企业改革"。十八届四中全会更是进一步提出"加强企业社会责任立法"的要求。2015 年 6 月 2 日,国家质检总局和国家标准委员会联合发布了社会责任系列国家标准(包括《社会责任指南》《社会责任报告编写指南》和《社会责任绩效分类指引》),并于 2016 年 1 月 1 日正式实施,为我国企业履行社会责任提供统一指导。

---

① 张蒽等.中国企业社会责任报告白皮书(2015)[M].北京:经济管理出版社,2015.

(三) 企业社会责任研究的发展趋势与不足

通过企业社会责任研究的新视角和新范式可以发现，企业社会责任研究正呈现出以下发展趋势：

1. 从单一维度向综合视角转变

由于研究者的学科背景和视角不同，导致现有文献支离破碎，单一价值维度、具体项目或活动、单个利益相关方分析占据主流，而多个相关概念之间的区别和联系仍表现出明显的模糊性与复杂性。因此，为了避免单一维度研究所带来的诸多问题，学者们开始关注采用多层次、多维度的综合研究视角。

2. 从组织层面向宏观层面和个体层面转变

在分析层次上，现有的文献更加关注企业社会责任对组织层次尤其是企业财务绩效的影响。根据阿吉斯(Aguinis H,2012)对文献所做的研究，组织层面的分析(57%)远多于制定层面(33%)和个人层面(5%)的分析，有少数研究(5%)涵盖两个或更多的层次。最新的研究文献表明，基于社会宏观层面以及基于企业员工、消费者等个体层面的研究开始受到重视。

3. 从工具理性向价值创造转变

为企业社会责任寻找商业理由一直是这一领域的研究重点，企业社会绩效和财务绩效相关性研究的分歧与持续性讨论已说明这一点。但企业社会责任的本质是创造经济、社会和环境的综合价值，基于这样的认识，研究者除了论证企业社会责任给企业带来的财务回报外，开始探讨企业社会责任为利益相关方或更广泛的社会所创造的价值。企业社会责任管理框架的演变也表明，基于综合价值创造的社会责任管理模式正在逐渐为人们所关注。

4. 从企业社会责任影响效应向影响机理转变

在企业社会责任领域，实证研究越来越多，其中主要是对企业社会绩效与财务绩效之间关系的检验，但最近的研究趋势表明，厘清两者之间关系的传导机理是这一领域亟待解决的问题，也是研究者目前正在尝试解决的问题。

进一步来看，目前企业社会责任研究领域还存在一些障碍：缺乏明确统一的逻辑；对企业社会责任概念与本质的理解存在模糊性；各种衍生概念之间存在混用、误用；对于企业作为整体的社会责任、企业作为特定个体的社会责任、企业管理者的责任没有明确区分；过度强调工具理性，而淡化企业社会责任配置资源和创造综合价值的本质；关注大型企业而忽视中小企业；关注特定文化或国别背景下的社会责任而忽视跨国背景下的社会责任；等等。因此，研究者应进一步关注上述问题的探讨，为这些问题提供解决方法和思路。

企业文化的兴起、理论标志及其发展趋势

一、企业文化产生的时代背景

任何管理理论的诞生都有其特定的时代背景,现实社会经济、科技、文化等物质文化和精神文明水平的极大提高,是企业文化理论产生和发展的根本原因。尽管随着时代的进步和劳资之间关系的变化,西方企业管理理论也处在不断变化之中,但理性主义一直是西方企业管理的基本准则。然而,这种理性主义管理在第二次世界大战后,尤其是在20世纪60—70年代遇到了严峻的挑战。

首先,从当代西方学术思想发展来看,第二次世界大战以后,西方学术的主要特征是注重人的主体性研究,致力于探求人的深奥莫测的精神世界和千变万化的行为表现,高扬人的价值、尊严和主体性。哲学、文学、人类学、心理学、文化学等学科无不贯穿着这一特征。现代西方哲学的两大思潮之一的人本主义思潮就是这种特征的表现。因此,以人为中心,强调研究人的精神、人的文化的企业文化理论正是现代西方人本主义学术思潮的一种表现。随着关注人的尊严和人的价值的思想日益深入人心,组织成员的文化和科学水平普遍提高,同时企业规模不断扩大,国际化、信息化的发展趋势日益明显,企业内部的向心力和凝聚力问题显得十分重要。这些新情况、新问题要求西方国家特别是美国,改变从前在企业管理中过分相信科学的理性模式的做法,开始关注人的主观能动性的重要作用,因而也可以看成是管理研究中的非理性主义倾向。

其次,从美日经济的比较来看,20世纪70年代末,日本经济实力的强大对美国乃至西欧经济形成了挑战。日本在第二次世界大战后,仅用10年时间就医治好了战争的创伤,并以年增长率10%的速度赶上并超过了一些资本主义发达国家,它的国民年平均收入从1945年的20美元,奇迹般地增长到1980年的8 940美元。日本企业在电子、信息、汽车等生产领域对美国企业长期占据的优势地位提出了挑战,许多欧美企业产品的传统领地也被日

本产品所占领,在国际市场上刮起了一股"日本旋风"。

日本经济在短期内的迅速腾飞,引起了素以经济实力强大、企业管理理论权威著称的美国的震惊。在日本企业全球性竞争的严峻形势面前,美国大量的专家、学者和企业家纷纷探究日本企业成功的奥秘。经过对美日两国不同的管理模式的分析探讨,人们发现其管理模式差异的背后隐喻的是其文化背景和根源问题。日本企业管理实践中的很多行之有效的做法却为美国人所忽视。美国人在企业管理中注重"硬"的方面,强调理性主义的科学管理,而理性化管理缺乏灵活性,不利于人们发挥创造性和建立与组织长期共存的信念。日本人则不但注重"硬"的方面,还特别注重"软"的方面,冲破了西方注重理性的管理理论的框架束缚,把企业当作一个文化实体来实施管理。所谓"软"的方面,就是日本企业具有共同遵循的目标、战略、价值观念、行为方式、道德规范等精神因素,这些精神因素的综合,便构成企业文化。因此,日本的成功和企业的优势主要取决于非技术和非理性的因素。由此,美国理论界和企业界发现了日本企业成功的奥秘,即日本企业有自己独特的企业文化,它造就了员工对企业的忠诚,形成了坚固的凝聚力和竞争力。

正是在这种情况下,美国人认识到应该把日本管理企业的方法和日本企业文化中可能为美国所用的有效部分移植过来。当然,美国人在学习研究日本经验的过程中,非常强调借鉴的作用,而非盲目照搬。他们认识到,在对日本企业文化及其赖以产生的社会文化、历史传统的剖析过程中,既然企业文化与自身素质和外部环境紧密相连,那么盲目崇尚和照搬日本的企业文化模式也不可能成为提高美国企业管理水平的有效途径,只有从本国企业特点和国情出发,发挥自身优势,才能形成自己独特的企业文化。通过诸如此类的美国对日本企业文化的传播、介绍、深入分析和借鉴活动,企业文化理论也随之而产生。

第三,从管理实践角度看,当代社会管理实践在许多方面都发生了巨大的变化,迫使理论形态随之做出相应的变化。这些变化主要表现在以下几个方面:

(1)随着物质产品的日益丰富,人们在物质方面的需求相应减少,而在精神方面的需求却不断增长,单纯依赖物质刺激已经不足以调动职工的积极性,因而需要通过企业文化建设来满足人们的精神需求。

(2)在西方发达国家,企业的劳动力构成发生了重大变化,体力劳动者越来越少,脑力劳动者和知识工人的比例不断增大,这意味着"胡萝卜加大棒"(即重奖重罚)式的管理方式已不适应员工总体的民主意识和生活追求,必须采用新的管理方式。

(3) 现代生活节奏越来越快,人的业余文化生活变得相对较少,因此要求工作本身能给人们提供精神补偿。

(4) 当今社会人员流动性加强,员工比过去任何时候都有更多的机会和更大的选择余地,不必对一个组织从一而终。因此,那种缺乏人情味的高压管理必然走入死胡同。

(5) 管理人员的数量大大下降,组织对"知识型员工"的管理更为宽松,他们可以积极参与管理,专心致志地工作,不必有人监督。

(6) 当前正走进经济全球化的时代,不仅科学技术在进行全球性竞争,管理理论和实践也在全球范围内展开竞争,甚至可以说是更激烈的竞争。这种竞争必然迫使企业改善管理,寻求新的管理理论和管理方法,而日本企业的成功为企业文化作了最好的实践注解。

总之,从以上分析可以看出,企业文化理论的兴起是当代学术思潮发展的必然结果,是美日企业竞争的产物,更是对管理实践变化的回应。因而可以说,企业文化的兴起是管理理论逻辑发展的必然结果。

二、企业文化产生的理论标志

任何一个组织都有自己特殊的环境条件和历史传统,从而也就形成了自己独特的信仰、价值观和行为准则,于是每个组织也都具有自己特定的组织文化。正如美国哈佛大学教授肯尼迪和迪尔所指出的那样:"每个企业(事实上也是组织)都有一种文化。不管是强烈还是微弱,公司文化有力地影响到整个组织;它实际上影响到每一件事:从谁得到提升和做出什么样的决策,到职工如何穿着以及爱好什么娱乐。因此,文化对企业的成功具有重要作用。"[①]

在企业文化的理论研究方面,美国管理界通过对日本管理经验的总结以及对日本与美国企业管理状况的比较研究,接连出版了四本畅销著作:《日本企业管理艺术》(1981)、《Z 理论——美国企业界怎样迎接日本的挑战》(1981)、《企业文化——企业在生活中的礼仪》(1982)和《追求卓越——美国优秀企业的管理圣经》(1982)。这些著作以其崭新的思想、独到的见解、精辟的论述和丰富的例证,构成了一个新的理论系统,提出了企业文化

---

① 阿伦·肯尼迪,特伦斯·迪尔.公司文化[M].北京:三联书店,1989:22.

这一新的理论体系和管理方式,被誉为企业文化管理的"四重奏"。企业文化理论的正式形成,标志着管理理论从物质的、制度的层面向文化层面发展的趋势。

1. "7S"管理模型

企业文化理论产生的第一本标志性著作是由美国哈佛大学工商管理研究所的理查德·帕斯卡尔(Richard Pascale)教授和斯坦福大学商学院的安东尼·阿索斯(Anthony Athos)教授合著的《日本企业管理艺术》,它要回答的主要问题是日美企业管理的根本差别问题。在该书中,两位教授提出了至今仍被管理界广泛引用的企业管理"7S"要素,即"7S"管理模型。

这"7S"要素是指:战略(Strategy),即企业为谋求自身生存与发展而制定的规划和决策;结构(Structure),即一个企业的内部组织形式;制度(System),即信息和决策在企业内传递的程序和系统;人员(Staff),即企业内各方面人员的构成及其素质;作风(Style),即企业职工的行为方式,也包括企业的传统作风;技能(Skill),即企业职工所特有的工作能力;最高目标(Superordinate goals),即能真正激励职工,并将其个人目标和企业发展目标结合在一起的信念或目标。两位教授认为,最高目标(包括企业成员的精神、目的和共同具有的价值观)是一个企业及其成员的奋斗目标。这不是指企业的长期经营成果,如每年增长率为百分之多少,或投资收益为百分之多少,而是指感动人的以及能够将职工个人和企业目标真正结合在一起的价值或目标。总之,这7个因素是企业经营成功不可或缺的要素,企业只有对这7方面都引起足够的重视,才有可能取得成功。

"7S"管理模型

帕斯尔斯和阿索斯认为,日本企业和美国企业的管理在"硬件"方面并无不同,差别在于文化的"软件"方面。美国企业在管理中过分重视前三个硬"S",即战略、结构、制度,而这已难以适应现代企业管理中日益激烈的竞争。而日本企业则在战略、结构、制度的基础上,很好地兼顾其他4个软"S",也就是说,日本企业更加重视企业管理的软要素,使企业内部保持了一种良好的文化氛围,从而充满了生机,这就是日本企业在20世纪70—80年代迅速崛起、超越美国企业的重要原因。

2. Z 理论

企业文化理论产生的第二本标志性著作是美国加利福尼亚大学美籍日裔学者威廉·大内(William Ouchi,又译乌契)于1981年出版的《Z 理论——美国企业界怎样迎接日本的挑战》。威廉·大内从1973年开始专门研究日本企业管理,他凭借着熟谙日、美两国文化的优势,对企业管理进行了独到的跨国比较研究,提出了 Z 理论(也称 Z 型组织文化理论)。在《Z 理论》这本书里,他分析了企业管理与文化的关系,提出了"Z 型文化""Z 型组织"等管理新概念。威廉·大内指出:"一个公司的文化由其传统和风气所构成。此外,文化还包含着一个公司的价值观,如禁区性、守势、灵活性——即确定活动、意见和行动模式的价值观。""这种公司文化包括一整套象征、仪式和神话。它们把公司的价值观和信念传输给雇员们。这些仪式给那些原来就稀少又抽象的概念添上血肉,赋予它们以生命力。"①

Z 理论认为,一切企业的成功都离不开信任、敏感与亲密,因此主张以坦白、开放、沟通作为基本原则来实行"民主管理"。威廉·大内把由领导者个人决策、员工处于被动服从地位的企业称为 A 型组织,他认为当时研究的大部分美国机构都是 A 型组织。A 型组织的特点为:① 短期雇用;② 迅速的评价和升级,即绩效考核期短,员工得到回报快;③ 专业化的经历道路,造成员工过分局限于自己的专业,但对整个企业并不了解很多;④ 明确的控制;⑤ 个人决策过程,不利于诱发员工的聪明才智和创造精神;⑥ 个人负责,任何事情都有明确的负责人;⑦ 局部关系。

同时,他认为日本企业具有不同的特点:① 实行长期或终身雇佣制度,使员工与企业同甘苦、共命运;② 对员工实行长期考核和逐步提升制度;③ 非专业化的经历道路,培养适应各种工作环境的多专多能的人才;④ 管

---

① 威廉·大内.Z 理论——美国企业界怎样迎接日本的挑战[M].北京:中国社会科学院出版社,1984:169.

理过程既运用统计报表、数字信息等清晰鲜明的控制手段,又注重对人的经验和潜能进行细致而积极的启发诱导;⑤采取集体研究的决策过程;⑥集体负责;⑦树立牢固的整体观念,员工之间平等相待,每个人对事物均可做出判断,并能独立工作,以自我指挥代替等级指挥。他把这种组织称为J型组织。

威廉·大内不仅指出了A型和J型组织的各种特点,而且还分析了美国和日本各自不同的文化传统以致其典型组织分别为A型和J型,这样,就明确了日本的管理经验不能简单地照搬到美国去。为此,他提出了"Z型组织"的观念,认为美国公司借鉴日本经验就要向Z型组织转化,Z型组织符合美国文化,又可学习日本管理方式的长处,比如"在Z型公司里,决策可能是集体做出的,但是最终要由一个人对这个决定负责"。而这与典型的日本公司(即J型组织)做法是不同的,"在日本没有一个单独的个人对某种特殊事情担负责任,而是一组雇员对一组任务负有共同责任"。他认为,"与市场和官僚机构相比,Z型组织与氏族更为相似",并详细剖析了Z型组织的特点。

总之,威廉·大内的"Z型组织"理论融进了一些儒家的和谐、平衡的思想,使得这一理论在日本以及东亚地区流传甚广。美国的很多大企业在管理过程中借鉴了该理论,其中应用最广的是它的组织文化理论。

3.《企业文化——企业在生活中的礼仪》

上面几位学者的著作虽然都涉及了企业文化,提出了各自的见解,但由于环境的限制,这些理论往往都只涉及了某些局部,第一次把企业文化作为一门系统的理论加以研究,并进行系统、全面论述的,则是美国学者阿伦·肯尼迪(Allen A. Kennedy)和特伦斯·迪尔(Terrence Deal)合著的《企业文化——企业在生活中的礼仪》一书。该书被称为企业文化理论诞生的最具有标志性的著作。

通过深入研究,两位学者指出:成功的企业大都有强有力的企业文化,即有明确的企业经营哲学,有共同的价值观念,有全体员工共同遵守、约定俗成的行为规范,有宣传、强化这些价值观念的仪式和风俗。他们认为,正是企业文化这一非技术、非经济的因素,导致了这些企业的成功。企业文化影响着企业中的每一件事,包括决策、人事任免,以至员工们的行为举止、衣着爱好和生活习惯,等等。企业文化的强弱,可以给两个条件差不多的企业带来完全不同的经营结果。强烈的文化是企业取得成功的新的"老法则"。

两位学者认为,企业文化的整个理论体系,由企业环境、价值观念、英雄人物、文化仪式、文化网络这五个要素组成。他们进一步指出,人是管理中最为宝贵的资源,管理人的最有效方式就是通过文化的象征和暗示作用,用企业价值观引导人的行为朝着有利于实现企业目标的方向发展。他们还对如何了解、分析企业文化及调整企业文化提出了意见;总结和介绍了一整套识别、管理、塑造和革新企业文化的经验;论述了管理者和职工的关系;指明了企业发展的新趋势。总体来看,肯尼迪和迪尔的《企业文化》从企业文化最深层、最核心的价值观直至最为表象的文化仪式,都做了具体而生动的阐述,为企业文化这一理论奠定了深厚的基础。

4.《追求卓越——美国优秀企业的管理圣经》

企业文化理论产生的第四本标志性著作是托马斯·彼得斯(Thomas Peters)和罗伯特·沃特曼(Robert H. Waterman)合著的《追求卓越——美国优秀企业的管理圣经》。这本书出版于日本企业在世界上步步紧逼、美国企业节节退守的大背景下。当时的美国企业热衷于在管理思想界占统治地位的"理性模型"和"企业战略范例",却普遍忽视管理学最基本的原则和品质,失去了对管理本质的把握,从而在相当程度上导致美国企业自信心的丧失。《追求卓越》一书的意图很明显,就是要恢复管理学的基本面貌,赋予那些被管理专家们所藐视、所视而不见却在实践中表现出强大生命力的东西应有的地位。为此,彼得斯和沃特曼利用自己作为麦肯锡咨询公司咨询员的身份,深入企业调查研究,力图在众多公司中寻找出优秀的成功企业,并从中发现规律性的管理经验和品质。该书精选了美国43家优秀企业作为基本分析样本。通过对这些优秀企业的深入研究,他们发现,尽管每个优秀企业个性不同,但拥有许多共同的品质,即具有八大属性,或者说经营管理的8项原则。这些原则久经考验,造就了企业的辉煌成功。这八大属性是:[1]

(1)崇尚行动。在许多优秀企业里,标准的操作程序是:先做,再修改,然后再尝试。

(2)贴近顾客。很多具有创新精神的公司总是从顾客那里得到有关产品方面的最好的想法,这是不断地、有目的地倾听的结果。

(3)自主创新。优秀的企业鼓励和呵护员工的个人主义精神和创新行动。

---

[1] 托马斯·彼得斯,罗伯特·沃特曼.追求卓越——美国优秀企业的管理圣经[M].北京:中央编译出版社,2001:12-15.

（4）以人助产。优秀的企业认为,不论是位居高位者还是普通员工,都是产品质量和劳动生产力提高的源泉。

（5）价值驱动。价值观构成企业文化的核心。仅仅让员工加入企业是不够的,要紧的是让员工认同企业所追求的价值目标;只图赢利的企业即使成功也是暂时的,只有坚持特定的价值目标,企业才能活力永存。

（6）不离本行。脱离本行的多元化多半得不偿失。除了几个例外,优秀企业的产品几乎都沿他们所熟知的方向扩展,很少进入他们未知的领域。

（7）精兵简政。机构臃肿的企业往往人浮于事,体制僵化。优秀的企业能清楚地认识到保持简单的重要性,善于"肢解"自己,即使面临复杂化的巨大压力。

（8）宽严并济。优秀的企业既是集权的又是分权的。在大部分情况下,他们把权力下放到车间和产品开发部门;而对于少数他们看重的核心标准,这些企业又是极端集权的。

这八大属性并无惊人之处,但优秀企业却极其认真地执行了这些原则,将它们发挥得淋漓尽致。事实上,《追求卓越》出版后,成了当时美国商业的拯救者和美国商业史上的转折点,它是第一本销量超过百万册的管理类书籍,成为1982年以来美国工商管理的"圣经"。

上述四部著作的作者通过他们的著述发动了一场史无前例的企业文化启蒙运动,尽管他们并没有从学术高度系统、严谨地研究企业文化理论,但大大推进了企业文化理念的传播。他们的主要功绩在于:使新的企业文化思想深入人心,并受到广泛重视,为后来的企业文化研究奠定了基础。

三、企业文化理论的发展趋势

20世纪90年代以来,随着企业文化的普及,企业组织越来越意识到规范的组织文化对企业组织发展的重要意义,并在此基础上,以企业文化为基础来塑造企业形象。因此,企业文化研究在20世纪80年代理论探讨的基础上,由理论研究向应用研究和量化研究方面迅猛发展,出现了以下走向:

1. 企业文化理论的深入研究

企业文化的理论研究从对企业文化的概念和结构的探讨发展到对企业文化在管理过程中发生作用的内在机制的研究,如:企业文化与组织气氛、企业文化与人力资源管理、企业文化与企业环境、企业文化与企业创新等,其中代表性的有:

1990年,本杰明·斯耐得(Benjamin Schneider)出版了《组织气氛与文化》,其中提出了一个关于社会文化、组织文化、组织气氛与管理过程、员工的工作态度、工作行为和组织效益的关系的模型。在这个模型中,组织文化通过影响人力资源的管理实践,影响组织气氛,进而影响员工的工作态度、工作行为以及对组织的奉献精神,最终影响组织的生产效益。其中,人力资源管理对组织效益也有着直接的影响。

1997年,爱德加·沙因(Edgar H. Schein)的《组织文化和领导》第二版出版。在第二版中,沙因增加了在组织发展各个阶段如何培育、塑造组织文化,组织主要领导如何应用文化规则领导组织达成组织目标,完成组织使命等内容,另外,他还研究了组织中的亚文化。1999年,埃德加·沙因与沃伦·本尼斯合著了《企业文化生存指南》,其中用大量的案例说明在企业发展的不同阶段企业文化的发展变化过程。1999年,特伦斯·迪尔和阿伦·肯尼迪再次合作,出版了《新企业文化》,在这本书中,他们认为稳定的企业文化很重要,他们探寻企业领导在使企业保持竞争力和满足工人作为人的需求之间维持平衡的途径。他们认为,企业经理和企业领导所面临的挑战是建立和谐的企业运行机制,汲取著名创新型公司的经验,激励员工,提高企业经营业绩,迎接新的挑战。

2. 企业文化与企业经营业绩的研究

1991年,密歇根大学工商管理学院的卡梅伦和弗里曼(Kim S. Cameron & Sarah J. Freeman)发表了《文化的和谐、力量和类型:关系与效益》的研究论文,他们用现场调查的方法,以334家研究机构为样本,研究了文化整合、文化力量和文化类型与组织效益之间的关系。1992年,约翰·科特(John P. Kotter)和詹姆斯·赫斯克特(James L. Heskett)出版了《企业文化与经营业绩》,在该书中,科特和赫斯克特总结了他们在1987—1991年期间对美国22个行业72家公司的企业文化和经营状况的深入研究,列举了强力型、策略合理型和灵活适应型三种类型的企业文化对公司长期经营业绩的影响,并用一些著名公司成功与失败的案例,表明企业文化对企业长期经营业绩有着重要的影响。关于企业文化与企业经营业绩的研究还有:1995年R. K. Divedi的《组织文化与经营业绩》和1997年Daniel R. Denison的《企业文化与组织效益》。

3. 企业文化的测量

1991年,英国JAI出版公司出版的《组织变革与发展》第5卷刊出了5篇关于组织文化的论文,其中有关企业文化测量的论文有3篇:① 密歇根大学工商管理学院Daniel R. Denison和Gretchen M. Spreitzer合著的《组织文化和组织发展：竞争价值的方法》，主要介绍了竞争价值框架，目的在于探讨竞争价值模型对于研究组织文化的用途；② 科罗拉多大学工商研究生院的 Raymond F. Zammuto 和美国医学院学会的 Jack Y. Krakower 合著的《组织文化的定量研究和定性研究》，他们用聚类分析的方法提供了混合研究的范例；③ 密歇根大学工商管理学院的 Robert E. Quinn 和 Gretchen M. Spreitzer 合著的《竞争价值文化量表的心理测验和关于组织文化对生活质量影响的分析》，表明不同文化类型与生活质量之间的密切关系。1997 年，Pierre DuBois 和 Associates Inc. 出版了一套组织文化测量和优化量表，其中包括用于组织分析的模型和用于组织文化研究的步骤。其模型包括 7 个方面：① 社会—经济环境（包括社会文化环境和市场竞争等）；② 管理哲学（包括使命、价值观、原则等）；③ 对工作情景的组织（包括企业组织结构、决策过程等）；④ 对工作情景的知觉（包括对工作的知觉和对管理的知觉）；⑤ 反应：组织行为（包括工作满意度、工作压力、工作动机和归属感等）；⑥ 企业经营业绩（质和量两方面）；⑦ 个人和组织变量（包括年龄、职位、个人价值观等）。

在组织文化测量量表的探讨上，由于研究者的训练背景、关心的主题与使用方法各异，因而关于组织文化的量化测量就形成了多元化的格局。其中比较有影响力的量表包括 Chatman 构建的组织文化剖面图、Denison 等构建的组织文化问卷、Hofstede 构建的测量量表以及 Quinn 和 Cameron 构建的组织文化评价量表。

4. 企业文化的诊断和评估

1992 年，Roger Harrison 和 Herb Stokes 出版了《诊断企业文化——量表和训练者手册》，他们确定了大部分组织共同具有的四种文化，在此基础上，针对不同企业进行相应的变化，这种诊断可用于团队建设、组织发展、提高产量等。1998 年，Kim S. Cameraon 和 Robert E. Quinn 出版了《诊断和改变企业文化：基于竞争价值理论模型》，这部专著为诊断组织文化和管理能力提供了有效的测量工具，为理解企业文化提供了理论框架，同时也为改变组织文化和个人行为方式提供了系统的策略和方法。

1999 年 7 月 18—21 日，在美国波士顿召开了企业文化大会，这是一次企业文化研究专家与企业管理人员共同探讨的会议，其主要议题有：Terrence E. Deal 的"理解现存文化的类型：确定你的组织的优势和缺陷"，Jerry Greenfield 的"增加 Ben &Jerry 公司员工与顾客的忠诚"，Gary Bosak 的"塑造和维持 Sears 公司的文化"。2000 年 7 月 3—7 日，埃德加·沙因在美国的 Cape Cod 2000 论坛举办为期一周的讲座,其主题为"过程咨询、对话和组织文化"。

从国外企业文化现象的发现到企业文化研究 30 余年的迅猛发展来看,他们走的是一条理论研究与应用研究相结合、定性研究与定量研究相结合的道路。人们在对企业文化的概念和结构进行探讨之后,转入了对企业文化产生作用的内在机制,以及企业文化与企业领导、组织气氛、人力资源、企业环境、企业策略等管理过程的关系的研究,进而对企业文化与企业经营业绩的关系进行量化的追踪研究。定量化研究是在企业文化理论研究的基础上,提出用于企业文化测量、诊断和评估的模型,进而开发出一系列量表,对企业文化进行可操作化的、定量化的深入研究。企业文化研究随着形势的发展也在发生变化,在基础理论及衍生研究、应用研究及测评方面将会呈现跨文化管理研究、企业文化与领导力和竞争力的关系研究、基于民族文化的本土化研究、虚拟企业文化研究等趋势。[①]

[①] 赵曙明,裴宇晶.企业文化研究脉络梳理与趋势展望[J].外国经济与管理,2011(10):1-8.

案例篇
ANLIPIAN

·企业伦理与文化案例精选·

雷允上：三百年品牌传承与发展[①]

摘　要　"雷允上"是中医药著名"中华老字号"品牌之一，苏州和上海的多家医药公司都在使用"雷允上"的字号。这个问题导致企业在老字号品牌传承以及市场推广方面存在很大的制约和困难。2015年12月，在太湖吴门医派高峰论坛上，雷氏传人做出了将珍贵资料捐赠给苏州雷允上的决定。本案例依据雷允上的历史渊源，描述了雷允上的品牌传承及其现状，介绍了雷允上的品牌文化，以及苏州雷允上进军大健康产业的发展规划。苏州雷允上如何传承和发展三百年老字号品牌？对这个问题的深入讨论有助于理解老字号品牌传承和发展，以及中华老字号品牌长寿的文化基因。

关键词　吴门医派；雷允上；老字号；品牌传承；品牌文化

屠呦呦以青蒿素的发现摘取了2015年诺贝尔医学奖，引发了世人对中医药事业的重新认识，未来的中医药产业必将成为国家重要的战略产业。"中华老字号"雷允上专注中医药三百年，作为行业的先行者，于2015年12月12日在苏州太湖国际会议中心举办了一场中医药文化盛会："传承健康智慧　复兴中国医药——太湖吴门医派高峰论坛"。此次论坛的召开，正值雷允上从医300周年。雷允上药业有限公司董事长杨方钰、雷氏嫡宗传人雷家鳌和其他领导嘉宾一起为雷大升铜像揭幕，向吴门医派杰出代表致敬，也表明了雷允上药业传承"允执其信，上品为宗"理念的决心。雷氏嫡宗传人雷家敖还向雷允上药业有限公司捐赠了雷氏族谱、"雷允上三世孙兄弟四人共同制定利润分配方案"等14份珍贵资料。

吴门医派高峰论坛得到了政府有关领导和业内人士的高度重视，吸引了来自全国各地权威专家的积极参与，他们从吴门医派的溯源谈到温病学说的发展，从中医药行业的现状谈到雷允上药业的重任，让人们对博大精深

[①] 本案例根据公司实地调研素材及《苏州本土品牌企业发展报告·老字号卷》的相关案例资料编写，作者拥有著作权中的署名权、修改权、改编权。由于企业保密的要求，在本案例中对有关名称、数据等做了必要的掩饰性处理。本案例只供课堂讨论之用，并无意暗示或说明某种管理行为是否有效。

的传统中医药文化有了更深入的了解和认识。

然而,目前市面上冠以"雷允上"的企业就有多家,分别是上海雷允上药业有限公司、上海雷允上药业西区有限公司、雷允上(苏州)药业有限公司等,这几家公司分属于不同的集团,彼此之间并无关联。这个问题导致企业在老字号品牌传承与发展以及市场推广方面存在很大的制约和困难。对于企业来说,这是无法回避的问题。那么,这个问题该如何解决?具有三百年历史的老字号如何进行品牌传承与创新?董事长杨方钰陷入了深思……

一、雷允上的历史渊源

"上有天堂,下有苏杭。"苏州自古人文荟萃,千百年来,形成了辉煌灿烂的吴文化,吴门医派即是吴文化的精华之一。吴门医派及其创立的"温病学说"在中国中医药发展史上书写了浓墨重彩的一章,享有无可替代的显赫地位。雷允上创始人雷大升(字允上,号南山)就是吴门医派中的重要一员。

清康熙三十五年(1696年),雷允上诞生。雷允上"幼即孤露,稍长砥行读书",博学广览,尤酷爱读医药书籍。

清康熙五十四年(1715年),雷允上弃儒从医,研究并吸收吴门医派精华,将温病学说的理论体系付诸实践,把行医和制药结合在一起。

清雍正元年(1723年),雷允上负病北上入都"应京兆试"。到京后,他病情加剧卧床不起,未能参加考试,待病愈后,启程返里。从此,雷允上即无心仕途,拜姑苏名医王晋山(字子接)为师专心学医;学成后,历游燕齐间,采药于深山大川并悉心钻研医药,从事丸、散、膏、丹之修合。

清雍正十二年(1734年),吴门名医雷允上在苏州阊门内专诸巷天库前周王庙弄口,开设了诵芬堂老药铺,始创雷允上药业。雷允上精于医道并修合以香料丸散为主的时疫急救药及以道地药材为原料的常见、多发病的治疗药。雷允上的丹丸治病救人得心应手,"为时所重"。

清乾隆元年(1736年),雷允上挂牌行医,设诊所于诵芬堂内,集医药于一处。据《雷允上墓志》载:"吴郡工岐黄术者固不乏人,而雷公南山以经济才治活人者,尤矫然绝俗。"由于医术高明,治病有方,雷允上名声遍闻苏州,蜚声杏林。

雷允上尽毕生精力经营诵芬堂达45年之久,在其行医卖药的生涯中,民众把"雷允上"医名和"诵芬堂"铺名连称为"雷允上诵芬堂"。之后,甚至有只知雷允上,不知诵芬堂者。

雷允上著有《金匮辨证》《要症方略》《经病方论》《丹丸方论》等典籍。

晚年,他常徜徉山水,垂钓葑溪,扼琴松壑,并肆力于诗古文辞,有自订琴韵楼稿。

清乾隆四十四年(1779年),雷允上逝世,享年84岁。

清咸丰十年(1860年),太平天国进攻苏州。雷氏家族不得以将店迁至上海法租界兴圣街(今新北门永胜路)京江弄口,开设了"雷诵芬堂申号"药铺。

苏城战事平定后,雷氏族人在诵芬堂全体同仁的帮助下,复苏州旧业,先在阊门内都亭桥复业,后于清同治六年(1867年),移设苏州中市专诸巷东,朝南门面营业。

清同治十一年(1872年)、清光绪三年(1877年),雷氏族人先后两次在苏州天库前原址重建房屋,作为雷诵芬堂之货栈和工场。

自此以后,雷允上诵芬堂有苏申二家。苏州雷允上诵芬堂为老店,无外姓股东;上海雷允上诵芬堂为分店,有外姓股东。由此,雷允上形成了以苏州为总号、上海为分号的雷允上诵芬堂药铺局面。

民国十一年(1922年),雷允上已发展成拥有十几个门类、几百个品种的庞大的中成药体系,与北京同仁堂齐名于海内外,时有"南有雷允上,北有同仁堂"之说,其商标"九芝图"成为我国最早的注册商标之一。

民国十七年(1928年),雷允上诵芬堂向国民政府全国注册局呈请设立雷允上诵芬堂药铺(苏州)和上海雷允上诵芬堂药铺(支店),经"核与条例,尚属相符,应准按照左列各款注册给照此证"。苏州雷允上诵芬堂药铺收执江苏吴县第3号证书,上海雷允上诵芬堂药铺收执江苏上海县第103号证书。同年九月十九日,雷允上诵芬堂"以九芝图商标专用于商标法施行细则第三十六条第一类之各种药材及丸、散、膏、丹商品",业经国民政府全国注册局"依法审定、准予注册,取得专用权,自拾肆年(1925年)一月十六日起至叁拾肆年(1945年)一月十五日期满,合行发给注册证,此证",证号为第980号。

民国二十三年(1934年)上半年,在拓宽苏州西中市大街时,苏州雷允上诵芬堂老店翻建钢筋水泥楼,于翌年下半年落成。新建苏州(西中市)雷诵芬堂老店前楼为三层,后楼为四层,店面为石库门。两扇大门两侧分别挂有"诵芬堂雷允上精选正药"和"诵芬堂雷允上阿胶丹丸"的长铜招牌;在库门上端有石刻阳文"雷允上"三个出自江苏武进唐驼手笔的大字,其上还装置书有"苏州总号"的门灯。店堂内铺设花地砖,店内两扇风窗玻璃上刻有"雷诵芬堂"字样;第一进是天幔;饮片柜靠东沿墙,丸散柜在中,天幔设靠西沿墙错落而设,饮片柜、丸散柜上方分别挂有"雷允上老药铺"匾牌;在饮片柜前,沿西墙置红木茶凳和椅子,并备有煨炭羹茶壶;东、西墙分别挂有张一麟和翁同龢、左孝同等人之题词;前二楼是细货房和账房间,三楼是职工宿舍;后三、四层楼是中货房、草药房;厨房在后底层枕河而设。新屋落成时,苏州地方知名人士、药业同仁纷纷前来祝贺老店新开。

民国二十三年(1934年)十月,增设雷允上北号(上海市河南北路),北号除经营传统六神丸等各种丸散膏丹外,还增设饮片、参燕、药酒等业务。同时,地处上海民国路(今人民路)的雷允上诵芬堂改为南号;苏州雷允上诵芬堂定为总号。

中华人民共和国成立后,在中国共产党的领导下,中药事业得到了重视,加上人民生活安定,全国交通运输畅通,苏州雷允上诵芬堂业务逐步得到发展。原卫生部部长陈敏章专门为雷允上题词嘉勉"名声如雷、允称上乘"。

1958年,苏州雷允上正式建厂,雷允上开始了新的里程,在全国中药行业被称为"四大家族"之一。

在"文革"期间,原雷允上药厂全部正直有责任心的职工仍坚持生产、坚持技术改革、坚持新产品开发,雷允上药厂在逆境中前进、发展。

1978年,苏州市医药公司和雷允上药厂邀请本市中医药界著名人士协同研究新处方、新品种、新剂型,从而使中成药研究协作组成立。"协作组"吸收苏州市医学界著名人士和热心中医药事业的骨干50余人,开展协作活动。几年活动中,"协作组"除了有名老中医提供经验方,转为雷允上药厂新产品外,又对人参再造丸、大活络丹、六味地黄丸、小金丹等开展改方临床实验。人参再造丸、大活络丹等得以鉴定通过,并发展成为雷允上药厂的主要产品。

1997年,由中国远大集团和苏州医药集团有限公司共同发起,组建了雷允上药业有限公司。如今苏州雷允上隶属于远大医药系统,已经发展成为集工业、商业和连锁为一体的企业,旗下包括常熟雷允上制药有限公司、苏州雷允上商业有限公司和苏州雷允上国药连锁总店有限公司。

三百年来,雷允上人秉承"允执其信、上品为宗"的企业信条,选地道药材,建名店、名厂,制济世良药,声誉鹊起,盛名举世。今天,雷允上人与时俱进,秉承传统,科学创新,谨记"聚百草、泽万民"的社会责任,力争开创现代中药的新纪元,为祖国的中医药发展、为和谐社会的建设做出应有的贡献。

二、雷允上的传承及其现状

1. 雷允上的传承

雷允上所处的时代,正是吴门医派温病学派日趋成熟的时代,医家在对温热病治疗的实践中发明了剂量很小但很有效的治疗方子。雷允上诵芬堂药铺精选良药,悉遵古方及祖传工艺成法修合各种丸、散、膏、丹,以神效卓著而驰誉中外,其中尤以"九芝图"牌六神丸最为著名。六神丸对治疗法时邪、疫毒、烂喉、丹痧、喉风、喉痛、单双乳蛾、疔疮、对口、痈疽、发背、肠痈、腹痛、乳岩,及一切无名肿毒等,无论内服外治,均有特效。

雷允上六神丸小如芥子,因剂量小、起效快,有"中药中的抗生素"之美誉,自问世以来,行销海内外,被誉为"中华国药瑰宝"。六神丸制作技艺有许多首次独创的先进工艺技术,不仅体现了吴门医派温病学原理的特色,而且荟萃了吴门医派理论的精髓,为以后中药的生产起到了重要的影响作用。雷允上的六神丸是中医学,尤其是吴门医派医学理论的经典体现,也蕴含了丰富的吴中文化。

雷允上对六神丸的配方和制作技艺是保密的,传儿不传女。雷允上诵芬堂有严格的用人制度,雷氏子孙要进店任职,必须在本堂或中药行业学业满师后,才能出任。据统计,在20世纪30—40年代里,雷氏六世孙、七世孙、八世孙先后有14人在本店或其他药店拜师学业。店中除聘请部分制药技术高超的药工(称客师),其余都是雷允上诵芬堂本店的学徒(称本堂出身)。职工中有父子相传、叔侄相传、祖孙相传在店内供职,更有祖孙数代在雷允上诵芬堂相继供职者。几百年来,雷允上诵芬堂一直保持着独家经营的地位。新中国成立前,六神丸的总秘方掌握在雷氏传人手中,其制作工序按采购、炮制、选配等步骤分解下去。制药工各司其职,相互间不允许打听。各岗完成原药后,再汇总到传人手中,由传人在一个封闭的房间里按秘方称量、修合、研磨,完成最后的合成。

苏州总号和上海分号各自内部都有明确分工。苏州总号内场有头刀、二刀、三刀、料刀,其中:头刀、二刀兼泛细料丸、丹;料刀泛粪粗料丸、散。外场有丸散柜、饮片柜。柜内又分头柜、二柜、账桌、配方员、营业员等职。还设有细货房、中货房、腊壳房等。各项专职有的还要兼任其他制药工作。上海分号职工多,部门设置也多,分设:内账房、外账房、六神房、腊壳房、细货房、刀房、料房、丸散部、饮片部、邮购部、煎送部。

六神丸最主要的特点有:剂量小,起效快,处方独特,制作技艺独特,无法采用一般的泛丸制作,必须经过独特药材处理及成型工艺。直到现在,现代机器仍无法完全取代人工完成六神丸的制作。

苏州雷允上六神丸制作技艺于2008年被文化部认定,列入国家级非物质文化遗产代表作名录,编码为ⅠX-4,属中医传统制剂方法类别。

雷允上药业有限公司是苏州雷允上六神丸制作技艺项目的申报单位、文化部认定的保护责任单位,也是编制苏州雷允上六神丸制作技艺中长期保护规划的项目承担单位。李英杰被认定为苏州雷允上六神丸制作技艺国家级、省级、市级非物质文化遗产项目代表性传承人。

2. 雷允上传承的现状

新中国成立后,雷氏后人将六神丸秘方献于国家,江苏省及苏州市政府及雷允上药业有限公司为抢救这一珍贵文化遗产做了大量的工作。1956年,经国务院批准,中央卫生部明确规定雷允上六神丸列入保密制造范围。1958年6月24日,苏州市公私合营中西药总店提出筹建"联合制药厂"规划,厂名定为"苏州市公私合营联合制药厂"。"联合制药厂"分设第一工场、第二工场及原材料仓库。

苏州雷允上制药厂成立后,药品生产除六神丸等传统香料细药保持传统秘方及传统工艺外,均按苏州中药固有成方暂行配本和苏州中药饮片切制操作方法暂行配本进行生产。与此同时,在厂内建立药品质量检验制度,并挑选确定具有一定业务经验的职工兼任"药品质量检验员",以负责对药品的生产、配制、加工、分装、贮藏,购入、发出原材料以及成品的质量检查。

1980年1月起,国家对药品生产实行菌检。即从此时起,工厂实行每个品种、每批产品全部菌检,并都有出厂检验报告单,其生产的药品菌检合格率逐步提高。主要产品六神丸、消炎解毒丸的一次菌检合格率达到百分之百;其他各类剂型和产品都坚持合格出厂。

1984年,国家医药管理局又把雷允上六神丸列为医药系统"绝密级"项目。1996年,雷允上六神丸被国家列为一级保护品种。通过不懈的努力,苏州雷允上六神丸制作技艺得到了有效保护,同时,科研和学术也没有中断,历年来硕果累累。虽然在市场经济初期雷允上六神丸也受到市场化、全球化的冲击,但雷允上六神丸的知名度和影响力并没有丧失,雷允上六神丸制作技艺的脉络也没有断裂,雷允上六神丸的生存与发展仍有较大的空间。

苏州雷允上六神丸制作技艺项目入选国家级非物质文化遗产名录后,省、市各级政府及雷允上药业有限公司非常重视,采取了多种有效措施,使苏州雷允上六神丸制作技艺传承保护机制日臻完善,也取得了阶段性保护通过普查、收集、考证、保存,已初步理清苏州雷允上六神丸制作技艺的历史发展脉络,收集整理出一批相关资料、实物,并予以存档和保存。

通过传承、研究和开发,苏州雷允上六神丸制作技艺得到有效保护,创新品种也日益增多,科研和学术研究也取得一定成果,雷允上药业有限公司先后研制出六灵解毒丸、六神凝胶、六神胶囊等系列产品。

通过投入资金,在报刊、广播、电视上加大宣传力度,提升雷允上六神丸的品牌形象,加深公众对苏州雷允上六神丸的了解和认识,引起社会各界对雷允上六神丸的广泛关注,扩大了传播面和提升了影响力。

通过加强对"雷允上"商标及字号的保护,不断扩大"雷允上"在海内外的知名度和影响力,尤其是通过向苏州市、江苏省、国家申请认定"雷允上"商标为知名商标、著名商标、驰名商标、中华老字号等一系列保护性措施,使"雷允上"拥有了"苏州市知名商标""江苏省著名商标""国家驰名商标""中华老字号"等多项称号。另外还通过商标异议复审、商标争议、商标侵权诉讼,坚决打击各种侵犯"雷允上"商标合法权益的行为,同时还在我国香港、澳门、台湾,以及新加坡、马来西亚、泰国申请注册了"雷允上"商标,进一步在国内外提高和扩大了"雷允上"及"雷允上六神丸"的知名度和影响力。

通过生产性保护,将传承保护与生产活动有机地结合起来,初步建立起一支老中青结合的梯度式人才队伍,生产和销售逐年增长。

通过国家及省、市有关政府部门的指导和全社会的努力,建立了雷允上中药文化展示古代馆、现代馆,建立了完整的六神丸处方、工艺保密档案和保密车间,建立了六神丸传统名优中药保护与生产示范基地。

三、雷允上的品牌文化

"允执其信,上品为宗",走进苏州雷允上药业有限公司,八个大字格外醒目。"诚信就是企业的筋骨,风风雨雨这么多年,这是我们的立身之本。"雷允上药业有限公司董事长杨方钰坚定地说。

雷允上成立之初,"精选道地药材,虔修丸散膏丹"便成为其信条。三百年来,苏州雷允上秉持"精选道地药材允执其信,虔修丸散膏丹上品为宗"的立业祖训。对于品牌的传承发展,苏州雷允上始终坚持以"基于三百年吴门医派传承,让当代大众活出真健康"的品牌使命为导向。

案例篇·雷允上：三百年品牌传承与发展

雷允上的百年祖训

1. 道地原料及独有配制

雷允上诵芬堂精选各种地道药材，修合成丸、散、膏、丹。所需药材均从苏申各大药材行以高价选购。麝香由杜盛兴香行供给"杜字香"；犀黄采用金山黄；珍珠购进老港濂珠；冰片用"头、二、三"梅；犀角、羚羊角逐只挑选；虎骨用"四腿虎骨"；人参采用大山人参；川贝用松潘贝；党参用潞党参；黄连用山阴连；杜仲用厚杜仲；豆蔻用大颗白豆蔻；砂仁用原粒阳春砂；杜皮用广陈皮；薄荷用二刀薄荷；等等。

蟾酥用"面刮蟾酥"。即每年春夏季节，活蟾蜍繁盛之时，在南新路靠万人码头的三间工场内，雷允上诵芬堂约渔民每日来此面刮收购，不足之数则派员分赴苏南、苏北水乡地区，发动渔民晚间捕捉活蟾蜍，至指定地点以活蟾蜍每百斤收购。然后，雷允上诵芬堂药工监督渔民先用清水冲洗蟾蜍，再用铁夹刮取活蟾蜍之眉间酥浆。每担活蟾蜍应刮酥浆量，则根据季节不同而定标准。渔民刮酥时，不准把活蟾之血肉刮下，以保证蟾酥的纯净。已刮酥的活蟾蜍由渔民运至荒野处全部放掉，以保护野生资源。刮下的鲜浆（蟾酥）经太阳晒干，天雨则用文火烘干即成为"杜蟾酥"，其质量纯净优于市场供应的"客酥"。

阿胶的原料即驴皮。雷允上诵芬堂必挑选大张纯黑驴皮，混有杂色毛者即行剔除。驴皮购回后，于春季，由皮坊工铲去驴毛，去除头爪。于夏季，将驴皮日晒夜露。于秋季，将驴皮存于阴凉透风处。于冬季，将割成小块的驴皮用皂荚水去除油腻，浸漂洗净，然后，放入木盆内，加入淳厚清澈之水，用栗树柴旺火煎煮一日一夜。其间，按规定时间测量汁水位置，以保持不干涸。然后，将煎出的汁水经沉淀、过滤、除渣，所得纯洁汁水倾入紫铜大锅内，先旺火浓缩，后微火收胶，并加入适量黄酒以去除腥味，熬成即倒入用麻油搽过的锡胶盘内，放在通风阴凉干燥处。至春节后，将驴皮胶取出切成一寸见方、二分厚的薄片,此即称为"雷片",又称"陈头清"。雷允上诵芬堂的阿胶必须存放两年以上,才能铺售。"雷片"的特点是色泽似琥珀,晶莹透亮,服用时,无腥异味,在南方颇受到顾客欢迎。

对有些含有贵重细料的丸剂则采用"双合"制法。先将所合丸剂按配方药料先磨成细粉和匀,再依据配方需用的酒、水、醋、蜜、药汁等辅料拌成糊状,晒干成块状,然后,再研成细粉,加入细料药粉和匀。有的品种还得讲究色泽鲜艳,即称"出颜色",采用"套色法"制成成品。还有罩面(金箔、朱砂为衣)、上光、参研等独特制作工艺。

辅料应用也注重质量,如蜂蜜一般采用紫云英蜜。据需要,掌握炼蜜的老嫩。酒泛丸用的白酒,则采用60度的洋河高粱酒。

矿石和贝类原料如朱砂、腰黄、珍珠等以及眼药、外科用药均需经过"水飞"工艺,用舌舔之,感觉细腻,直至"无粒""无声"为度。

根据药物特性和炮制规范,凡不宜用火加工的,均以晒干晾干为主,尤其是芳香性药物及含朱砂的丸药。这样不仅丸药香气浓郁,而且保持了丸药的新鲜泽润。

梅花点舌丹、镇惊丸、镇心丸、人参再造丸、诸葛行军散等部分丸、散、丹都用金箔或作为衣,或和入药料中。特别是紫雪丹,在修合中除按处方将寒水石、生石膏等矿石类和黄金同煮外,合成时先收干结晶,然后再加金箔。

凡用麝香、犀黄、珍珠等细料修合的药物,均采用"净粉投料",即每种原料各取净粉,按处方用量投料生产。如此,能避免原药材在加工过程中损耗不一而影响原药含量。

六神丸制粒干燥后,以二两为一料包装。清点核准后,定日、定时,由专人护送至银行保险库存放。其他如犀角、珍珠等细料药物亦存放在保险库中。苏州老店在上海四行仓库(现国际饭店地下保险库)租用两只保险抽屉,存有珍珠、狮山雄精等。

2. 苏州雷允上的品牌信念

苏州雷允上的品牌信念主要有以下方面:

(1) 行业领导。苏州雷允上拥有渊博的传统中医药智慧,致力弘扬吴门医药,通过主办行业间的学术交流和传播活动,让业界和消费者了解"吴医"的疗效和精神,从而提升中医药对当代大众的感召力,促进行业的发展。

(2) 专研专攻。固然要变,但不能忘本,这是引领苏州雷允上发展的原则。苏州雷允上秉承传统,专研传统中医医学及药理,同时重视科研学术,希望能以更多不同的产品和服务方式服务大众。

（3）持续创新。在做好现有的明星产品之外，苏州雷允上运用对中国人体质的了解，针对消费者的生活习惯和体质需求，不断钻研出创新且实效显著的药物、健康产品以及服务，让品牌更全面地照顾到消费者的生活诉求，实现"当代真健康"的宏愿。

（4）惠及大众。吴门医派针对的是百姓药，苏州雷允上弘扬吴医"以人为本"的精神，为社会大众提供疗效显著的产品和专业、可靠的辨证服务，切实体现"聚百草，泽万民"的承诺。

四、尾声

三百年雷允上，苏州、上海的三家药企都在用"雷允上"品牌，那么"雷允上"商标究竟属于谁？雷允上（苏州）药业有限公司董事长杨方钰解释说，这几家医药公司虽然都用"雷允上"的字号，但是商标上有着很大的区别。雷允上（苏州）药业有限公司使用"雷允上"的商标，上海雷允上药业有限公司用的是"雷氏"商标，而上海雷允上药业西区有限公司主要使用"上雷"商标。

同为"雷允上"，会不会在品牌推广上造成困扰呢？对此，杨方钰表示，他对此并不担心，这几家公司没有直接关系也没有股权关系，但隶属"同宗"，都是有着三百年历史的企业，而且有很多相同的产品，大家都想把市场做大，是一种良性竞争关系。

课题组在苏州雷允上访谈调研

从发展的过程来说，杨方钰认为苏州雷允上今后的发展规划主要在这三个方面：传统中医药是核心，国医药馆是升级，健康养生实际上是延伸。

现在,苏州雷允上已建成集工业、商业、连锁、国医药馆、健康养生于一体的大健康产业平台,拥有前端治未病、中端治已病和后端康复治疗的健康管理体系。

杨方钰踌躇满志,雷允上的下一个三百年的计划正在酝酿。苏州雷允上今后要"三足"(中成药是核心,国医药馆是升级,健康养生是外延)同时发展,医药结合。未来之路已明,杨方钰和他的团队能够让三百年老字号真正实现"北有同仁堂,南有雷允上"吗?

附录1:雷允上获得的荣誉

雷允上获得的荣誉:

民国四年(1915年),获江苏省地方物品展览会奖状、奖章。

民国五年(1916年),获农商部物产展览会奖状、奖章。

民国八年(1919年),业界始有"北有同仁堂,南有雷允上"之美誉。

民国十八年(1929年),获工商部国货陈列馆奖状。

民国十九年(1930年),获西湖博览会奖状、奖章。

民国二十年(1931年),获实业部奖状。

新中国成立后,原卫生部部长陈敏章专门为雷允上题词嘉勉"名声如雷、允称上乘"。

1956年,国家卫生部将六神丸列入国家保密品种。

1979年,荣获江苏省著名商标证书,雷允上九芝图牌六神丸荣膺国家质量金质奖。

1981年,荣获国家医药管理局"质量管理先进集团"称号。

1983年4月,在全国中成药优质产品预评会议上,消炎解毒丸被评为国家金质奖产品。8月16日,荣获国家质量银质奖。

1987年,九芝图牌"人参再造丸"获国家医药管理局"优质产品"称号。

1988年,全国医药产品健康杯评比中,消炎解毒丸获全国中成药金杯奖,健延龄获滋补保健药银杯奖,灵宝护心丹获中成药优秀奖。

1988年,荣获"江苏省省级先进企业"称号。

1990年,荣获国家"著名商标"荣誉称号。

1990年,荣获"国家二级企业"称号。

1992年,健延龄获1991年"江苏省优质产品"称号。

1995年,荣获"中华老字号"称号。

1996年,雷允上六神丸被列为国家中药一级保护品种。

1997—2000 年,荣获"江苏名牌产品"称号。

1999 年,荣获"中国名牌产品"称号。

2007—2008 年,荣获"江苏省先进单位"称号。

2007 年,荣获江苏省科学技术厅颁发的"高新技术企业"证书。

2008 年,荣获"江苏省价格诚信单位"称号。

2008 年,雷允上六神丸被列入国家级非物质文化遗产名录。

2009 年,荣获"江苏省医药行业诚信企业"称号。

2009 年,被江苏省工商行政管理局认定为"江苏省著名商标"。

2009 年,荣获苏州市科学技术局颁发的"苏州市中药工程技术研究中心"称号。

2010 年,雷允上被收录为国家《中医药堂》四枚特种邮票之一。

2010 年,荣获首届中国非物质文化遗产博览会银奖。

2010 年,荣获"中药企业传统品牌十强"称号。

2010 年,荣获苏州市政府颁发的"科技创新示范企业"荣誉称号。

2011 年,荣获中国中药协会颁发的"传统名优中药保护与生产示范基地"证书。

2012 年,荣获"中国驰名商标"称号。

2013 年,雷允上膏方制作技艺入选"苏州市非物质文化遗产"。

2014 年,荣获苏州市"十大自主品牌"称号。

2015 年,获评"江苏品牌紫金奖·2015 深受江苏人欢迎的连锁品牌"。

附录2:吴门医派

苏州作为我国一个久负盛名的历史文化名城,历史上有"吴中""吴下""三吴"之称,建城已2 500多年。早在春秋战国时期,苏州就是吴国的都城,以后历为郡、府、省的首府,是江南著名的大都会。这里文化发达,环境优美,温暖湿润,商业繁荣,故有"鱼米之乡"的美誉。丰富的吴文化底蕴,给吴中医学的发展增添了活力,也为吴中医学的形成提供了丰厚的文化积淀。如果说丰富秀美的吴文化是吴中科学艺术之源,那么悠久精湛的吴门医派则是其流。

苏州历代名医辈出,从周代至今,有记录的名医达千余家,其学术成就独树一帜,形成了颇具特色的吴门医派。吴中医家以儒医、御医、世医居多,有较深的文字功底和编撰能力,善于著述、总结前人经验及个人行医心得。苏州是温病学派的发源地,清初叶天士《温热论》的问世,更确立了以苏州为中心的温病学派的学术地位。从而形成了"吴中多名医,吴医多著述,温病学说倡自吴医"的三大特点。这是吴医的精华所在,也是"吴中医学甲天下"的由来。吴门医派为苏州人民数千年来的繁荣昌盛做出了不可磨灭的贡献。

据资料统计,吴中历代医家有1 200余人,其中医官、御医百余人。13世纪下叶,意大利旅行家马可波罗游历苏州时,当地建筑、物产和医学等,给他留下了十分深刻的印象。《马可波罗游记》中写到的"苏州城漂亮得惊人","有许多医术高明的医生,善于探出病根,对症下药",说明吴门医学很早就引起海外旅行家的重视。明清时期,人们将这里的中医称作"吴医"。明代杨循吉在《苏谈》一书中称:"今吴中医称天下。"清代乾隆年间,唐大烈将苏州地区31位医家的医论汇编成《吴医汇讲》一书。从此,"吴医"这一名称始行天下。吴门医学在漫长的中医发展历程中,自然而然地形成了几大不同的医学流派。其中温病学派是吴门最具地方特色和科技优势的一大流派,从某种意义上讲是吴门医派的代表。此外,吴医在仲景学说的研究、杂病证治的探讨、苏派外科的卓著,以及妇科、儿科、针灸等方面,都赋有强烈而鲜明的吴门医学流派特色。

案例使用说明

一、教学目的与用途

(1) 本案例主要适用于MBA项目的《企业伦理与文化》《品牌管理》等课程。

(2) 本案例教学目的在于使学员理解和掌握老字号品牌的传承与发展、品牌文化以及企业品牌规划,通过分析雷允上三百年品牌传承历史,探讨如何寻找企业长寿的文化基因。

二、启发思考题

(1) 请分析雷允上品牌传承与保护存在的问题。你认为可采取哪些保障性措施促进雷允上品牌传承?

(2) 分析雷允上三百年品牌传承与发展的文化基因,请运用生命周期理论为企业的长寿开出药方。

(3) 苏州雷允上与上海的雷允上"同宗同源",但股权上并无直接关系,三家企业都很看重"雷允上"的金字招牌。请运用品牌延伸理论结合民族医药探讨苏州雷允上的发展规划。

三、分析思路

教师可根据自己的教学目的与目标来灵活使用本案例。这里提出本案例的分析思路,仅供参考。

(1) 关于老字号品牌传承与保护问题。新中国成立初期,我国大约拥有"中华老字号"16 000 家,1991 年原国内贸易部对老牌企业进行全行业的认定,有 1 600 余家老牌企业被授牌。2006 年商务部重新认定时,第一批中华老字号的数量仅有 434 个,2011 年认定第二批中华老字号 345 个。在市场竞争环境下,有的老字号顺势而为创造了新的辉煌,有的则难敌激烈竞争逐渐衰落。这些衰落的老字号主要存在无法承受上涨的租金、经营方式陈旧、管理方式落后、老字号传承人才短缺、历史遗留问题无法解决等问题。随着保护和发展老字号呼声的增多,政府方面也有所行动。2008 年,商务部等 14 部门印发了《保护与促进老字号的若干意见》,对我国老字号的传承与发展起到了一定的积极作用。

引导学生根据案例材料归纳苏州雷允上在品牌传承方面的做法,分析目前仍然存在的问题,如西医的大量涌入对中医药的冲击,药品原料来源的限制,品牌传承机制不完善,资金、人才的不足等,提出品牌传承与保护、资金保障、人才培养、政策支持等方面的保障性机制和措施。

(2) 老字号品牌长寿必然有其文化基因,企业经营有其生命周期,品牌也有其生命周期,在企业不同生命周期可采取相应的品牌经营策略。在企业长寿的文化基因中,不变的是企业经营理念,尤其是坚守诚信经营、社会责任底线。可从精神文化基因和创新文化基因两个方面分析其长寿基因,为企业经营管理实践提供参考。

(3) "中华老字号"对于拥有老字号品牌的企业而言是一块金字招牌,虽然目前"雷允上"字号有三家企业共同使用,但在商标注册上是有区别的,股权上也无直接关系。分析者可以从苏州雷允上以弘扬吴门医学为使命这一角度出发,探讨苏州雷允上的"三足"(中成药是核心,国医药馆是升级,健康养生是外延)同时发展的规划方案,围绕雷允上的品牌文化和品牌延伸提出进一步发展的具体思路和对策。

四、理论依据与分析

本案例涉及的主要理论：

1. 老字号及其品牌传承与保护

老字号是指历史悠久，拥有世代传承的产品、技艺或服务，具有鲜明的中华民族传统文化背景和深厚的文化底蕴，取得社会广泛认同，形成良好信誉的品牌。"中华老字号"是由原中华人民共和国国内贸易部认定的中国大陆的老牌企业，在1991年全行业的认定中，有1600余家老牌企业被授牌。2005年6月，中国商业联合会公布中华老字号认定范围征求意见稿，表明中华老字号的认定工作在暂停14年后再次启动。2006年4月，国家商务部发布了《"中华老字号"认定规范（试行）》"振老字号工程"方案，表示在3年内由国家商务部在全国范围认定1000家"中华老字号"，并以中华人民共和国商务部名义授予牌匾和证书。

在《"中华老字号"认定规范（试行）》文件中，对老字号的名称、定义、认定范围、条件、方式、程序及动态管理做出了详细规定。文件中对老字号的认定条件作了明确的规定：① 拥有商标所有权或使用权；② 品牌创立于1956年（含）以前；③ 传承独特的产品、技艺或服务；④ 有传承中华民族优秀传统的企业文化；⑤ 具有中华民族特色和鲜明的地域文化特征，具有历史价值和文化价值；⑥ 具有良好信誉，得到广泛的社会认同和赞誉；⑦ 国内资本及港澳台地区资本相对控股，经营状况良好，且具有较强的可持续发展能力。

品牌传承被认为是品牌识别的重要部分。品牌传承的内涵包括品牌价值体现、历史文化、持续存在和品质保障四个方面，可以理解为对品牌核心价值和文化内涵的继承和发展。

品牌保护，就是对品牌的所有人、合法使用人的品牌实行资格保护措施，以防范来自各方面的侵害和侵权行为，包括品牌的经营保护、品牌的法律保护和品牌的社会保护三个组成部分。品牌保护三部曲是注册在先、制止混淆和反向假冒。

每一种品牌的陨落都有自己的原因，或是自然衰老，或是遭遇突发事件，或是患了某种品牌疾病。不同的品牌，其所面临的内部和外部环境有所差异，企业经营者所采取的保护活动也各不相同，但不论采取何种经营活动对品牌进行保护，都应坚持以市场为中心，全面满足消费者需求，维持高质量的品牌形象，严格管理，不断创新，以及运用品牌延伸策略。

2. 企业生命周期理论

企业生命周期是企业发展与成长的动态轨迹,包括发展、成长、成熟、衰退几个阶段。企业生命周期理论的研究目的就在于试图为处于不同生命周期阶段的企业找到能够与其特点相适应、并能不断促其发展延续的特定组织结构形式,使得企业可以从内部管理方面找到一个相对较优的模式来保持企业的发展能力,在每个生命周期阶段内充分发挥特色优势,进而延长企业的生命周期,帮助企业实现自身的可持续发展。

伊查克·爱迪思(Ichak Adizes)创立了企业生命周期理论,他认为企业成长的每个阶段都可以通过灵活性和可控性两个指标来体现:当企业初建或年轻时,充满灵活性,做出变革相对容易,但可控性较差,行为难以预测;当企业进入老化期,企业对行为的控制力较强,但缺乏灵活性,直到最终走向死亡。他在《企业生命周期》一书中,把企业生命周期分为十个阶段,即:孕育期、婴儿期、学步期、青春期、壮年期、稳定期、贵族期、官僚化早期、官僚期、死亡。爱迪思准确生动地概括了企业生命不同阶段的特征,并提出了相应的对策,指示了企业生命周期的基本规律,提示了企业生存过程中基本发展与制约的关系。

3. 品牌延伸理论

品牌延伸是指企业将某一知名品牌或某一具有市场影响力的成功品牌扩展到与成名产品或原产品不尽相同的产品上,以凭借现有成功品牌推出新产品的过程。品牌延伸并非只简单借用表面上已经存在的品牌名称,而是对整个品牌资产的策略性使用。一般把品牌延伸所采用的品牌称为母品牌,品牌延伸所提供的新产品称为延伸产品。产品线延伸和侧翼品牌与品牌延伸类似。产品线延伸指用已有品牌生产同类别但包装、口味和成分不同的产品。侧翼品牌指对多个产品使用不同商标,常被在不同市场推出不同产品的公司使用。

品牌延伸从表面上看是扩展了新的产品或产品组合,实际上从品牌内涵的角度,品牌延伸还包含有品牌情感诉求的扩展。如果新产品无助于品牌情感诉求内容的丰富,而是降低或减弱情感诉求的内容,该品牌延伸就会产生危机。不应只看到品牌的市场影响力对新产品上市的推动作用,而应该分析该产品的市场与社会定位是否有助于品牌市场和社会地位的稳固,两者是否兼容。品牌延伸的本源含义是指企业把原有的品牌用到新产品上,以此来降低新产品的营销成本并尽快促成新产品推广成功的策略。品牌延伸后品牌麾下有多种产品,所以就形成了综合品牌战略(也叫"一牌多品战略""统一家族品牌战略",或形象地比喻为"伞状品牌战略")。

五、关键要点

(1) 结合我国老字号企业经营发展和中医药老字号品牌传承与保护的特点,探讨老字号保护和发展的新问题,从政府和企业层面提出相应政策和措施。

(2) 探讨和总结企业长寿的文化基因。结合企业生命周期和品牌生命周期,分析如何把诚信经营的企业理念贯彻到企业经营管理实践的各个方面,尤其是品牌形象的维护、企业信誉的构建和管理。

六、建议课堂计划

本案例可供专门的案例讨论课使用,课时计划约为100分钟(2个课时)。

以下是按照时间进度提供的课堂计划建议,仅供参考。

1. 课前计划

提前1周发放案例,提出启发思考题。要求学员学习相关理论并利用互联网掌握行业背景知识。请学员在课前完成案例材料阅读和初步思考。

2. 课中计划

首先,由教师作简要的课堂发言,主要介绍本案例大致内容、案例涉及的问题,明确案例讨论问题(5分钟)。

其次,开展分组讨论(30分钟)。安排学员按小组就座,每小组由5名学员组成(以50人的班级为例,可分为10个小组)。要求各组针对启发思考题进行讨论,并整理、归纳发言内容。

再次,由小组代表在班级讨论中发言。要求每组发言代表概述本小组对案例问题的分析和解决思路(每组5分钟,总时间控制在50分钟左右)。

最后,教师归纳总结。教师针对本案例关键点引导学生进一步讨论,并结合各小组陈述情况进行归纳总结(15分钟)。

3. 课后计划

如有必要,请学员在课堂讨论的基础上,采用报告形式给出更加具体的解决方案,以小组名义提交书面案例分析报告。

七、参考文献

[1] 吉姆·柯林斯.基业长青(珍藏版)[M].北京:中信出版社,2009.
[2] 伊查克·爱迪思.企业生命周期[M].北京:华夏出版社,2004.
[3] 魏文斌,洪海.苏州本土品牌企业发展报告(老字号卷)[M].苏州:苏州大学出版社,2014.
[4] 姬志恒,王兴元.老字号品牌文化属性与企业价值关联性研究——以我国51家老字号上市公司为样本[J].山东社会科学,2014(8):137-141.
[5] 李飞.中华老字号品牌的生命周期研究[J].北京工商大学学报(社会科学版),2015(4):28-34.

亨通集团的社会责任体系[①]

摘 要 亨通集团创建于1991年,目前已发展成为一家服务于光纤光网和电力电网及网络建设运营、金融投资、新能源、新材料等领域的国家创新型企业,企业使命是要打造一个受社会尊敬的、勇于承担社会责任的百年企业。本案例描述了以亨通集团创始人崔根良为核心的经营团队在企业使命指引下,始终坚持诚信经营、依法纳税,积极践行循环发展、绿色发展、低碳发展理念,创建生态文明、绿色花园式工厂。2011年,亨通集团通过设立亨通慈善基金会,建立企业社会责任体系,积极参与光彩慈善公益事业,使亨通参与社会公益活动步入了规范化、法治化的轨道。本案例旨在通过对亨通社会责任的学习与讨论,引导学员深入思考我国民营企业如何将社会责任融入企业战略及其经营管理实践中,以及如何更有效地持续性投身慈善公益事业。

关键词 亨通集团;社会责任;战略性社会责任;慈善公益

2011年2月25日,由集团董事局主席崔根良个人和亨通集团共同发起,捐资5 000万元,经民政部批准注册成立了亨通慈善基金会,这是江苏省首家民营企业发起成立的由民政部主管的非公募性慈善基金会。亨通慈善基金会的宗旨是:以人为本、关注民生,推动社会福利事业;扶危济困、关心公益,致力构建和谐社会。崔根良认为,"一个企业履行好社会责任,不能简单地理解为就是捐款捐物。企业的根本责任是经营好企业,为社会提供更好的产品和服务,同时在依法经营的前提下,积极担当社会责任,多贡献税收,多创造就业岗位,引导和推动地方产业发展,为地方经济多做贡献。企业开展公益活动的动机应纯粹,不能以行慈善之名,谋自身名利之实。"他反复强调,社会责任是企业的第一责任。亨通始终坚持诚信经营、依法纳税,积极践行循环发展、绿色发展、低碳发展理念,创建生态文明、绿色花园式工

[①] 本案例根据公司实地调研素材及《苏州本土品牌企业发展报告·上市公司卷》的相关案例资料编写,作者拥有著作权中的署名权、修改权、改编权。由于企业保密的要求,在本案例中对有关名称、数据等做了必要的掩饰性处理。本案例只供课堂讨论之用,并无意暗示或说明某种管理行为是否有效。

厂。通过设立亨通慈善基金会,积极参与光彩慈善公益事业,使亨通参与社会公益活动步入了规范化、法治化的轨道。截止到 2015 年年底,崔根良和亨通累计捐赠钱物超 4.8 亿元,崔根良荣膺中国十大慈善家、中华慈善奖、江苏慈善奖、苏州慈善奖等荣誉。如今,作为一家大型民营企业集团的掌舵人,崔根良回顾亨通的社会公益事业历程,进一步思考如何将企业社会责任融入企业战略及经营管理实践之中,如何提升企业社会责任治理水平,如何更有效地持续性投身慈善公益事业,亨通企业存在的价值和追求的终极目标究竟是什么。

一、公司简介

亨通集团创建于 1991 年,前身是吴江市广电通信线缆总厂,1994 年年底,在线缆总厂的基础上组建了亨通集团,1999 年改制为股份制企业集团,目前已发展成为一家服务于光纤光网和电力电网及网络建设运营、金融投资、新能源、新材料等领域的国家创新型企业。

集团拥有全资及控股公司 50 家(其中 3 家公司分别在上海主板、新加坡和我国香港、印度尼西亚上市),在全国 11 省市和欧洲、南美、南亚、南非、东南亚设立产业基地,在全球 30 多个国家和地区设立营销技术服务分公司,拥有 100 多个国家注册商标,产品覆盖 130 多个国家和地区,全面服务于智慧城市及社区、特高压及智能电网、新能源与海洋工程宽带中国、大数据、物联网、移动互联网、高铁地铁及航空航天、国防军工等高端市场高端领域,并在国内外重大工程中创造了多项"世界之最"。亨通集团是中国光纤光网、电力电网领域规模最大的系统集成商与网络服务商,跻身中国企业 500 强、中国民企 100 强、全球光纤通信前 3 强、中国电子元件百强企业(第 1 位)、中国线缆行业最具竞争力企业 10 强(第 1 位)、中国自主创新能力行业 10 强,荣获"中国工业大奖"、中华慈善奖"最具爱心内资企业"、中国优秀企业公民、全国守合同重信用企业、中国企业社会责任特别大奖、中国工业行业履行社会责任五星级企业、中国优秀诚信企业、中国 100 最佳雇主、中国百佳企业文化建设先进单位、全国企业文化示范基地等多项荣誉。

创新是亨通发展的动力。亨通积极推进"三化融合智能企业"建设(工厂智能化、制造精益化、管理信息化),全面向智能制造、服务制造转型;拓展"互联网+"发展新空间,积极推进向互联网、物联网产业转型;践行精益求精的制造业精神,努力打造中国质量全球品牌。集团拥有国家级企业技术中心、重点实验室、院士工作站、博士后工作站等创新平台,相继承担国家

"863计划"项目、自然科学基金项目等国家级科技项目190余项,参与国家及行业标准制订170余项,拥有国家授权专利2 000多项,标准制订和专利数均位居国内同行首位。

国际化成就亨通全球梦。"看着世界地图做企业,沿着'一带一路'走出去。"亨通将围绕"5-5-5"国际化目标(50%以上的国际市场、50%以上的国际资本、50%以上的国际化人才),立足"3个2"(国际国内两个市场、国际国内两种资源、国际国内两大资本),大力实施"四大融合"(产业经营与资本经营融合、制造服务与互联网融合、国内资源与国际资源融合、本土文化与外域文化融合),加快推进"四大转型"(生产研发型企业向创新创造型企业转型、产品供应商向全价值链集成服务商转型、制造型企业向平台服务型企业转型、本土企业向国际化企业转型),加快全球化运营和产业布局,向着一流的国际化企业迈进。

二、亨通的社会责任理念及其管理体系

1. 亨通的社会责任理念

亨通的使命是要打造一个受社会尊敬的、勇于承担社会责任的百年企业。其社会责任理念包括:诚信经营,依法纳税,为社会提供优质的产品和服务;处理好企业与各利益相关方的关系,在和谐劳动关系、关爱员工成长、回报投资者、协调公共关系、环境友好、资源节约等方面做出示范;饮水思源,懂得感恩,热心公益,回报社会。

2. 亨通的社会责任管理体系

承担企业责任不是一时、一事、一地的短期行为,需要长期系统的规范与管理。为此,亨通集团成立了专门负责企业社会责任管理的工作机构;还将借鉴国际标准,进一步搭建企业责任管理体系。

保障组织:建立由集团决策层直接领导、行政管理中心为主的专门团队,明确企业责任各项工作的职责和跨部门跨公司的协调机制。

制定政策:坚持科学合理和清晰明确的企业责任方向,保证众多责任实践活动在各子公司的整合性、有效性和可持续性。

吸引参与:自上而下,创造条件,使员工能有机会积极参与责任承担,确保企业责任在企业运营中渗透的广度和深度。

规范流程:建立企业责任项目筛选机制及决策路程,对事前分析、事中跟踪、事后评估的运作模式进行规范,对项目执行和协调进行控制。

三、亨通的社会责任内容

在全面履行社会责任的实践中,亨通集团总结制定了企业经济责任、法律责任、道德责任、环境责任、安全责任、社会公益责任等六大社会责任,作为履行社会责任的努力方向。

亨通的经营责任、创新责任、环境责任和社会公益责任主要包括以下内容。

亨通的六大社会责任

(一)亨通的经营责任

1. 价值共享

亨通视"守法经营、依法纳税"为企业的基本社会责任和商业道德,信守"比贡献,看纳税"的价值观,严格遵守国家法律法规,正确处理国家、企业、职工、股东的关系,坚持依法经营、公平竞争、理性竞争,坚决维护规范有序的竞争环境。

亨通连续多年蝉联江苏省纳税百强,是苏州市纳税大户、吴江十大纳税大户。

每股社会贡献值是反映一个公司为股东、员工、客户、债权人、社区以及整个社会所创造真正价值的重要数据,是亨通承担社会责任情况的重要指标之一。亨通在资本市场先后荣获"最具投资价值上市公司""最具发展潜力上市公司"等称号。

亨通自成立以来吸纳就业能力逐年递增,为越来越多的劳动者提供了发挥聪明才智、服务社会的平台,让员工在享受到通过劳动得到的物质成果的同时,也得到知识的充实和技能的提高。

2. 精益制造

亨通全面推行精细化管理,实施了企业资源管理 ERP 系统,全面导入 6S 及 6SIGMA 管理体系,先后通过了 ISO 9001、TS 16949 质量管理体系认证。整个产品生产和销售过程,包括材料采购、到货验收、生产过程控制、成品测试、产品交付和售后服务等严格遵照 ISO 9001 标准执行;对供应商的供货质量进行记载,并定期对供应商进行评审,从而确保采购的质量;产品生产的每道工序都有下发的文件式的作业指导书来指导工艺生产,且每道工序都有严格的检测把关,只有经过测试合格的半成品才能流入下道工序。

目前,亨通旗下企业已通过质量管理体系认证、环境管理体系认证、职业健康管理体系认证、测量管理体系认证、中国强制性产品认证(CCC)、电能(北京)产品认证中心认证(PCCC)、CE 认证、国军标质量管理体系认证(GJB 9001B)、矿用产品安全认证、南非国家标准局认证(SABS),以及中国、美国、英国、法国、德国、挪威船级社产品认证等数十项权威认证。

3. 合作共赢

亨通本着诚信、平等、理性的道德准则处理与各利益相关方的关系,并建立了一系列的规章制度。

亨通始终坚持诚信互赢的原则,先后与日本古河、日本藤仓、美国奥维信、美国 OFS 等国际企业展开了产业或资本层面的友好合作。亨通与华为、中兴、诺基亚、西门子等国际知名的通信设备供应商建立了业务合作关系,为国内通信运营商和国际知名企业(中国电信、中国联通、华为技术等)的优秀供应商。

(二) 亨通的创新责任

创新是企业发展的动力,亨通通过不断创新为企业可持续发展注入了生机和活力。公司以战略创新为前提,在 20 多年的发展历程中,逐渐形成了全方位的创新体系。

1. 创新引领

作为国内线缆产业产品门类最齐全的企业,亨通通过自主研发,实现了核心装备自主化和装备效能技术革新,树立了从"中国制造"向"中国创造"转型的行业典范,打破了国外对中国光通信、智能电网核心技术的封锁和价格垄断,推动了国家战略的实施,为中国大规模、低成本开展光通信骨干网、城域网和光纤接入网的建设做出了突出贡献。

亨通公司成立至今,承担了多个国家和省市科技项目、火炬计划项目、重大产业化转化项目等,获得项目资助。亨通还分别获得了国家标准和行业标准的牵头起草权,并成为中国标准化协会副理事长单位,参与标准制订及获得的授权专利总数位列行业第一:参与制订国家及行业标准 74 项,其中主持制订 5 项;取得授权专利总数 150 多项,其中发明专利 120 项。

经过多年的努力,亨通在自主创新、集成创新、引进消化吸收再创新等方面取得了长足的进步和巨大的成就,并荣获"国家火炬计划重点高技术企业""中国最具竞争力高新技术百强企业""国家级创新型企业""全国大中型企业自主创新能力行业十强企业"等殊荣。

作为国家级创新型企业,亨通努力提高自主创新能力,培育自主知识产权,建立了国家级企业技术中心,拥有 3 个院士工作站、6 个省级工程技术中心以及江苏省重点实验室。先后承担 110 多项国家、省部级新产品及技术攻关项目。

2. 转型升级

在发展中求转型,在转型中促升级。亨通以转变发展方式为指引,确立了"从生产型企业向研发生产型企业转变,从产品供应商向系统集成服务商转变,从本土企业向国际化企业转变"的三大转型目标,并提出"产品经营与资本经营相结合、产品多元化与产业多元化相结合、国内市场与国际市场相结合"的三大转型方式,进一步加大自主创新,推进转型升级,加快向高端产业、高端市场、高端技术领域迈进。

3. 创先争优,党建引领促发展

创先争优是企业竞争力的体现。亨通积极践行江苏"三创三先"精神,在科技创新、人才队伍建设、管理创新、党建促工建等方面成为全省示范。

党建就是生产力。亨通在当地率先成立民营企业党委、纪委,把党的政治优势、组织优势和群团组织的配套优势转化为推进企业发展的强大动力,促进了企业的科学发展、创新发展、和谐发展,成为全国文明单位、全国企业党建工作先进单位、江苏省非公企业党建带工建"四统筹一创争"活动示范企业、江苏省委组织部20家双重管理民企党委、苏州市统筹共建先进集体、苏州市创先争优基层党组织、苏州市先锋基层党组织。

4. 品牌创新

亨通紧跟信息化时代的新形势和新要求,以"打造世界知名品牌,成就国际优秀企业"目标为指引,将品牌建设作为一个系统工程来经营。随着品牌战略的深入推进,亨通提出了品牌的"三大转变"(国内品牌向国际品牌转变、行业品牌向公众品牌转变、知名度向美誉度转变)。亨通品牌价值的不断提升,对内来自员工的高度认同,对外则强化行业、公众的认知,获得日益高涨的知名度、美誉度。

亨通早在2004年就被国家工商行政管理总局认定为"中国驰名商标"。先后在30多个国家和地区注册海外商标,国际注册商标近百件,成为江苏省重点培育和发展的国际知名品牌、江苏省通信光电缆出口基地核心企业。品牌价值从2004年的27.33亿元跃升到203.45亿元。近年来,连续10年入选中国500最具价值品牌榜。

5. 用文化汇聚企业软实力

亨通积极创建融传统文化、本土文化、时代特征、产业特点于一体,包容开放的企业文化体系,提炼出了属于全体亨通人的企业文化,形成亨通企业文化理念体系,用优秀的企业文化为百年亨通保驾护航。亨通先后获得全国企业文化优秀成果奖、江苏省企业文化示范单位、苏州市企业文化建设示范单位等荣誉,亨通的企业歌曲、宣传片、内部报刊也先后获得多个省市级奖项。

(三) 亨通的环境责任

亨通牢固树立"绿色发展、循环发展、低碳发展"的理念,每年都与生产企业签订节能减排技改责任书,把资源消耗、环境影响、生态效益等生态文明建设指标纳入业绩考评体系。卓有成效的节能、环保工作使亨通成为首批中国能效之星五星级企业(最高评级),也是行业内唯一获此评级的企业。

1. 绿色环保

亨通将环境保护贯穿于企业生产运营的各个环节。集团及下属子公司均通过了ISO 9000系列国际质量认证、OHSAS 1800职业健康安全管理体系认证、ISO 1400环境管理体系认证、3C质量认证等。先进的设备、专业的操作人员、规范的操作流程确保了所生产的产品符合国家规定的环保要求。公司设置循环水池节约用水,安装除尘和脱硫装置降低排放,控制噪声减少环境的噪声污染,分类处理废弃物以利于资源的回收处理和利用,对车间顶部进行改善以充分利用日照节约电能,并积极开发生产无烟低卤电力电缆、风力发电线缆、太阳能发电电缆等环保产品,鼎力支持国家环保事业发展。

从2006年开始,亨通光电研发中心自主研发生产光纤预制棒,从项目立项至正式投产,公司严格遵守相关环保法律法规,"同时设计、同时施工、同时投产",加大环保设施投资,在废气处理方面投资2 700万元,在废水处理方面投资980万元,均采用国内外先进处理工艺,并配备专业处理人员14人,在排放口安装在线监控设备,严格做到无污染排放。针对生产中产生的石英玻璃、SiO_2干粉、SiO_2泥浆,专门投资62万元修建固废仓库进行分类存放,并由有资质单位进行固废处置。

2. 低碳减排

节能减排是可持续发展战略的重要举措,历来受到亨通的重视。亨通始终把节能技改、挖潜降耗作为重点工作来抓,先后建立和健全了各项能源管理规章制度和比较合理的产品能源消耗定额指标。2014年,亨通通过一系列的设备技改、工艺改进并引进先进的节能技术,年节能1 924.87吨标准煤,完成节能量目标的370%;万元产值能耗为0.015 54吨标准煤/万元,同比下降了3.73%,超额完成了与政府签订的节能量目标。

3. 循环经济

亨通按照循环经济推进的指导思想,在资源利用、生产消耗、废物回收再利用等各个环节,建立起全覆盖的资源循环利用体系,被纳入苏州市循环经济试点企业。

2005年至今,亨通持续投入专项资金进行厂房屋顶的更换,全部换上新型绿色型材,并且留有透明式天窗,打通多余墙体,增强室内照度,优先采用无极灯、LED灯等先进的绿色照明灯具,利用微电脑时控开关及光度自动化控制调节,此项改造工程每年能节约160万度电。

亨通线缆公司使用循环供水系统,每年因生产需用水125万吨。该公司投入专项资金新建了独立循环供水系统,实现车间用水循环使用,全年用水量从125万吨减少到0.36万吨。

亨通在光纤生产过程中,通过对光纤炉体结构的自主设计和改造,使炉体在交变电磁场作用下,光棒内部产生涡流,从而达到加热或融化的效果,减少稀缺气体资源的使用,大量节约了光纤拉丝成本,年节约氦气量51.75万立方米。

(四)亨通的社会公益责任

亨通在努力将企业做大做强的同时,把回报社会作为一种责任,倾心社会公益慈善事业。作为中国慈善联合会常务理事单位、江苏省慈善总会副会长单位、苏州慈善总会荣誉会长单位、吴江慈善总会副会长单位,亨通积极投身爱心助学、扶贫济困、助残扶弱、救灾赈灾等各类光彩慈善公益事业。至2015年年底,亨通累计捐赠款物已超4.8亿元。

亨通三次荣获中华慈善奖、"最具爱心捐赠企业"称号、"最具爱心捐赠个人"称号,并被授予中国企业社会责任特别大奖、苏商社会责任大奖等多项荣誉,集团董事局主席崔根良两次入选"中国十大慈善家"。

1. 设立亨通慈善基金会

2011年,由崔根良和亨通集团发起,捐资5 000万元,经民政部批准注册成立亨通慈善基金会,为江苏省首家民营企业发起成立的非公募慈善基金会。

亨通慈善基金会宗旨:以人为本、关注民生,推动光彩慈善福利事业;扶危济困、关心公益,致力构建和谐社会。

2. 爱心助学

青少年是国家的未来,多年来亨通通过多种途径和方式帮助青少年,注重对教育的投入,让更多的孩子接受教育,成长为社会有用之才。

(1) 通过多种途径开展爱心助学,在大专院校设立亨通奖学金。

(2) 捐资100万元,在新疆伊犁州设立亨通光彩助学基金,资助贫困家庭的高中学生完成学业。

(3) 捐资40万元帮助西藏桑日县绒乡巴朗村、扎巴村两所幼儿园购置教学活动设施。

3. 扶贫济困

扶贫济困是亨通参与公益慈善事业的重要方向。亨通连续20多年为七都镇敬老院孤寡老人送温暖。从1992年起,每逢节假日或者酷暑严寒时,亨通总是及时出现在敬老院,为敬老院的老人们送去慰问品、慰问金。此外,亨通连续多年提供资金为七都镇困难职工送温暖,扶助吴江地区的困难家庭,为陷入困境的大病患者提供救助等。

4. 志愿服务

亨通经过多年自身探索与追求,形成独具特色的亨通志愿服务链。亨通成立了亨通青年者志愿者服务队,目前注册人数超过3 800人,下设5个分队:便民服务志愿队、网络文明志愿队、文化传播志愿队、扶贫帮困志愿队、传播文明风尚志愿队,定期组织志愿服务活动,每年不少于6次;对志愿者进行上岗前志愿服务培训,建立激励机制,并给予活动经费,树立起志愿服务的亨通品牌。

5. 无偿献血

亨通集团从2005年起每年组织吴江地区各公司员工参加献爱心活动,历年被评为献血工作先进单位。员工对参加集体无偿献血活动的目的和作用的认识已越来越清晰,参加献血的人数和献血量一次比一次增多。这种爱心行动,充分体现出企业参与社会公益活动所取得的良好效果,以及广大员工关爱生命和无私奉献的精神。据不完全统计,近五年亨通有1 138人次参与献血,累计献血量27万余毫升。

6. 残疾人就业

解决一个残疾人的就业问题,就缓解了一个家庭的困难。残疾人的就业是残疾人事业的重要组成部分,也是残疾人及其家属所关心的一个社会问题。残疾人就业是实现残疾人走向社会的根本途径。亨通多年来一直积极吸纳残疾人就业,公司下属的亨通线缆、亨通金天等子公司累计安排近2 000名残疾人就业。另一方面,亨通针对残疾人职工积极开展各类技能培训,帮助他们掌握更多的生产工作技能,提高他们的社会竞争能力,与此同时激励残疾人职工的工作信心,帮助他们立足岗位发挥专长。近年来在公司各条线均涌现出一批优秀残疾人职工。

四、尾声

展望未来,亨通将更加重视自然环境与经济发展之间的关系,着力形成"绿色生产力",通过科技创新、节能减排、发展循环经济,实现经济与资源、环境之间的和谐可持续发展。亨通还将继续坚持各利益攸关方共赢,加强与各利益相关方的沟通与交流,提升和保障员工的福利,共享发展成果。亨通将继续投身公益光彩慈善事业,积极回馈社会,为构建和谐社会贡献自己的力量。

2016年4月20日,中宣部授予亨通集团党委书记、董事局主席崔根良"时代楷模"荣誉称号,并号召全社会向他学习。中央电视台"时代楷模发布厅"栏目介绍了崔根良的先进事迹。发布厅现场,主持人问崔根良,"4.8亿元不是一个小数目,为什么会拿出这么多钱做慈善?"他说,企业越大,社会责任越大。用企业创造的社会财富回馈社会,是天经地义、义不容辞的。更何况自己是一名共产党员,要无愧于党员的称号。崔根良再次坚定地迈向亨通追求的终极目标:

亨通,立志成为百年企业,成为负责任、受尊敬的企业。

必须诚实守信、合法经营、依法纳税。

必须稳健经营,实现持续健康发展。

必须做强做大,培养担当更大责任的能力。

必须以最小的资源消耗,实现最大的社会产出。

必须以最先进的文化及生产力,引领行业进步,推动经济发展。

必须持续创造价值,真情回馈社会,与时俱进,推动和谐社会的构建。

这就是亨通企业存在的价值和追求的终极目标。

附录1:崔根良简介

1. 概况

崔根良,男,1958年5月生,江苏吴江人,亨通集团创始人,亨通集团党委书记、董事局主席、总裁。中国企业家协会第七届理事会常务理事、中国通信企业协会主任委员、第十二届全国人大代表、全国劳动模范、全国优秀中国特色社会主义事业建设者、全国优秀企业家、全国企业优秀党委书记、中国十大慈善家、中国工业经济联合会主席团主席、中国企业联合会副会长、中国国际商会副会长、中国民营经济国际合作商会副会长、中国民(私)

营经济研究会副会长、江苏省工商业联合会副主席。

2004—2014 年,连续十次随同国家领导人出席亚太经合组织(APEC)会议。

2. 履历

1977—1981 年,在福建军区服役。

1982—1985 年,在吴江市七都化纤厂负责销售。

1986—1987 年,任吴江市七都织服厂厂长。

1988—1990 年,任吴江市七都乳胶厂厂长。

1991—1994 年,任吴江市广电通信线缆总厂厂长。

1994 年至今,任亨通集团董事局主席、亨通集团党委书记(1994 年在吴江市广电通信线缆总厂的基础上组建了亨通集团,1999 年改制为股份制企业集团:亨通集团有限公司)。

作者到亨通集团调研
(左一为时任亨通集团党委副书记肖耀良)

3. 荣誉

崔根良先后获得"中华慈善奖"、"十大慈善家"称号、"最具爱心捐赠个人"称号等多项荣誉。2014 年,荣获中华慈善奖突出贡献(个人)奖,这是继中华慈善奖、中国十大慈善家后获得的又一重大慈善荣誉。2015 年 2 月,崔根良入选《公益时报》公布的"2014 中国公益 100 人"。

2016 年 4 月,崔根良荣膺全国"时代楷模"。

附录 2:亨通慈善基金会

1. 简介

亨通集团是中国 500 强企业,全球线缆主力供应商。从 1991 年开始,20 多年来,亨通集团在企业自身发展壮大的同时,一心不忘回馈社会。每年用于爱心助学、扶贫济困、救灾赈灾、公益慈善等的累计捐助已超过 5 亿元,2011 年 2 月 25 日,亨通集团和崔根良个人共同出资 5 000 万元发起成立了亨通慈善基金会,成为苏州地区首家由民政部主管的非公募性慈善基金会。

亨通慈善基金会是一个在民政部注册、具有独立法人资格的非营利性的社会公益组织,通过非公开定向募集资金,致力于各项慈善、公益活动。

基金会的业务主管单位是民政部。

亨通慈善基金会的宗旨是：以人为本、关注民生，推动社会福利事业；扶危济困、关心公益，致力构建和谐社会。

2. 业务范围

资助生活特别困难的残障人士、孤儿、孤寡老人、荣誉军人、劳动模范等个体或家庭；开展助残、助学、扶贫以及重症患者治疗康复等特殊群体救助活动；参与政府和民政部门组织的社会福利建设和慈善、公益捐助活动；支援突发性抗灾赈灾活动，向受灾地区或受灾者提供捐助。

代表项目：

（1）鹤轩安者工程。"鹤轩安者"示范工程项目是由亨通慈善基金会发起，与中国社会福利基金会合作，并由中央财政资金支持的公益慈善项目，目的是在江西革命老区吉安和赣州实施敬老院改造工程，受益孤寡老人达 3 500 余人。

（2）助残"圆梦行动"。亨通慈善基金会与吴江区残疾人联合会联手打造的助残"圆梦行动"，实现吴江地区残疾人家庭的现代家电全覆盖。2011—2015 年已连续开展 5 年，已有 200 多户贫困残疾人家庭受益。

（3）云南少数民族地区贫困家庭先天性心脏病儿童救助项目。2012 年起，亨通慈善基金会与中华慈善总会、中国人民解放军空军总医院、中华慈善总会新闻界志愿者慈善促进工作委员会合作，针对我国少数民族地区贫困家庭 0~14 岁患先天性心脏病儿童发起慈善救助行动。2012 年起，已为 100 名少数民族地区贫困家庭先心病儿童手术。

（4）"光彩爱心家园——乐和之家"关爱留守儿童项目。"光彩爱心家园——乐和之家"是由中国光彩事业基金会与公益组织北京地球村合作实施的公益慈善项目。亨通慈善基金会定向捐资 500 万元用于该项目，旨在重点帮扶关爱留守儿童及困难儿童，为社会组织协助政府解决留守儿童问题探索行之有效的方式方法，促进社会和谐发展。

案例使用说明

一、教学目的与用途

（1）本案例主要适用于 MBA 的《企业伦理与文化》《管理学》等课程中的"企业社会责任"这一章节。

（2）本案例教学目的在于使学员理解企业社会责任的内涵及其实践途径，深入思考民营企业"负什么责任、对谁负责任、如何负责任"，如何将社会责任融入企业战略，如何将社会责任融入企业的经营管理实践中，以及民营企业如何更有效地持续性投身慈善公益事业。

二、启发思考题

（1）对企业社会责任的认识存在不少分歧，你认为企业社会责任的内涵究竟是什么？

（2）企业除了从事慈善公益外，还可以通过哪些途径践行社会责任？

（3）亨通是如何实现企业社会责任与企业战略融合，并履行战略性企业社会责任实践的？

（4）目前民营企业已成为推动我国慈善公益事业发展的重要力量。结合本案例，分析讨论：是什么动机驱使民营企业履行慈善责任？企业慈善捐赠真的能提升企业价值吗？

三、分析思路

教师可根据自己的教学目的与目标来灵活使用本案例。这里提出本案例的分析思路按"负什么责任、对谁负责任、如何负责任"的路径思考，仅供参考。

（1）企业社会责任的内涵很容易引发学生们热烈的发言，为整个案例的讨论奠定良好的氛围。在讨论时，可以先请学生们说说企业的社会责任除了慈善外，还有哪些表现形式，在黑板上板书出来；然后引导学生们自己进行归纳和总结，逐步得出结论：企业社会责任的内涵是非常丰富的，绝不仅仅就是慈善，而是包含着经济责任、法律责任、伦理责任和慈善责任这四个维度责任的一种综合性责任（点出卡罗尔教授的经典理论观点）。

（2）企业社会责任的实践途径是多种多样的，引导学员结合自己工作单位履行社会责任的情况进行概括分类，然后再提炼归纳。

（3）对问题（3），可引导学生们从对企业本质的认知、企业战略目标、企业社会责任表现这几个维度思考，再结合亨通集团的实践进行区分，并在黑板上按这几个维度设计成一份表格，将学生们的发言在归纳的基础上进行板书。

通过对亨通集团社会责任案例的分析，借鉴 Porter 和 Kramer 战略性社会责任的分析框架，将战略性社会责任的形成过程分为以下四个阶段：

① 理念融合阶段,即企业价值观、企业使命、企业愿景与社会责任理念的融合;② 维度识别阶段,即在理念融合的基础上,基于内部价值链与外部竞争环境,分别识别出企业社会责任的关键维度;③ 活动执行阶段,在战略性社会责任关键维度识别的基础上,基于企业竞争环境投资与价值链创新,履行企业社会责任活动;④ 收益共享阶段,企业执行战略性社会责任活动后,所形成的企业与社会的收益共享,即企业在获得经济效益的同时获取长期竞争优势,并实现相关的社会效益。

(4) 关于问题(4)的话题更加开放,教师可引导学员从我国民营企业慈善捐赠的动机、影响因素及企业价值等方面进行讨论,再根据学员发言情况进行归纳总结。

四、理论依据与分析

本案例涉及的主要理论:

1. 企业社会责任的内涵及其发展阶段

企业社会责任是一个相当宽泛的概念,学者们对它的认识和讨论虽然有一定共识,但也存在着不少分歧。

第一种观点是"古典纯经济观",企业的本质与社会责任是矛盾的。企业的存在是为了满足股东利益的最大化,而对股东之外的人群的利益的追求必然会影响股东的利益。20世纪80年代后,该观点随着利益相关者理论的产生和发展有了很大的变化。根据利益相关者理论,企业不仅对股东负责,它同时与广泛意义上的利益相关者发生利益交换并对他们负责。

第二种观点是"社会经济观",认为管理者的社会责任不只是创造利润,还包括保护和增进社会福利。管理者应该关心企业长期的资本收益最大化。为了实现这一目标,他们必须承担社会义务以及由此产生的成本,必须以合乎伦理的经营来增进社会进步。

第三种观点可称为"社会经济调和观",认为企业社会责任是企业在一个动态的系统中所应具有的权利和义务,利润目标和社会目标都同样属于该范畴。

还有一种更广泛意义上的社会责任观,认为企业的社会责任是企业与人类社会之间的一种主动的纽带。因为企业是被社会所定义的,因此,企业对社会负责就是对自己负责,这两种责任是不可分割也是无法分割的。这里所说的纽带,其实不是利用社会为企业创造价值并同时为社会创造价值——这一种基本上还是带着功利主义色彩的社会责任观,而是一种更为无私的、原则性的对企业之外整个人类社会大环境的关注和关爱。

上述概括未必全面,但可以肯定,不同的学者存在不同的看法。社会责任不是简单的对规则的遵守,不是捐款等慈善事业的代名词,它是企业主动地与社会构建纽带的过程。这一过程不仅是基于利益交换的考虑,更是基于公正原则和企业对社会关爱的考虑。此案例的重点不在于阐明概念本身,而在于说明,从企业发展和时间视角,我们可以看到企业对社会责任的概念的理解在不断拓展。

企业社会责任的发展阶段有:

(1) 基于纯粹道德驱动的企业家社会责任阶段:这是企业社会责任的最初阶段,在西方20世纪60年代之前盛行,其核心思想是企业家出于个人的道德观,自发地以慈善方式承担社会责任。从实践来看,西方工业革命早期发迹起来的企业家大都成了慈善企业家,"商人的社会责任"在这一时期占据主导地位,包括鲍恩(Bowen)、戴维斯(Davis)、弗雷德里克(Fredrick)等学者都把企业社会责任的主体限定为商人,他们受资本主义早期新教精神所宣扬的商业伦理的影响,以慈悲心怀开展了方式不同、内容各异的公益慈善事业。

(2) 基于社会压力推动的企业社会回应阶段:自20世纪60年代起,企业所生存的外部环境发生了急剧、动态而多元化的变化,风起云涌的各种社会运动给企业生存带来巨大的压力,如劳工权利运动、绿色环保运动、人权运动、消费者权益保护运动等,社会环境的剧烈变动导致企业不得不重新思考自身与社会的关系问题,也不得不更加现实地考虑"如何对许多迫在眉睫的社会需求作出回应",由此,企业社会责任进入了以社会压力回应为主要驱动力的时期。

(3) 基于财务价值创造推动的战略性企业社会责任阶段:20世纪90年代中期以来,企业社会责任理念快速扩散,各类利益相关方的责任意识更是空前高涨,责任投资、责任消费和责任采购成为机构或个人行为的新动向。正是因为责任投资、责任消费、责任采购等新现象的兴起和蓬勃发展,一些先知先觉的企业敏锐地感知到这些现象背后所隐藏的巨大商业价值,他们不再将履行社会责任作为一种防范社会风险或回应社会压力的行为,而是认为履行社会责任本身就能够给企业创造收入和财富,提升企业市场价值。因此,企业社会责任转到了以创造财务价值或提升企业竞争力为驱动力的新阶段。

(4) 基于社会价值创造的全面社会责任阶段:企业社会责任的工具理

性观所隐含的财务绩效与社会绩效高度正相关的逻辑,确实在相当程度上迎合了社会的需要,也带动了一大批企业和企业家关注和履行社会责任。但是企业快速发展在为社会创造巨大财富的同时所制造的社会和环境问题仍然触目惊心,企业社会责任缺失事件依然频频发生,对公众产生了巨大的冲击。这些实际发生的问题使得学术界和企业界重新思考既有的企业社会责任模式,对企业与社会的关系进行新的定位,重新理解企业对社会的真正价值究竟在哪里。于是,出现了基于综合价值创造的企业全面社会责任。它的核心思想是将企业视为不同的社会主体实现其多元价值追求的社会平台,最大限度地激发和凝聚利益相关各方创造经济、社会和环境的综合价值的潜力,并在这一过程中促进人的全面发展。从实践来看,国内外部分优秀企业已经开始在实践中探索实施全面社会责任模式,但均还处于起步阶段。

2. 战略性企业社会责任

战略性企业社会责任(Strategic Corporate Social Responsibility,SCSR)是将企业社会责任(CSR)与公司战略管理相融合而产生的一个新研究方向,它以企业的战略利益为出发点,强调"共享价值"。企业履行战略性企业社会责任的目的不仅在于寻找能够创造企业和社会共享价值的机会,在社会问题得以解决的同时获取可持续竞争优势,使利益相关者满意,还包括充分发挥企业对社会的影响力,使企业更大程度融入社会,最终把企业发展为社会性企业。

Burke 和 Logsdon(1996)认为 SCSR 是能够提升生产效率、凝聚核心竞争力并带来长期利润的 CSR,他们支出 SCSR 的五个维度:中心性、前瞻性、自愿性、专用性和可见性。Husted 和 Allen(2007)在上述五个维度的基础上比较了 SCSR 和传统 CSR,指出 SCSR 的优势在于它将社会问题融入企业的战略范围中,通过寻找和解决社会问题的过程探索市场机会,进行适当的创新,创造新的价值。Lantos(2001)从行为动机的视角指出 SCSR 是企业实现社会福利和商业目标的长远性和战略性的慈善行为。Jamal(2007)强调通过为社会谋福利来实现企业自身的商业性目标,在这过程中最重要的是自愿性。Porter 和 Krame(2006)指出 SCSR 的目的就是企业在解决社会问题的过程中追求企业与社会的共享价值,获得企业生存和发展的可持续性优势,他们将 SCSR 的创新划分为价值链创新和竞争环境投资。

3. 慈善理论

作为一种最为古老的企业社会责任履行方式,企业慈善捐赠是企业将一定的实物或资金捐赠给社会或者慈善事业,如资助教育、医疗援助、扶贫救困、赈灾等。20世纪70年代后,"企业公民"这一概念被明确提出,并逐渐得到社会各界的认可,引起了组织制度及企业慈善理念的变革。企业公民的含义通常被理解为:作为社会的主要组成部分,企业的成功与社会的健康和福利密切相关,企业是国家的公民之一,在享有权利的同时,也负有为社会和谐健康发展做出贡献的责任。

随着企业慈善捐赠行为的蓬勃发展,国内外学术界越来越重视对企业慈善捐赠行为的研究,近年来这方面的研究越来越成为学者们关注的热点,经济学、社会心理学、人类学、社会学和管理学等学科均著述颇丰。萨金特和伍德利夫(Sargeant & Woodliffe, 2007)对此作了一个跨学科的综述,从募捐的方式、捐赠动机、知觉反应(外部影响和内部影响)、其他影响因素(如时间和财政资源)、过程决定因素、捐赠的产出(如礼物)以及捐赠反馈(如表现、认可或回报)等方面,对以往的慈善研究作了一个分类总结。

五、关键要点

(1) 引导学员透过现象去认知和理解企业社会责任的本质,探讨企业社会责任与企业战略的融合机制,通过战略性社会责任的运作与实施来实现企业在不同发展战略阶段的企业价值。

(2) 我国目前仍有较多人认为民营企业往往富而不仁,通过本案例引导学员正确认识民营企业履行慈善公益责任的动机及其慈善捐赠行为的影响因素。

六、建议课堂计划

本案例可在小组案例讨论的基础上运用对战形式来组织教学活动,以小组讨论和小组代表发言为主。

以下是按照时间进度提供的课堂计划建议,仅供参考。

整个案例课的课堂时间建议安排150分钟(3个课时)。

1. 课前计划

要求学员学习相关理论,并通过互联网掌握一些行业背景知识,对案例材料进行预习阅读。案例讨论先从小组讨论开始,每小组由8名学员组成(以48人的班级为例,可分为6个小组),针对启发思考题整理发言内容,由小组长在班级讨论中发言。

2. 课中计划

宣布规则:教师兼做主持人和评委,简要讲明案例比赛规则,可参照全国管理案例精英赛比赛规则(5分钟)。

分小组讨论：要求各组针对启发思考题进行讨论,并制作PPT(40分钟,含制作PPT时间)。

每两个小组对阵发言：由每两个小组的代表发言,一组陈述观点后,另一组针对对方的陈述提问,每组将讨论的结果在全班同学面前进行陈述(每组发言10分钟,提问和回答5分钟,以6个小组计算,总时间控制在90分钟左右)。

归纳总结：教师点评,进行归纳总结(15分钟)。

3. 课后计划

请学员采用报告形式给出有关问题的更加具体的解决思路,以小组名义提交针对4个问题的书面案例分析报告。

七、参考文献

[1] 阿奇·B.卡罗尔,安·K.巴克霍尔茨.企业与社会：伦理与利益相关者管理[M].北京：机械工业出版社,2004.

[2] 霍华德·R.鲍恩.商人的社会责任[M].北京：经济管理出版社,2015.

[3] 魏文斌,洪海.苏州本土品牌企业发展报告(上市公司卷)[M].苏州：苏州大学出版社,2015.

[4] 中华全国工商业联合会.中国民营企业社会责任报告(2015)[M].北京：社会科学文献出版社,2015.

[5] 李智彩,范英杰.战略性企业社会责任研究综述[J].财政监督,2014(11)：19-21.

[6] 朱斌.自私的慈善家——家族涉入与企业社会责任行为[J].社会学研究,2015(2)：74-97.

[7] 王清刚,徐欣宇.企业社会责任的价值创造机理及实证检验——基于利益相关者理论和生命周期理论[J].中国软科学,2016(2)：179-192.

·企业伦理与文化案例精选·

纽威阀门的利益相关者管理[①]

摘　要　本案例描述了中国最大、世界著名阀门制造商纽威阀门(股票代码:603699)的利益相关者管理实践。该企业在十多年发展过程中以"全套工业阀门解决方案"为使命,追求企业价值与员工价值、客户价值和社会责任融为一体。案例通过对公司投资者关系管理战略与股东权益保护、公司员工权益保护、公司客户权益保护、公司社会公益事业等关键事件的论述,展示了纽威阀门将公司利益与股东利益、员工利益、客户利益、社会利益及环境等各方利益协同,努力构建企业与利益相关者平衡发展格局的企业风貌,引发对中国民营企业如何进行利益相关者管理、提升企业竞争力,从而实现企业价值的思考。

关键词　利益相关者;投资者关系管理;员工价值;客户价值;企业价值

2016年2月26日,纽威阀门股份公司总部收到了一封来自卡塔尔壳牌的感谢信。信中壳牌对纽威在其苛刻氧气阀项目中的成功的按时保质的交付,以及持续不断的卓越表现和专业服务表示充分的认可和感谢。"这样的大力支持和专业精神是保障我们公司间的长期合作的关键,并且这是作为壳牌EFA制造商值得引以为傲的业绩表现。"卡塔尔壳牌的合同和采购经理Frank Schuller先生这样描述。公司董事长王保庆和总经理陆斌看到这封信后倍感欣慰,回想公司创办之时,为公司取名"纽威(NEWAY)",它由英文单词NEW WAY(新路)演变而来,寓意着纽威人开拓创新的精神,这是纽威文化的集中体现,也是公司将员工价值、客户价值和企业价值等利益相关者融为一体的价值所在。他们决定召开专题会议,讨论在公司发展过程中如何实现股东利益、员工利益和客户利益的平衡发展,如何进一步在追求企业经济效益、为股东谋利的同时,维护和提升其他利益相关者的利益。

---

①　本案例根据公司实地调研素材及《苏州本土品牌企业发展报告·上市公司卷》的相关案例资料编写,作者拥有著作权中的署名权、修改权、改编权。由于企业保密的要求,在本案例中对有关名称、数据等做了必要的掩饰性处理。本案例只供课堂讨论之用,并无意暗示或说明某种管理行为是否有效。

一、公司概况

苏州纽威阀门有限公司成立于2002年11月14日,经中华人民共和国商务部批准,公司于2009年12月30日整体变更设立为外商投资股份公司。经中国证券监督管理委员会《关于核准苏州纽威阀门股份有限公司首次公开发行股票的批复》(证监许可〔2013〕1653号文)核准,公开发行8 250万股人民币普通股(A股)股票,本次发行完成后公司注册资本变更为人民币75 000万元。经《上海证券交易所自律监管决定书》(〔2014〕23号文)审核批准,公司股票于2014年1月17日在上海证券交易所上市交易(证券简称"纽威股份",股票代码"603699")。

公司主营业务为工业阀门的设计、制造和销售,目前已形成以闸阀、球阀、截止阀、止回阀、蝶阀、调节阀、安全阀、核电阀及井口设备为主的九大产品系列,广泛应用于石油、天然气、炼油、化工、船舶、电厂以及长输管线等工业领域。公司是全球领先、国内综合实力最强的全套工业阀门解决方案供应商,是国内目前取得国际石油、化工行业认证许可最多的阀门企业,通过了行业内大多数的主要资质认证,主要包括:ISO 9001证书、API 6D证书、API 6A证书、CE-PED证书,美国ABS船级社和法国BV船级社的船用阀门设计和制造批准,以及欧洲权威的TA-Luft低泄漏认证和英国劳氏船级社颁发的全系列软密封浮动式及固定式球阀防火试验认证证书等。

公司多年来致力于阀门产品技术的自主创新和发展,公司自主研发的高科技阀门产品已广泛应用于高温、高压、深冷、深海、核电、军事等领域,在阀门的逸散性(低泄漏)控制技术、高温高压技术、防火技术、超低温技术、耐腐蚀技术、抗硫技术、核电阀技术、LNG超低温固定球阀技术、管道输送高压大口径全焊接球阀技术、井口采油设备技术、产品大型化、产品抗硫技术等方面在行业内居于领先水平。

公司产品凭借可靠的产品性能取得众多大型跨国企业集团的认可,已经成为众多国际级最终用户的合格供应商。公司获得了中国石油、中国石化、壳牌石油、埃克森美孚公司、委内瑞拉国家石油公司、英国石油公司、沙特阿拉伯国家石油公司、雪佛龙等国内外主要石油公司的批准,获得了杜邦公司、陶氏化学等国际级化学公司的批准,是国内阀门行业获得大型跨国企业集团批准最多的企业。

目前,公司在"为客户提供全套工业阀门解决方案"使命的驱动下,不断向"世界领先的工业阀门制造商"愿景迈进。

纽威阀门股份有限公司的组织结构如下图所示。

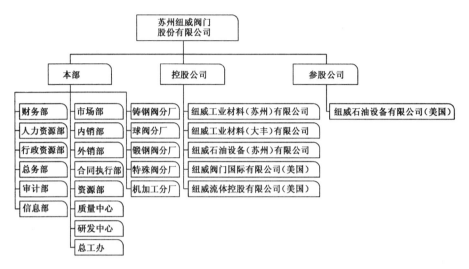

纽威阀门股份有限公司组织结构

二、公司投资者关系管理战略与股东权益保护

(一)公司投资者关系管理战略

投资者关系既是企业内涵与外延之间的重要桥梁,也是公司与资本市场之间的重要桥梁。公司上市以来,高度重视投资者关系工作,通过电话及公共平台与投资者进行沟通,认真地解答投资者提出的问题,为公司树立健康、规范、透明的公众形象打下了坚实的基础。

管理投资者关系的首要工作是有效地满足投资者需求,认真地对待投资者提出的问题,并向投资者宣传企业的文化理念及企业的战略思想,争取投资者的支持,改善并且维护投资者与公司之间长期稳定的良性关系。在与投资者沟通和为投资者解除疑惑的过程中,应当保持尊重和坦诚的态度,用实际行动打动投资者,从而提升沟通效率。

公司积极配合投资者调研,倾听投资者意见,解答投资者疑惑,同时还安排来访投资者参观工厂新产品、新展厅,极大地调动了投资者的兴趣,使投资者对纽威的文化理念及企业的战略思想有了更深的理解。通过使用上交所"E互动平台"和董秘信箱这些渠道使投资者能够主动了解公司的情况,无论是实际投资者还是潜在投资者都能与公司保持良好的互动。同时,公司还在网站主页上增加了"投资者关系"链接,适时地将公司新闻、新产品动态等情况予以公布,便于投资者了解和掌握。另外,公司会不定期参加各种形式的投资者关系交流会,投资者可通过这些机会更多地了解公司的实际运营情况。

(二) 公司股东权益保护

公司严格执行《公司法》《证券法》《上市公司治理准则》《上海证券交易所股票上市规则》等法律法规以及公司《章程》的规定,紧抓公司内部控制制度,规范"三会"建设,不断完善治理结构,提高公司治理水平,促进公司可持续发展,切实保障全体投资者的合法权益。

1. 持续完善内部控制体系及"三会"建设

(1) 内部控制体系建设。公司自上市以来十分重视内控体系建设,根据《公司法》《证券法》等相关法律、法规的要求,结合自身的实际情况,从内部环境、风险评估、控制活动、信息与沟通及内部监督五要素出发,规范并梳理了公司信息披露、采购、销售、财务管理等业务流程与控制环节,建立、健全了一套符合全公司的内部控制制度,并通过对内控体系的落实,实现了治理结构与内部控制的有效链接,为公司提高经济效益创造了良好的经营环境,保证了公司生产经营活动的持续稳定。

(2) 规范"三会"建设。公司严格按照公司《股东大会议事规则》的要求召集、召开股东大会,充分考虑股东利益,尤其是中小股东利益。股东大会的召集、召开均符合《公司法》及公司《章程》的要求和规定,并且严格执行监管部门关于召开股东大会的各项要求,聘请常年法律顾问出席每次股东大会,并对每次会议的召开程序、审议事项、出席人员身份进行核查,出具意见,确保各中小股东的投票权利得到充分行使。

2015年,公司董事会由11名董事组成,其中外部独立董事有4名(目前第三届董事会由9名董事组成,其中外部独立董事有3名)。公司董事会下设战略委员会、审计委员会、提名委员会、薪酬与考核委员会四个专门委员会。其中,战略委员会负责公司战略发展规划的制定与规划实施情况的跟踪,并提出意见;审计委员会依据相关法律、法规积极配合和监督公司各期定期报告及内控报告的编制工作;提名委员会对公司独立董事及高管的聘任履行严格的提名程序;薪酬与考核委员会每年都会对经营管理层进行客观公正的现场考核。

公司监事会根据《公司法》、公司《章程》赋予的职权,督促公司董事会和高级管理人员勤勉地履行职责,检查和监督公司财务状况、关联交易情况,针对公司对外投资、利润分配等重大事项出具监事会相关意见,列席每一次股东大会及董事会,对董事会提出合理化建议和意见,维护公司及股东的合法权益。2015年,公司共召开4次股东大会、7次董事会、7次监事会,对公司董事、监事、高级管理人员的选聘,以及公司发展战略、重大生产经营决策、主要管理制度的制定做出了有效决议。

2. 信息披露及投资者关系管理

(1) 积极履行信息披露义务。

根据中国证监会《公司法》《证券法》《上市公司治理准则》《上海证券交易所股票上市规则》等法律法规,公司坚持增强日常经营信息的主动性披露,致力于提高公司信息披露透明度,保障投资者平等获得信息的权利,及时地向所有投资者公开披露信息,确保信息披露的公平性、公正性。

(2) 重视投资者关系维护及市值管理。

为增进投资者对公司的了解和认同,切实保护股东特别是中小股东的合法权益,根据《上海证券交易所股票上市规则》等有关法律法规及公司《章程》的规定,公司制定了《投资者关系管理制度》。公司董事会秘书及董事会办公室下设的证券事务部,统筹负责投资关系管理,对各投资人的邮件、来电问询,在确保股东平等获取信息的原则下,积极解答反馈。

公司认真执行投资者及机构调研的接访流程、内容范围,既让投资者了解公司生产经营状况,又保证信息披露守法合规,切实保护投资者特别是中小投资者的权益。报告期内,公司接待证券公司、基金公司、行业分析师、个人投资者等现场调研21次。另外,共计接听投资者电话300多次,通过上交所的"E互动平台"、公司投资者网站"互动交流"对每一位关注公司成长的投资者的提问进行认真主动的回复,努力构建和谐投资者关系,关注中小股东权益保护。

在市值管理工作上,2015年度国内资本市场出现剧烈波动的特殊时期,董事会结合监管部门要求,通过发布维护公司股价稳定的公告,积极推进实际控制人、董事、监事、高管增持公司股份计划,提升市场信心,稳定公司股价,保护投资者合法权益,为维护资本市场稳定做出了大量的努力。

3. 重视投资者回报

公司在保护投资者权益的同时,注重股东回报,制定合理的利润分配政策。现金分红作为实现投资者回报的重要形式,是培育资本市场长期投资理念、增强资本市场活力和吸引力的重要途径,实实在在回报股东,确立股东特别是中小股东对公司发展的信心。

公司2013—2015年度现金分红情况如下:

纽威阀门股份公司 2013—2015 年度分红情况

年份	现金分红额（元，含税）	占合并报表中归属于上市公司股东的净利润的比率（%）	备注
2013	262 500 000	55.67	每 10 股派发现金红利 3.50 元（含税）
2014	300 000 000	53.20	每 10 股派发现金红利 4.00 元（含税）
2015	187 500 000	54.80	每 10 股派发现金红利 2.50 元（含税）

4. 公司稳定股价措施

纽威阀门上市后三年内,如公司股票连续 20 个交易日的收盘价均低于公司最近一期经审计的每股净资产(最近一期审计基准日后,因利润分配、资本公积金转增股本、增发、配股等情况导致公司净资产或股份总数出现变化的,每股净资产相应进行调整),非因不可抗力因素所致,公司及相关主体将采取以下措施中的一项或多项稳定公司股价:① 公司回购公司股票;② 公司控股股东增持公司股票;③ 公司董事、高级管理人员增持公司股票;④ 其他证券监管部门认可的方式。纽威阀门董事会将在公司股票价格触发启动股价稳定措施条件之日起的五个工作日内制订或要求公司控股股东提出稳定公司股价的具体方案,并在履行完毕相关内部决策程序和外部审批/备案程序(如需)后实施,且按照上市公司信息披露要求予以公告。

(三) 债权人权益保护

公司在日常经营决策过程中,为切实保障债权人的合法权益,严格遵守信贷合作的商业规则,保持合理的资产负债率水平和债务结构,未出现损害债权人利益的情形。在 2015 年度报告期内,公司努力保持持续、稳健的财务政策,按时偿付到期贷款,未出现银行贷款逾期还本付息和应付款项超信用期的情形,确保了债权人的正当权益。

三、公司员工权益保护

(一) 积极向社会招聘,增加就业

公司 2014 年 1 月上市以来,公司人员配置及结构相对稳定,对现有岗位人员配置查漏补缺,对新增岗位人员积极招揽,通过内部调动、内部奖励推荐和网络招聘等形式,为相关部门引进专业人才,增加社会就业量。

2014 年度校园招聘"211""985"类院校大学生 57 人,其中硕士及以上学历 33 人,占校园招聘总数的 60%,高学历、高素质的大学生比例大幅增加。截至 2015 年 12 月 31 日,公司及子公司在职员工总数为 3 895 人。

（二）遵守《劳动法》，提升员工薪酬福利

公司依法规范劳动用工，落实各项劳动标准。公司建立了科学的薪酬体系和工资增长机制，员工薪酬以内部公平性、外部竞争性为原则，通过定期向同行业及外部专业机构采集各岗位薪酬福利市场数据，及时调整员工薪酬、福利，建立和完善了包括薪酬体系、激励机制、医社保、公积金在内的薪酬与福利制度。公司按照《劳动法》《劳动合同法》《劳动合同实施条例》等法律法规，为每一位员工提供标准的社会保障，实行全员劳动合同制度，企业与员工秉着平等、自愿、协商一致的原则签订劳动合同，缴纳"五险一金"，充分保障员工的合法权益。

此外，公司为哺乳期女职工母乳喂养提供便利，也为方便怀孕7个月以上的女职工工间休息，在公司内部建立无比温馨的纽威"妈妈驿站"，为职业女性度过特殊生理阶段提供更加人性化的服务。另外，公司还通过提供宿舍及餐厅、员工返乡差旅报销、年度体检、班车服务等方式，提升员工福利。公司每周为员工组织篮球、羽毛球、台球等各项体育活动，既保障员工福利，又确保其身心健康，同时还能增进公司各部门之间的交流，将关爱员工的生活及身心健康落实到实处，充分体现公司的人文关怀。

2015年度报告期内，公司对高级管理人员、核心技术人员、业务骨干共计78人，实施了第一期的员工持股计划，有利于公司建立长效的激励机制，使公司员工和股东形成利益共同体，增强对实现公司持续、快速发展的责任感和使命感，确保公司发展目标的实现。同时，《苏州纽威阀门股份有限公司第一期员工持股计划（草案）》的内容符合《公司法》《证券法》《关于上市公司实施员工持股计划试点的指导意见》等有关法律、法规及规范性文件的规定，不存在损害公司及全体股东利益的情形，亦不存在以摊派、强行分配等方式强制员工参与持股计划的情形。

（三）注重人才培养，加强员工培训

公司重视每个员工的职业发展和潜力开发，采用（包括但不限于）以下方式为员工强化专业技能：鼓励员工积极参与外部专业机构培训，并由公司承担相应费用；聘请外部专业培训机构进场为员工授课指导；提供实际操作机会，增强实践经验；实行合理的薪酬体系和晋升机制，促进员工积极发展自身素质。

根据公司经营管理发展的需要，结合人力资源部的管理战略，公司开展后备人才梯队建设。将人才梯队分为管理人员、技术人员两大层次。其中针对管理人员的培训分为三级：第一级为新员工培训，培训内容包括基础管理知识以及必需的基础专业知识,培训以公司历史、产品、企业文化以及基础专业知识等内容为主;第二级为管理技能提升训练,培训内容包括职场中通用的各项管理技能,培训对象为储备管理人员及中层管理人员;第三级为高级管理技能训练,培训对象为公司的中高层管理人员,培训目的是为公司经营决策层储备人才。针对技术人员的培训分为三级:第一级为一线员工的操作技能培训;第二级为中级专业知识及技能的培训,主要培养各类工程师、技师等中级技术人才;第三级为高级专业知识及技能的培训,主要培养各类专业技术骨干。

公司结合人才梯队的特点及需求,针对性地制订培训计划,从战略思维、管理能力、沟通能力、业务能力等多个方面展开培训,实现员工的快速成长。

（四）安全生产

公司在生产经营过程中坚持"安全第一、预防为主、综合治理"的国家安全生产方针,严格按照《生产作业指导》安全生产。引进目视化管理,不断改进现场 EHS（Environment-环境、Health-健康、Safe-安全的缩写）警示及告知的目视化建设,不定期对公司生产安全进行全面排查,对公司的消防、劳动防护等保护设施及时更新配备,不定期举办安全生产、加强消防意识等宣传和演习活动,并制定相关应急疏散预案,消除一切可能导致事故发生的因素,确保员工生命安全。

（五）环境保护

公司始终坚持"节约各种资源、降低环境影响、推进持续改善、遵守法律公约、建设绿色地球、人人都要责任"的环境方针,在追求经济发展的同时,积极履行环境保护责任。

四、公司客户权益保护

（一）可靠的产品质量水平

公司的质量目标是致力于为客户提供"零缺陷"的阀门。公司成立了工艺研究部门对阀门生产工艺进行研究,并开发了全套先进的检验和测试设备来控制从毛坯铸件或锻件到成品的整个过程的质量,这些设备能够进行射线探伤、着色探伤、磁粉探伤、光谱分析、材料鉴别、冲击试验、拉伸试验、硬度试验、防火试验、寿命试验、超低温试验、真空试验、低泄露试验、超声波探伤和水压试验等。同时,公司积极实施"零缺陷"质量管理,通过先进的数据统计分析,持续提高过程控制与管理的能力。公司已通过挪威船级社

(DNV)的 ISO 9001 认证和美国石油学会的 API 6D、API 6A 认证,还通过了美国 ABS 船级社和法国 BV 船级社的船用阀门设计和制造批准。公司是中国第一家获得欧盟 CE-PED 证书(第四类,HE 模式,法国 BV 船级社颁发)和 TA-Luft 认证的阀门制造商。公司所有软密封浮动式及固定式球阀的防火试验都已经获得英国劳氏(LR)的见证与批准。公司已成为我国少数几家同时获得民用核安全机械设备设计/制造许可证及 ASME 认证的阀门制造企业。

在阀门铸件领域,公司的 4A 双相钢通过挪威石油标准化组织(NORSOK)的审核。公司是第二家通过 NORSOK 审核的中国公司,第一家双相钢通过 NORSOK 审核的中国公司,劳氏在中国见证热处理炉温均匀性测试的第二家公司。这些审核为公司高端铸件的生产提供了重要的质量保证。

(二)有效的成本管理系统

公司长期注重成本控制,通过推行全面成本管理体系,促使生产管理组织流程的每一个环节都参与到成本管理的过程中。公司对物资及服务实行集中采购,发掘、筛选优秀的供应商资源,建立起长期稳定的供应合作关系,以获得最优惠的采购价格。公司推行全面质量管理,以"零缺陷"为目标,对从铸件生产到阀门成品装配的每个生产环节进行质量检查,最大限度地减少不良报废品和返修品的产生。公司建立起高效的仓储系统,加快存货流转,减少资金占用,缩短产品交货期,有效地控制仓储成本及存货持有成本。受益于不断完善和优化的成本控制系统,公司产品在保证高质量、高标准的同时,与国际同类产品相比具有明显的价格优势,使公司和公司客户在市场竞争中都处于有利地位。

(三)原材料生产的垂直整合

公司高层领导将客户视为公司的利益共同体,通过定期组织质量体系培训、现场质量指导等措施提高产品质量。公司认真履行合同,坚持及时付款,与重要客户建立了战略合作伙伴关系,已成为众多国际高端客户(如壳牌石油公司、埃克森美孚公司、委内瑞拉国家石油公司、英国石油公司、沙特阿拉伯国家石油公司等国际石油公司,以及巴斯夫公司、杜邦公司、陶氏化学等国际级化学公司)的合格供应商,是国内阀门行业获得大型跨国企业集团批准最多的企业。

对于阀门产品来说,原材料的质量至关重要。公司拥有两家专业的阀门铸件生产配套企业——纽威工业材料(苏州)有限公司和纽威工业材料

(大丰)有限公司,可以生产各种碳钢、不锈钢、合金钢铸件,铸造技术在国内阀门铸造行业中处于领先水平,为公司的阀门产品提供高质量的铸件产品。公司可靠的阀门质量水平以及通过向客户交货的及时性所体现出来的强大的履约能力,很大程度上得益于对阀门铸件生产的垂直整合,从而确立了公司独特的竞争优势,在客户中建立起了良好的信誉。

五、公司社会公益事业

公司在创造经济效益的同时,积极承担社会责任,参加社会公益事业,把回报社会作为履行社会责任的基础和关键,实现企业与社会和谐发展。公司积极支持当地经济发展,推动和改善当地经济社会发展。纽威人秉承公司"承担社会责任"的企业文化,关心他人,热心公益。纽威志愿者团队用他们热忱的心温暖身边的每一个人,他们帮助东渚残疾儿童康复,他们组织无偿献血,组织捐助、义卖,组织光盘行动,哪里有需要,哪里就有他们的身影。

2015年度,公司向苏州高新区慈善会基金会捐助20万元人民币;向苏州科技城管理委员会捐助助学助教基金5万元人民币;捐助吴县中学贫困生0.8万元人民币;向苏州高新区阳山实验小学"轻松蛙"足球队捐助2万元人民币;向苏州慈善会基金会捐助4.5万元人民币;加入"轻轻语"企业员工心理服务加油站公益项目,为公司及高新区多家企业员工提供心理援助服务。

六、尾声

纽威阀门股份公司自2014年1月上市以来,在公司董事会的正确引领下,经过经营管理层及全体员工的不懈努力,严格按照法律法规等有关规定,切实维护了股东、员工权益,在追求经济利益的同时,遵守社会公德、商业道德,提倡绿色环保,积极参与公益及慈善事业,对自身的社会责任义务付诸以行。

展望未来,公司将以更高的社会责任感服务股东、服务社会。在不断提升企业经营管理水平、增强企业经济效益的同时,加大承担社会责任的力度,积极进取,开拓创新,进一步促进公司与利益相关者、社会、环境的协调发展,坚决落实各项规定,竭尽全力,为实现社会效益、经济效益双赢的目标和建设和谐社会做出更大贡献。

·企业伦理与文化案例精选·

作者带领硕士研究生到纽威阀门股份公司调研
(右二为苏州纽威阀门股份有限公司董秘张涛)

附录1：纽威阀门公司大事记

年度	月份	公司重要事项
2002	11	苏州纽威阀门正式成立
2004	6	获荷兰皇家壳牌(Shell)批准
	10	新球阀工厂和综合办公大楼落成,纽威总部迁至苏州新区湘江路999号(华山工厂)
	12	年销量突破5 000万美元,成为中国最大的工业阀门制造商及出口商
2005	1	获API 6A认证,产品线进一步延伸
	9	纽威工会成立
2006	4	获沙特阿美石油公司批准;泰山工厂一期投产,闸阀、截止阀、止回阀制造能力显著提高
	10	首次年销售总额突破1亿美元
2007	3	第一届纽威科技大会召开;获雪佛龙石油公司、埃克森美孚石油公司批准
	6	"纽威五百万元爱心助学基金"设立,用于建立十所希望小学
	7	泰山工厂二期投产完毕;纽威实验中心正式建成,后被评为江苏省科研实验中心
	12	纽威十周年庆典召开

续表

年度	月份	公司重要事项
2008	3	获江苏省"一类企业"称号
	4	首个核电阀订单顺利通过验收
	5	向汶川地震灾区捐资百万
	9	纽威工业材料(苏州)有限公司通安工厂一期项目正式投产
	12	获国家高新技术企业认证
2009	2	纽威石油设备(苏州)有限公司成立
	3	纽威全球营销大会召开
2010	5	获国家核安全局民用核安全机械设备设计/制造许可证
	12	获法国 CETIM 测试中心 ISO 15848-1 FE 认证;"纽威阀门"获江苏省著名商标;获 ISO 14001 认证
2011	1	收购吴江东吴机械有限责任公司;纽威阀门产品范围延伸至安全阀
	3	获得 ASME 颁发的 N、NPT 认证
2012	1	欧洲纽威重组
	5	纽威新加坡办公室成立;纽威阀门首次公开发行 A 股申请正式通过证监会发审会审核(证监会主板发审委 2012 年第 90 次会议)
2013	8	纽威迪拜办公室成立
	12	纽威全球营销大会召开
2014	1	纽威股份在上交所 A 股成功上市
2015	7	纽威工业材料二期扩建投产
	12	纽威成功并购青岛泰信管路系统有限公司

附录 2：纽威阀门获得合格供应商资格的大型跨国企业集团客户

序号	客户商标	客户行业地位
1	Saudi Aramco	沙特阿拉伯国家石油公司是世界最大的石油生产公司,2012 年石油行业综合排名及原油产量均居全球第一
2	National Iranian Oil Company NIOC	伊朗国家石油公司代表政府主管伊朗石油工业各方面的业务活动,2012 年天然气储量居全球第一
3	ExxonMobil	埃克森美孚是美国最大的石油公司,是世界上最大、历史最悠久的石油公司之一,2012 年炼油能力和油品销量居全球第一;同时,埃克森美孚 2011 年是全球第二大化学公司

续表

序号	客户商标	客户行业地位
4	CNPC	中国石油天然气股份有限公司是中国油气行业占主导地位的最大的油气生产和销售商,2012年原油产量和炼油能力居全球第三
5	PDVSA	委内瑞拉国家石油公司是拉美地区最大的跨国企业,2012年原油储量居全球第一
6	bp	英国石油集团公司由前英国石油、阿莫科、阿科和嘉实多等公司整合重组形成,是世界上最大的石油和石化集团公司之一,2012年油品销量居全球第三
7	Shell	壳牌石油公司是国际上主要的石油、天然气和石油化工的生产商,2012年油品销量居全球第二,2011年是全球第六大化学公司
8	Chevron	雪佛龙是美国第二大石油公司,业务遍及全球180个国家和地区,涉足于油气产业的每一个领域
9	TOTAL	道达尔是全球第五大石油与天然气一体化上市公司,业务遍及130多个国家
10	GAZPROM	俄罗斯天然气公司是世界上最大的天然气公司,2012年天然气储量居全球第三,天然气产量居全球第一
11	BASF	巴斯夫公司2011年是全球最大的化学公司
12	sabic	沙特基础工业公司2011年是全球第三大化学公司
13	Dow	陶氏化学2011年是全球第四大化学公司
14	中国石化 SINOPEC	中国石化2011年是全球第五大化学公司
15	DUPONT	杜邦公司2011年是全球第七大化学公司

案例使用说明

一、教学目的与用途

(1) 本案例主要用于 MBA、EMBA 项目的《企业伦理与文化》《企业社会责任》等课程。

(2) 本案例教学目的在于使学员理解和掌握利益相关者理论及其应用,探讨如何将公司利益与股东利益、员工利益、客户利益、社会利益及环境等各方利益协同,实现企业与利益相关者的平衡发展。

二、启发思考题

(1) 基于利益相关者理论,辨析哪些是纽威阀门在经营过程中主要涉及的利益相关者,探讨纽威阀门与各利益相关者之间存在的主要利益关系。

(2) 依据纽威阀门利益相关者的诉求,概括分析纽威阀门履行企业社会责任与企业价值之间的关系。

(3) 从投资者关系管理角度,为纽威阀门投资者关系管理提出进一步改善的策略。

(4) 分析纽威阀门对员工权益的保护举措有哪些值得借鉴之处,又存在哪些不足。你有何更好的建议?

三、分析思路

教师可根据自己的教学目的与目标来灵活使用本案例。这里提出本案例的分析思路,仅供参考。

分析中可着重关注:纽威阀门公司是如何将利益相关者进行分类的?针对不同利益相关者又制定了哪些管理策略?在推进社会责任管理的进程中,针对不同利益相关者(如投资者、客户、员工等)采取了哪些举措?这些举措有哪些值得借鉴之处,又存在哪些不足?企业承担社会责任与企业价值之间有何关系?

四、理论依据与分析

本案例涉及的主要理论有企业社会责任及其体系、利益相关者理论、利益相关者与社会责任的关系、企业社会责任与企业价值的关系等。

1. 企业社会责任及其体系

企业社会责任有狭义的企业社会责任观和广义的企业社会责任观之分。狭义的企业社会责任观是以获取最大利润作为企业的追求目标,而广义的企业社会责任观则强调企业的自愿行为。当然,在学术界更为接受的是广义的企业社会责任观,因为它将视角转向了满足更为广泛的环境保护、节约资源等可持续发展的需求范围。目前国际上对企业社会责任含义的共同看法:一是认为企业社会责任的性质属于企业的自愿行为;二是认为企业承诺的责任大多高于国家法律要求;三是认为企业社会责任应包含环境、劳工权益和人权方面的保护措施,以及参与社区和社会公益活动等要素。简而言之,企业社会责任就是企业在生产经营过程中对经济、社会和环境目标进行综合考虑,在对股东负责、获取经济利益的同时,主动承担起对企业利益相关者的责任,主要涉及员工权益保护、环境保护、商业道德、社区关系、社会公益等问题。这些责任建立在自愿的基础上并高于相关法律的要求,有利于保证企业的生产经营活动对社会产生积极影响,对人类的可持续发展目标做出贡献。

企业的社会责任表现为企业对股东及利益相关者的社会责任、企业对员工的社会责任、企业对环境的社会责任、企业纳税的责任、企业参与慈善公益的社会责任、企业自身健康发展的社会责任、企业对消费者的社会责任等。

2. 利益相关者理论

利益相关者包括企业的股东、债权人、雇员、消费者、供应商等交易伙伴,也包括政府部门、社区居民、本地社区、媒体、环保主义等的压力集团,甚至包括自然环境、人类后代等受到企业经营活动直接或间接影响的客体。这些利益相关者与企业的生存和发展密切相关,他们有的分担了企业的经营风险,有的为企业的经营活动付出了代价,有的对企业进行监督和制约,企业的经营决策必须要考虑他们的利益或接受他们的约束。从这个意义讲,企业的生存和发展依赖于企业对各利益相关者利益要求的回应的质量,而不仅仅取决于股东。这一管理思想从理论上阐述了企业绩效评价和管理的中心,为其后的绩效评价理论奠定了基础。

弗里曼于1984年出版了《战略管理:利益相关者管理的分析方法》一书,明确提出了利益相关者管理理论。利益相关者管理是指企业经营管理者为综合平衡各个利益相关者的利益要求而进行的管理活动。与传统的股东至上主义相比较,该理论认为任何企业的发展都离不开各利益相关者的投入或参与,企业追求的是利益相关者的整体利益,而不仅仅是某些主体的利益。因此,企业如何满足与协调各利益相关者的利益要求是一项重要的工作。

研究者认为,利益相关者理论首先要对利益相关者进行科学合理的界定和分类,这是一个关键和基础的问题。如果学者们没有明确具体概念,那么利益相关者理论根本就无法产生和发展。因而,众多国内外学者基于不同角度对利益相关者进行界定,虽然并没有形成一个公认的标准,但学者们基本上认为利益相关者和企业具有一定的互动关系。

国内外许多学者研究发现众多利益相关者存在着多维度的显著差异,正是由于这些差异,学者们从多个角度对利益相关者进行分类,并通过研究表明不同的利益相关者对企业影响以及受到企业影响的程度是有差异的,这大大深化了人们对利益相关者的认识,从而促进了利益相关者管理。

3. 利益相关者与社会责任的关系

利益相关者涉及企业社会责任的方方面面,利益相关者的期望和利益要求决定了企业社会责任的对象、内容和范围。

(1) 利益相关者是企业社会责任的主要对象。企业履行社会责任必须首先弄清究竟对谁负责,若不理清这个问题,组织的社会责任只能是虚幻的责任,没有任何意义。

(2) 利益相关者的期望是企业确定其社会责任的重要依据。在理清"对谁负责"之后,"需负哪些责任"这一问题便又有了解答依据。企业在确定对利益相关方需承担哪些社会责任时,自然首先要考虑利益相关者的期望。

(3) 利益相关者决定了企业社会责任范围的大小。从利益相关者的内涵可以看出,只要是与企业的决策或活动存在利益关系的对象,即便是很小的利益关系,均可称为其利益相关者。企业在管理实践中可将其利益相关者按优先顺序排列以确定重要或关键的利益相关方,仅针对这部分利益相关者来确定其社会责任。因此,对利益相关者的识别以及与利益相关者的沟通是企业最基本的社会责任实践。

4. 企业社会责任与企业价值的关系

国外学者在20世纪70年代就开始对企业社会责任与企业价值的关系进行研究,至今为止,学术界对两者的关系研究尚没有达成共识,主要是因为企业社会责任对企业价值的影响本身具有差异性特点。任何一个公司的发展都离不开利益相关者的参与,如股东、政府、债权人、雇员、消费者、供应商、客户以及社区居民等。企业社会责任的履行有利于增进与投资者的关系从而减少资本成本,还可以改善与监管层以及其他利益相关者的关系从而节约交易时间和交易成本,提高交易效率。因此,可以说,企业对利益相关者的责任与企业价值呈正相关的关系。

当然,企业社会责任的不同方面对企业价值的影响方式是不同的,把企业社会责任视作一个变量来研究两者关系是不妥的,对于不同行业的企业,在企业所处的不同阶段,企业社会责任的各个部分的比例是不同的,因而需要具体问题具体对待。

5. 员工关系管理

员工关系管理(Employee Relations Management,ERM),从广义上讲,是在企业人力资源体系中,各级管理人员和人力资源职能管理人员,通过拟订和实施各项人力资源政策和管理行为,以及其他的管理沟通手段调节企业和员工、员工与员工之间的相互联系和影响,从而实现组织的目标并确保为员工、社会增值。从狭义上讲,员工关系管理就是企业和员工的沟通管理,这种沟通更多采用柔性的、激励性的、非强制的手段,从而提高员工满意度,支持组织其他管理目标的实现。员工关系管理的主要职责是:协调员工与管理者、员工与员工之间的关系,引导建立积极向上的工作环境。

五、关键要点

(1) 纽威阀门公司利益相关者的划分,针对不同利益相关者如何采取不同管理策略,是本案例教学的关键点之一。

(2) 纽威阀门公司社会责任管理体系的构建。

六、建议课堂计划

本案例可供专门的案例讨论课使用,课时计划约为 100 分钟(2 个课时)。

以下是按照时间进度提供的课堂计划建议,仅供参考。

1. 课前计划

提前 1 周发放案例,提出启发思考题。要求学员学习相关理论并利用互联网掌握行业背景知识。请学员在课前完成案例材料阅读和初步思考。

2. 课中计划

首先,由教师作简要的课堂发言,主要介绍本案例大致内容、案例涉及的问题,明确案例讨论问题(5 分钟)。

其次,开展分组讨论(30分钟)。安排学员按小组就座,每小组由5名学员组成(以50人的班级为例,可分为10个小组)。要求各组针对启发思考题进行讨论,并整理、归纳发言内容。

再次,由小组代表在班级讨论中发言。要求每组发言代表概述本小组对案例问题的分析和解决思路(每组5分钟,总时间控制在50分钟左右)。

最后,教师归纳总结。教师针对本案例关键点引导学生进一步讨论,并结合各小组陈述情况进行归纳总结(15分钟)。

3. 课后计划

如有必要,请学员在课堂讨论的基础上,采用报告形式给出更加具体的解决方案,以小组名义提交书面案例分析报告。

七、参考文献

[1] 阿奇·B.卡罗尔,安·K.巴克霍尔茨.企业与社会:伦理与利益相关者管理[M].北京:机械工业出版社,2004.

[2] 魏文斌,洪海.苏州本土品牌企业发展报告(上市公司卷)[M].苏州:苏州大学出版社,2015.

[3] 黄群慧等.中国企业社会责任研究报告(2015)[M].北京:社会科学文献出版社,2015.

[4] 赵德志.论企业社会责任的对象——一种基于利益相关者重新分类的解释[J].当代经济研究,2015(2):44-49.

[5] 姜雨峰,田虹.伦理领导与企业社会责任:利益相关者压力和权力距离的影响效应[J].南京师大学报(社会科学版),2015(1):61-69.

[6] 贾兴平,刘益,廖勇海.利益相关者压力、企业社会责任与企业价值[J].管理学报,2016(2):267-274.

· 企业伦理与文化案例精选 ·

昆山中荣公司爆炸事件[①]

摘 要 2014年8月2日,昆山中荣金属制品有限公司抛光二车间发生特大铝粉尘爆炸事故,当天造成75人死亡、185人受伤。本案例根据国务院《江苏省苏州昆山市中荣金属制品有限公司"8·2"特别重大爆炸事故调查报告》,介绍了事件基本情况、事故发生经过、应急救援及善后处理情况;分析了事故原因和性质;陈述了对事故有关责任人员、责任单位的处理情况及案件审理和宣判结果。昆山中荣公司重大爆炸事件为安全生产管理和职工权益保护问题提供了一个值得深刻思考的案例。

关键词 昆山中荣公司;特大工业事故;安全管理;职工权益保护

2014年8月2日7时34分,位于江苏省苏州市昆山市昆山经济技术开发区(以下简称昆山开发区)的昆山中荣金属制品有限公司(台商独资企业,以下简称中荣公司)抛光二车间(即4号厂房,以下简称事故车间)发生特别重大铝粉尘爆炸事故,当天造成75人死亡、185人受伤。依照《生产安全事故报告和调查处理条例》(国务院令第493号)规定的事故发生后30日报告期,共有97人死亡、163人受伤(事故报告期后,经全力抢救医治无效陆续死亡49人,尚有95名伤员在医院治疗,病情基本稳定),直接经济损失3.51亿元。

事故发生后,党中央、国务院高度重视,习近平总书记、李克强总理立即作出重要批示,要求全力救治伤员,做好遇难者亲属安抚工作,查明事故原因,追究责任人责任,吸取血的教训,强化安全生产责任制,保障人民群众生命财产安全。副总理张高丽、刘延东、马凯,国务委员杨晶、郭声琨、王勇也都作出重要批示。受习近平总书记、李克强总理委派,2014年8月2日下午,国务委员王勇带领国务院相关部门负责同志赶赴现场,组织指挥抢险救

[①] 本案例根据国务院《江苏省苏州昆山市中荣金属制品有限公司"8·2"特别重大爆炸事故调查报告》及相关公开资料编写,作者拥有著作权中的署名权、修改权、改编权。本案例只供课堂讨论之用,并无意暗示或说明某种管理行为是否有效。

援,全力开展对受伤人员的救治,调动全国数十名专家支持医疗救助工作,到11家医院慰问受伤人员,对做好善后处理和事故调查工作提出了明确要求。

依据《安全生产法》和《生产安全事故报告和调查处理条例》等有关法律法规,经国务院批准,2014年8月4日,成立了由安全监管总局局长杨栋梁任组长,安全监管总局、监察部、工业和信息化部、公安部、全国总工会、江苏省人民政府有关负责同志等参加的国务院江苏省苏州昆山市中荣金属制品有限公司"8·2"特别重大爆炸事故调查组(以下简称事故调查组),开展事故调查工作。同时,邀请最高人民检察院派员参加,聘请了国内粉尘爆炸、消防、建筑、机械、材料、电气等方面的院士、专家参加事故调查工作。

一、事件基本情况

(一) 事故单位情况

1. 企业概况

昆山中荣公司成立于1998年8月,是由台湾中允工业股份有限公司通过子公司英属维京银鹰国际有限公司在昆山开发区投资设立的台商独资企业,位于昆山开发区南河路189号,法人代表吴基滔(中国台湾人)、总经理林伯昌(中国台湾人),注册资本880万美元,总用地面积34 974.8平方米,规划总建筑面积33 746.6平方米,员工总数527人。该企业主要从事汽车零配件等五金件金属表面处理加工,主要生产工序是轮毂打磨、抛光、电镀等,设计年生产能力50万件,2013年主营业务收入1.65亿元。

2. 建设情况

昆山中荣公司于1998年8月取得土地使用权和企业法人营业执照。同年9月开始一期建设(电镀车间、前处理车间、宿舍)。2002年5月进行二期建设(2个抛铜车间)。2004年6月开始三期建设(4个厂房、办公楼及毛坯检验区),其中4号厂房为本次事故厂房,该厂房由江苏省淮安市建筑设计研究院设计,江苏省涟水县建筑安装工程公司承建,2005年投入使用。

(二) 事故车间情况

1. 建筑情况

昆山中荣公司事故车间位于整个厂区的西南角,建筑面积2 145平方米,厂房南北长44.24米,东西宽24.24米,两层钢筋混凝土框架结构,层高4.5米,每层分3跨,每跨8米。屋顶为钢梁和彩钢板,四周墙体为砖墙。厂房南北两端各设置一部载重2吨的货梯和连接二层的敞开式楼梯,每层北端设有男女卫生间,其余为生产区。一层设有通向室外的钢板推拉门(4米×4米)2个,地面为水泥地面,二层楼面为钢筋混凝土。

2. 工艺布局

昆山中荣公司事故车间为铝合金汽车轮毂打磨车间,共设计32条生产线,一、二层各16条,每条生产线设有12个工位,沿车间横向布置,总工位数384个。该车间生产工艺设计、布局与设备选型均由林伯昌(中荣公司总经理)完成。

事故发生时,一层实际有生产线13条,二层16条,实际总工位数348个。打磨抛光均为人工作业,工具为手持式电动磨枪(根据不同光洁度要求,使用粗细不同规格的磨头或砂纸)。

3. 除尘系统

2006年3月,该车间一、二层共建设安装8套除尘系统。每个工位设置有吸尘罩,每4条生产线48个工位合用1套除尘系统,除尘器为机械振打袋式除尘器。2012年改造后,8套除尘系统的室外排放管全部连通,由一个主排放管排出。事故车间除尘设备与收尘管道、手动工具插座及其配电箱均未按规定采取接地措施。除尘系统由昆山菱正机电环保设备有限公司总承包(设计、设备制造、施工安装及后续改造)。

4. 工作时间及人员配置

昆山中荣公司事故车间工作时间为早7时至晚7时,截至2014年7月31日,车间在册员工250人。

(三)事故发生时现场人员情况

事故发生时现场共有员工265人,其中:车间打卡上班员工261人(含新入职人员12人)、本车间经理1人、临时到该车间工作人员3人。

二、事故发生经过、应急救援及善后处理情况

(一)事故发生经过

2014年8月2日7时,事故车间员工上班。7时10分,除尘风机开启,员工开始作业。7时34分,1号除尘器发生爆炸。爆炸冲击波沿除尘管道向车间传播,扬起的除尘系统内和车间集聚的铝粉尘发生系列爆炸。当场造成47人死亡,当天经送医院抢救无效死亡28人,185人受伤,事故车间和车间内的生产设备被损毁。

(二)救援及现场处置情况

2014年8月2日7时35分,昆山市公安消防部门接到报警,立即启动

应急预案,第一辆消防车于 8 分钟内抵达,先后调集 7 个中队、21 辆车辆、111 人,组织了 25 个小组赴现场救援。8 时 03 分,现场明火被扑灭,共救出被困人员 130 人。交通运输部门调度 8 辆公交车、3 辆卡车运送伤员至昆山各医院救治。环境保护部门立即关闭雨水总排口和工业废水总排口,防止消防废水排入外环境,并开展水体、大气应急监测。安全监管部门迅速检查事故车间内是否使用危险化学品,防范发生次生事故。

江苏省及苏州市人民政府接到报告后,立即启动了应急预案,省委书记罗志军,省长李学勇,省委副书记、苏州市委书记石泰峰等同志迅速带领省、市有关领导及有关部门负责同志赶赴事故现场,及时成立现场指挥部,组织开展应急救援和伤员救治工作。苏州军分区、昆山人武部和解放军一〇〇医院等先后出动 120 余人投入事故救援和伤员救治工作。

(三)医疗救治和善后处理情况

地方党委政府及有关部门千方百计做好医疗救治、事故伤亡人员家属接待及安抚、遇难者身份确认和赔偿等工作,按照医疗救治、善后安抚两个"一对一"的要求,对遇难者家属、受伤人员及其家属分步骤进行了心理疏导,全力开展善后工作,保持了社会稳定。

卫生计生委高度重视事故现场医疗救助工作,面对伤员伤势严重、抢救任务十分艰巨的情况,克服困难,集中力量,调动各方医疗专家、器械、药品等,投入救治工作。

三、事故原因和性质

(一)直接原因

事故车间除尘系统较长时间未按规定清理,铝粉尘集聚。除尘系统风机开启后,打磨过程产生的高温颗粒在集尘桶上方形成粉尘云。1 号除尘器集尘桶锈蚀破损,桶内铝粉受潮,发生氧化放热反应,达到粉尘云的引燃温度,引发除尘系统及车间的系列爆炸。因没有泄爆装置,爆炸产生的高温气体和燃烧物瞬间经除尘管道从各吸尘口喷出,导致全车间所有工位操作人员直接受到爆炸冲击,造成群死群伤。

原因分析:

由于一系列违法违规行为,整个环境具备了粉尘爆炸的五要素,引发爆炸。粉尘爆炸的五要素包括:可燃粉尘、粉尘云、引火源、助燃物、空间受限。

(1)可燃粉尘。事故车间抛光轮毂产生的抛光铝粉,主要成分为 88.3% 的铝和 10.2% 的硅,抛光铝粉的粒径中位值为 19 微米,经实验测试,该粉尘为爆炸性粉尘,粉尘云引燃温度为 500 摄氏度。事故车间、除尘系统未按规定清理,铝粉尘沉积。

(2) 粉尘云。除尘系统风机启动后,每套除尘系统负责的 4 条生产线共 48 个工位抛光粉尘通过一条管道进入除尘器内,由滤袋捕集落入到集尘桶内,在除尘器灰斗和集尘桶上部空间形成爆炸性粉尘云。

(3) 引火源。集尘桶内超细的抛光铝粉在抛光过程中具有一定的初始温度,比表面积大,吸湿受潮,与水及铁锈发生放热反应。除尘风机开启后,在集尘桶上方形成一定的负压,加速了桶内铝粉的放热反应,温度升高达到粉尘云引燃温度。

① 铝粉沉积:1 号除尘器集尘桶未及时清理,估算沉积铝粉约 20 千克。

② 吸湿受潮:事发前两天当地连续降雨;平均气温 31 摄氏度,最高气温 34 摄氏度,空气湿度最高达到 97%;1 号除尘器集尘桶底部锈蚀破损,桶内铝粉吸湿受潮。

③ 反应放热:根据现场条件,利用化学反应热力学理论,模拟计算集尘桶内抛光铝粉与水发生的放热反应,在抛光铝粉呈絮状堆积、散热条件差的条件下,可使集尘桶内的铝粉表层温度达到粉尘云引燃温度 500 摄氏度。

桶底锈蚀产生的氧化铁和铝粉在前期放热反应触发下,可发生"铝热反应",释放大量热量使体系的温度进一步增加。

放热反应方程式:

$$2Al + 6H_2O = 2Al(OH)_3 + 3H_2$$
$$4Al + 3O_2 = 2Al_2O_3$$
$$2Al + Fe_2O_3 = Al_2O_3 + 2Fe$$

(4) 助燃物。在除尘器风机作用下,大量新鲜空气进入除尘器内,支持了爆炸发生。

(5) 空间受限。除尘器本体为倒锥体钢壳结构,内部是有限空间,容积约 8 立方米。

(二) 管理原因

(1) 中荣公司无视国家法律,违法违规组织项目建设和生产,是事故发生的主要原因。

① 厂房设计与生产工艺布局违法违规。事故车间厂房原设计建设为戊类,而实际使用应为乙类,导致一层原设计泄爆面积不足。疏散楼梯未采用封闭楼梯间,贯通上下两层。事故车间生产工艺及布局未按规定规范设计,是由林伯昌根据自己经验非规范设计的。生产线布置过密,作业工位排列

拥挤,在每层1 072.5平方米车间内设置了16条生产线,在13米长的生产线上布置有12个工位,人员密集,有的生产线之间员工背靠背间距不到1米,且通道中放置了轮毂,造成疏散通道不畅通,加重了人员伤害。

② 除尘系统设计、制造、安装、改造违规。事故车间除尘系统改造委托无设计安装资质的昆山菱正机电环保设备公司设计、制造、施工安装。除尘器本体及管道未设置导除静电的接地装置,未按《粉尘爆炸泄压指南》(GB/T 15605—2008)要求设置泄爆装置,集尘器未设置防水防潮设施,集尘桶底部破损后未及时修复,外部潮湿空气渗入集尘桶内,造成铝粉受潮,产生氧化放热反应。

③ 车间铝粉尘集聚严重。事故现场吸尘罩大小为500毫米×200毫米,轮毂中心距离吸尘罩500毫米,每个吸尘罩的风量为600立方米/小时,每套除尘系统总风量为28 800立方米/小时,支管内平均风速为20.8米/秒。按照《铝镁粉加工粉尘防爆安全规程》(GB 17269—2003)规定的23米/秒支管平均风速计算,该总风量应达到31 850立方米/小时,原始设计差额为9.6%。因此,现场除尘系统吸风量不足,不能满足工位粉尘捕集要求,不能有效抽出除尘管道内粉尘。同时,企业未按规定及时清理粉尘,造成除尘管道内和作业现场残留铝粉尘多,加大了爆炸威力。

④ 安全生产管理混乱。中荣公司安全生产规章制度不健全、不规范,盲目组织生产,未建立岗位安全操作规程,现有的规章制度未落实到车间、班组。未建立隐患排查治理制度,无隐患排查治理台账。风险辨识不全面,对铝粉尘爆炸危险未进行辨识,缺乏预防措施。未开展粉尘爆炸专项教育培训和新员工三级安全培训,安全生产教育培训责任不落实,造成员工对铝粉尘存在爆炸危险没有认知。

⑤ 安全防护措施不落实。事故车间电气设施设备不符合《爆炸和火灾危险环境电力装置设计规范》(GB 50058—1992)规定,均不防爆,电缆、电线敷设方式违规,电气设备金属外壳未作可靠接地。现场作业人员密集,岗位粉尘防护措施不完善,未按规定配备防静电工装等劳动保护用品,进一步加重了人员伤害。

(2) 苏州市、昆山市和昆山开发区安全生产红线意识不强,对安全生产工作重视不够,是事故发生的重要原因。

① 昆山开发区不重视安全生产,属地监管责任不落实,对中荣公司无视员工安全与健康、违反国家安全生产法律法规的行为打击治理严重不力,没有落实安全生产责任制,没有专门的安全监管机构,对安全监管职责不清、

人员不足、执法不落实等问题未予以重视和解决,落实国务院安委办部署的铝镁制品机加工企业安全生产专项治理工作不认真、不彻底;未能吸取辖区内曾发生的多起金属粉尘燃爆事故教训,未能举一反三组织全面排查、消除隐患。

② 昆山市忽视安全生产,安全生产责任制不落实,对区镇和部门安全生产考核工作流于形式,组织安全检查和隐患排查治理不深入、不彻底,未认真落实国务院安委办部署的铝镁制品机加工企业安全生产专项治理工作;对所属区镇和部门在行政审批、监督检查方面存在的问题失察;未能吸取辖区内发生的多起金属粉尘燃爆事故教训,未能举一反三组织全面排查、消除隐患。

③ 苏州市对安全生产工作重视不够,贯彻落实国家和江苏省安全生产工作部署要求不认真、不扎实,对国务院安委办要求开展的铝镁制品机加工企业安全生产专项治理工作部署不明确、督促检查不到位,对安全监管部门未及时开展专项治理工作失察。对昆山市开展安全生产检查情况督促检查不力,未按要求检查隐患排查治理体系建设工作落实情况。

(3) 负有安全生产监督管理责任的有关部门未认真履行职责,审批把关不严,监督检查不到位,专项治理工作不深入、不落实,是事故发生的重要原因。

① 安全监管部门。昆山开发区经济发展和环境保护局(下设安全生产科)履行安全生产监管职责不到位,安全培训把关不严,专项检查不落实。工贸企业安全隐患排查治理工作不力,铝镁制品机加工企业安全生产专项治理工作落实不到位,对辖区涉及铝镁粉尘企业数量、安全生产基本现状等底数不清、情况不明,未能认真吸取辖区内发生的多起金属粉尘燃爆事故教训并重点防范。对中荣公司安全管理、从业人员安全教育、隐患排查治理及应急管理等监管不力,未能及时发现和纠正中荣公司粉尘长期超标问题,未督促该企业对重大事故隐患进行整改消除,对中荣公司长期存在的事故隐患和安全管理混乱问题失察。

昆山市安全监管局铝镁制品机加工企业安全生产专项治理工作不深入、不彻底,未按照江苏省相关要求对本地区存在铝镁粉尘爆炸危险的工贸企业进行调查并摸清基本情况,未对各区(镇)铝镁制品机加工企业统计情况进行核实,致使中荣公司未被列入铝镁制品机加工企业名单,未按要求开展专项治理。安全生产检查工作流于形式,多次对中荣公司进行安全检查均未能发现该公司长期存在粉尘超标可能引起爆炸的重大隐患,对中荣公司长期存在的事故隐患和安全管理混乱问题失察。对辖区内区(镇)安全监管部门未认真履行监管职责的问题失察,对昆山开发区发生的多起金属粉尘燃爆事故失察,未认真吸取事故教训并重点防范。

苏州市安全监管局未按要求及时开展铝镁制品机加工企业安全生产专项治理,未制定专项治理方案,工作落实不到位,对各县区落实情况不掌握。督促各县区开展冶金等工商贸行业企业粉尘爆炸事故防范工作不认真、不扎实,指导检查不到位。

江苏省安全监管局督促指导苏州市、昆山市铝镁制品机加工企业安全生产专项治理工作不到位,没有按照要求督促、指导冶金等工商贸行业企业全面开展粉尘爆炸隐患排查治理工作。

② 公安消防部门。昆山市公安消防大队在中荣公司事故车间建筑工程消防设计审核、验收中未按照《建筑设计防火规范》(GBJ16—87,2001年修订版)发现并纠正设计部门错误认定火灾危险等级的问题,简化审核、验收程序不严格。对中荣公司日常监管不到位,未对中荣公司进行检查。对江苏省公安厅消防局2013年部署的非法建筑消防安全专项整治工作落实不力,未排查出中荣公司存在的问题。

苏州市公安消防支队未落实江苏省公安厅消防局关于内部审核、验收审批的有关要求,未能及时发现和纠正昆山市消防大队在建筑消防设计审核、验收和日常监管工作中存在的问题,对昆山市公安消防大队消防监管责任不落实等问题失察。监督指导昆山市公安消防大队开展非法建筑消防安全专项整治工作不力。

③ 环境保护部门。昆山开发区经济发展和环境保护局环境影响评价工作不落实,未发现和纠正中荣公司事故车间未按规定履行环境影响评价程序即开工建设、未按规定履行环保竣工验收程序即投产运行等问题。对中荣公司事故车间除尘系统技术改造未进行竣工验收、除尘系统设施设备不符合相关技术标准即投入运行等问题,监督检查不到位,未及时向上级环境保护部门报告和组织验收,也未督促企业落实整改措施。对中荣公司事故车间的粉尘排放情况疏于检查,未对除尘设施设备是否符合相关技术标准及其运行情况进行检查。

昆山市环境保护局未发现并纠正中荣公司事故车间未按规定履行环境影响评价程序即开工建设、未按规定履行环保竣工验收程序即投产运行等问题。未履行环境保护设施竣工验收职责,未按规定对中荣公司新增两条表面处理轮圈生产线建设项目环保设施即除尘系统技术改造组织竣工验收。未按要求对被列为重点污染源的中荣公司除尘设施设备的运行及达标情况、铝粉尘排放情况进行检查监测。对昆山开发区环保工作监督检查不到位。

苏州市环境保护局未按规定对中荣公司新增两条表面处理轮圈生产线建设项目环保设施组织竣工验收,对被列为市级重点污染源的中荣公司铝粉尘排放情况抽查、检查不到位,对昆山市环保工作监督检查不到位。

④ 住房城乡建设部门。昆山开发区规划建设局对所属的利悦图审公司开发区办公室审查程序不规范、审查质量存在缺陷等问题失察,未按照《建筑设计防火规范》(GBJ16—87,2001年修订版)将厂房火灾危险类别核准为乙类,而是核准为戊类,审查把关不严。

昆山市住房城乡建设局质量监督站在中荣公司事故车间竣工验收备案环节不认真履行职责,在备案前置条件不符合有关规定的情况下违规备案。

昆山市住房城乡建设局对下属单位工程建设项目审批工作监督指导不力,对中荣公司工程建设项目审查环节把关不严、违规备案等问题失察。

(4) 江苏省淮安市建筑设计研究院、南京工业大学、江苏莱博环境检测技术有限公司和昆山菱正机电环保设备有限公司等单位,违法违规进行建筑设计、安全评价、粉尘检测、除尘系统改造,对事故发生负有重要责任。

江苏省淮安市建筑设计研究院在未认真了解各种金属粉尘危险性的情况下,仅凭中荣公司提供的"金属制品打磨车间"的厂房用途,违规将车间火灾危险性类别定义为戊类。

南京工业大学出具的《昆山中荣金属制品有限公司剧毒品使用、储存装置安全现状评价报告》,在安全管理和安全检测表方面存在内容与实际不符问题,且未能发现企业主要负责人无安全生产资格证书和一线生产工人无职业健康检测表等事实。

江苏莱博环境检测技术有限公司未按照《工作场所空气中有害物质监测的采样规范》(GBZ159—2004)要求,未在正常生产状态下对中荣公司生产车间抛光岗位粉尘浓度进行检测及出具监测报告。

昆山菱正机电环保设备有限公司无设计和总承包资质,违规为中荣公司设计、制造、施工改造除尘系统,且除尘系统管道和除尘器均未设置泄爆口,未设置导除静电的接地装置,吸尘罩小、罩口多,通风除尘效果差。

(三) 事故性质

经调查认定,江苏省苏州昆山市中荣金属制品有限公司"8·2"特别重大爆炸事故是一起生产安全责任事故。

四、对事故有关责任人员及责任单位的处理情况

（一）处理结果

2014年12月30日，国务院对江苏昆山市中荣金属制品有限公司"8·2"特别重大铝粉尘爆炸事故调查报告作出批复，认定这是一起生产安全责任事故，同意对事故责任人员及责任单位的处理建议，依照有关法律法规，对涉嫌犯罪的18名责任人已移送司法机关采取措施，对其他35名责任人给予党纪、政纪处分。

对中荣公司董事长吴基滔、总经理林伯昌、经理吴升宪，昆山开发区管委会副主任、党工委委员、安委会主任陈艺，昆山开发区经济发展和环境保护局副局长兼安委会副主任黄惠林，昆山市安全监管局副局长陆冠峰，昆山市公安消防大队原参谋、现任张家港市公安消防大队大队长王剑，昆山市公安消防大队大队长宋秀堂，昆山市环境保护局副局长丁玉东等18人采取司法措施。

对其他35名地方党委政府及其有关部门工作人员分别给予相应的党纪、政纪处分。其中，给予江苏省政府党组成员、副省长史和平，苏州市委副书记、市长周乃翔，江苏省安全监管局党组书记、局长王向明记过处分。给予苏州市政府党组成员、副市长盛蕾、徐美健，苏州市安全监管局党组书记、局长华仁杰记大过处分。给予昆山市委书记、昆山开发区党工委书记管爱国党内严重警告处分、免职。给予昆山市市长、昆山开发区管委会主任路军，昆山市委常委、昆山市开发区党工委副书记、管委会副主任张玉林，昆山市政府党组成员、副市长党建兵，昆山市安全监管局党组书记、局长张峻撤销党内职务、撤职处分。

对江苏省人民政府予以通报批评，并责成其向国务院作出深刻检查。

（二）案件审理及案件宣判

2015年2月10日上午10点，江苏昆山市人民法院依法对昆山"8·2"爆炸事故责任人中荣金属制品有限公司法定代表人、董事长吴基滔，总经理林伯昌、安全生产主管吴升宪进行公开审理。

2016年2月3日，法院认为，中荣公司无视国家法律，违法违规组织项目建设和生产，违法违规进行厂房设计与生产工艺布局，违规进行除尘系统设计、制造、安装、改造，车间铝粉尘集聚严重，安全生产管理混乱，安全防护措施不落实，是事故发生的主要原因。中荣公司董事长吴基滔、总经理林伯昌、安全生产主管吴升宪分别在中荣4号厂房除尘系统、生产工艺和布局及安全防护等事项上违反国家规定,严重不负责任,引发重大伤亡事故,情节特别恶劣。此 3 名被告人均构成重大劳动安全事故罪。

法院认为,被告人陈艺作为昆山开发区管委会分管安全生产工作的副主任,被告人黄惠林作为昆山开发区经济发展和环境保护局副局长、安全生产委员会副主任,被告人叶锡君作为昆山开发区经济发展和环境保护局安全生产科科长、安全委员会办公室主任等 11 人,对上级部署的安全生产检查、隐患排查等工作未认真履行落实、监督等职责,致使中荣公司爆炸的事故隐患长期未被发现和排除,是事故发生的重要原因。此 11 名被告人均构成玩忽职守罪。

案件所涉 14 名被告人分别被判处 3 年至 7 年 6 个月不等的刑罚。

五、结束语

国务院公布了《江苏省苏州昆山市中荣金属制品有限公司"8·2"特别重大爆炸事故调查报告》,认定江苏省苏州昆山市中荣金属制品有限公司"8·2"特别重大爆炸事故是一起生产安全责任事故,对事故有关责任人员及责任单位进行了处理。这起特大爆炸事故的惨痛教训值得进一步深入思考:如何采取事故防范措施,加强并建立长效的安全监管机制?如何在维护职工权益时有效发挥工会组织作用?

附录:粉尘爆炸事故相关链接

粉尘在极限范围内,遇到热源瞬间传播,化学反应速度极快,同时释放大量的热,形成很高的温度和很大压力,系统的能量转化为机械功以及光和热的辐射,具有很强的破坏力,同时很容易产生破坏力更大的二次爆炸。那么,如何才能避免粉尘爆炸的悲剧?目前,国家安监总局发布的《GB 15577—2007 粉尘防爆安全规程》最为权威。按照该规程,生产单位在设计、施工时,都必须严格实施粉尘防爆标准,在生产装置本身、生产环境、消除静电、防二次爆炸等四个方面切实做好,就可以避免事故发生。

纵观历史,粉尘爆炸伴随着工业化的进展而越来越频繁,最先一波出现在较为发达的工业化国家,比如美国、英国、日本。据统计,1913—1973 年间,美国就发生过 72 次比较严重的粉尘爆炸事故。而在英国和加拿大的化工和造纸等行业中,从 20 世纪开始也发生过多起粉尘爆炸事故,仅英国就 243 次,死伤 204 人。在我国,随着经济的高速发展、工业化程度的快速提高,近年粉尘爆炸事故也是频频发生。2014 年 4 月 16 日,江苏南通如皋双马化工厂发生爆炸,造成 8 人死亡。2012 年,温州一起粉尘爆炸造成 13 人死亡。2011 年,成都富士康厂房粉尘爆炸致 3 人死亡。2010 年,河北一家淀粉厂粉尘爆炸造成 19 人死亡。1987 年哈尔滨的亚麻尘爆炸事故,死亡 58 人。世界最大的粉尘爆炸事故也是发生在中国,1942 年,我国本溪煤矿发生煤尘爆炸,死亡 1 549 人。可见,粉尘爆炸的危害,可谓猛于虎也。一幕幕血淋淋的悲剧的发生,一条条鲜活生命的湮灭,一个个圆满家庭的破碎,这些,应该能唤醒那些麻痹的管理部门、具体的生产单位、最直接的一线操作工人。前车之覆,后车之鉴,为了自己和他人的幸福,警钟必须长鸣。

案例使用说明

一、教学目的与用途

(1) 本案例主要用于 MBA 项目的《企业伦理与文化》《企业社会责任》等课程。

(2) 本案例教学目的在于使学员理解和掌握安全生产管理与防范措施,思考利益相关者管理与工人权益保护制度的完善问题。

二、启发思考题

(1) 昆山中荣公司粉尘爆炸事故中,存在哪些利益相关者?该公司利益相关者管理存在哪些问题?

(2) 本案例是一起生产安全责任事故,如何采取事故防范措施,加强并建立长效的安全监管机制?

(3) 本案例的事故应对和处理是政府主导的事故处理过程,缺乏相关社会组织的声音。从制度效力和工会组织作用角度,分析我国企业职工权益保护难的原因及对策。

三、分析思路

教师可根据自己的教学目的与目标来灵活使用本案例。这里提出本案例的分析思路,仅供参考。

(1) 关于利益相关者管理问题。运用利益相关者理论,识别本案例中涉及的利益相关者,并分析该公司利益相关者管理存在的问题,以及事故中相关者利益的变化情况。

（2）关于事故防范措施和建立长效安全监管机制问题。根据国务院《江苏省苏州昆山市中荣金属制品有限公司"8·2"特别重大爆炸事故调查报告》，事故防范措施有：

① 严格落实企业主体责任，加强现场安全管理。各类粉尘爆炸危险企业不分内外资、不分所有制、不分中央地方、不分规模大小，必须遵守国家法律法规，把保护职工的生命安全与健康放在首位，坚决不能以牺牲职工的生命和健康为代价换取经济效益。必须坚决贯彻执行《安全生产法》《严防企业粉尘爆炸五条规定》（安全监管总局令第68号），认真开展隐患排查治理和自查自改，要按标准规范设计、安装、维护和使用通风除尘系统，除尘系统必须配备泄爆装置，一定要切记加强定时规范清理粉尘，使用防爆电气设备，落实防雷、防静电等技术措施，配备铝镁等金属粉尘生产、收集、贮存防水防潮设施，加强对粉尘爆炸危险性的辨识和对职工粉尘防爆等安全知识的教育培训，建立健全粉尘防爆规章制度，严格执行安全操作规程和劳动防护制度。

② 加大政府监管力度，强化开发区安全监管。各地区特别是江苏省、苏州市、昆山市都要深刻吸取事故教训，认真落实党的十八届四中全会关于全面推进依法治国的决定要求，强化依法治安，建立健全"党政同责、一岗双责、齐抓共管"的安全生产责任体系，落实安全发展，坚持安全第一，切实解决好安全生产在地方经济建设和社会发展中的"摆位"问题，坚守安全生产"红线"。招商引资、上项目要严把安全生产关，对达不到安全条件的企业，坚决淘汰退出；要严厉打击企业非法违法行为，保护员工健康与安全；要切实理顺开发区安全监管体制，建立健全安全监管机构，加强基层执法力量；要切实解决对开发区安全生产违法违规企业放松监管、大开绿灯、听之任之的问题，严防安全监管"盲区"。要提高安全监管人员的专业素质，提高履职能力，加强企业承担社会责任制度建设，研究探索政府购买服务的方式，引入和培育第三方专业安全管理力量，指导企业加强安全管理，帮助基层和企业解决安全生产难题。

③ 落实部门监管职责，严格行政许可审批。各地区特别是江苏省、苏州市、昆山市各有关部门要按照"管行业必须管安全"的要求，认真履行职责，把好准入和监督关。安全监管部门要准确掌握存在粉尘爆炸危险企业的底数和情况；加强安全培训工作，认真落实专项治理和检查，严格执法，监督企业及时消除隐患。公安消防部门要在消防设计审核、消防验收中依法依规

核定厂房的火灾危险性分类,依法对易燃易爆企业开展消防监督检查,督促企业落实消防安全主体责任,坚决依法查处火灾隐患和消防违法行为。环境保护部门要严格落实环境影响评价各项工作要求,严把除尘系统项目技术标准和竣工验收关,加强对粉尘排放情况的检查监测。住房城乡建设部门要规范厂房建设项目审查程序,严格审批和备案。有关部门要加强对中介机构的监管,确保中介机构合法合规地开展建设项目设计、安全评价、环境检测等业务,对弄虚作假和违法违规行为坚决查处,发挥好中介机构的支撑作用。

④ 深刻吸取事故教训,强化粉尘防爆专项整治。各地区特别是江苏省、苏州市、昆山市及其有关部门要认真开展粉尘防爆专项整治工作,对辖区内存在粉尘爆炸危险的企业进行全面排查,摸清企业基本情况,建立基础台账,将《严防企业粉尘爆炸五条规定》宣贯到每个企业。要与"六打六治"打非治违专项行动紧密结合,借助专业力量,采取"四不两直"的方式深入企业检查,重点查厂房、防尘、防火、防水、管理制度和泄爆装置、防静电措施等内容,及时消除安全隐患,确保专项治理取得实效。对违法违规和不落实整改措施的企业要列入"黑名单"并向社会公开曝光,严格落实停产整顿、关闭取缔、上限处罚和严厉追责的"四个一律"执法措施,集中处罚一批、停产一批、取缔一批典型非法违法企业。

⑤ 加强粉尘爆炸机理研究,完善安全标准规范。学习借鉴国外先进方法,建立粉尘特性参数数据库,为修订不同类型可燃性粉尘安全技术标准、粉尘爆炸预防提供科学依据;加强与国际劳工组织及发达国家相关研究机构交流,制定出台《铝镁制品机械加工防爆安全技术规范》等标准规范;加强对可燃性粉尘企业生产工艺、安全生产条件、安全监管等基础情况的调查研究,建立可燃性粉尘重点监管目录,提出涉及可燃性粉尘企业安全设施技术指导意见;推广采用湿法除尘工艺和机械自动化抛光技术,提高企业本质安全水平,有效预防和坚决遏制重特大粉尘爆炸事故发生。

(3) 昆山中荣公司特大粉尘爆炸事故是一场从发生原因到事故过程,以及事后的处理,都再普通不过的生产安全责任事故。但是在整个事故应对和处理过程中,并没有发现相关社会组织的声音,这体现了中国社会问题处理中的另一个特色现象:政府主导的事故处理过程。发生如此严重的爆炸事故,人们普遍反思的第一个原因就是政府监管问题:安全生产不能仅靠企业"自觉","必须重视并建立长期有效的安全监管机制,让企业生产始终处于政府职能部门的监管之下"。要严惩忽视安全生产的企业责任人,更要让失职的监管部门感受到切肤之痛,并由此建立起能够有效约束监管者的问责机制,避免再次发生类似事故。这类反思不可谓不重要,但是如果缺乏工人自身对自己权利的维护,再好的外部制度也无法真正地执行到位。

中荣金属制品有限公司在安全生产过程中,多次暴露问题,多次没有根治,关键的一点,就是本应维护职工权益的工会缺位。据2012年江苏环境科学研究院的报告,该公司因废气、废水处理的多处隐患未能达到验收标准,未能进行"三同时"验收,被要求环保整改。该工厂粉尘严重的问题,实际上在2010年就暴露过,当时还有工人因为粉尘造成了肺病,在工厂大门拉了"造成肺病拒不负责,天理难容"的横幅。但这都仅仅限于工人的无组织、无持续的分散化群体抗争当中,问题并没有得到解决。

事故发生之后,一贯的行动即所有相关企业一律停产接受政府部门的检查。苏州在全市范围内全面排出涉及粉尘作业的企业名单,对涉及机加工产生金属粉尘的企业,一律停产停业整顿,对整改不到位的一律不得复工生产,同时要对粮食、饲料、纺织、木器加工等可能存在粉尘爆炸风险的企业和作业场所,进行严格检查,逐一排除事故隐患。可是其他行业的生产安全问题一定要等到事故爆发后才采取同样的行动进行整改吗?当地的工会有没有依据法律赋予的安全监督管理职责,监督协助企业对生产安全问题进行持续的排查?工会组织作用未有效发挥仍然是一个严重问题。

工会要为工人说话办事,最重要的也是首先应该做的就是保护工人的身体健康和生命安全,把职工的安全需求作为第一选择,督促企业按照以人为本的理念落实安全生产责任制。在这方面,近年来社会舆论对工会的期待也越来越高,工会责无旁贷,应有所作为。

四、理论依据与分析

本案例涉及的主要理论:

1. 利益相关者理论

利益相关者是在企业生产、运营、市场、产业和产品等方面拥有权益的个人或机构,他们会受企业影响,但也有能力影响企业,他们与企业之间形成"双向通道"关系。分析昆山中荣公司粉尘爆炸事故案例时可运用利益相关者理论,研究各个利益相关者的影响程度及响应情况,如事故中涉及的主要利益相关者,组织层面包括昆山中荣公司,江苏省、苏州市、昆山市各级地方政府及安全生产管理部门等;个体层面则包括在事故中伤亡的工人、中荣公司的管理人员、股东、公司其他工人、各级地方的官员等。事故中涉及的次要利益相关者则包括环保团体、媒体、广大民众等。在识别利益相关者之后,可分析中荣公司在事故发生后对利益相关者的需求表现出的了解和满足程度,即利益相关者导向,是否对利益相关者做出影响评估、信息发布和回应。事实上,在中荣公司事故中,对利益相关者的识别是不够清晰的,这直接导致了其利益相关者导向性不足,从而陷入舆论和各方指责的漩涡。

2. 安全事故与安全管理

企业安全事故是指相关生产运营企事业单位在生产运营的过程(包括所有与生产运营有关联的行为)中产生的,直接或间接伤害相关人员的安全和健康,或者破坏运营的设备设施,又或者直接及间接地造成企事业单位的经济损失,让运营企事业单位原先正常生产运营过程(包括与生产运营活动有关的所有行为)暂时中断或永远停止的突发安全事故。

安全管理作为管理的重要组成部分,既遵循管理的普遍规律,服从管理的基本原理和原则,又有其特殊的安全原理与原则。安全管理系统是生产管理的一个子系统,包括各级安全管理人员、安全防护设备与设施、安全管理规章制度、安全生产操作规范和规程,以及安全生产管理信息等。安全贯穿于整个生产活动过程中,安全管理是全面、全过程和全员的管理。

安全管理应采取强制管理的手段控制人的意愿和行为,使人的活动、行为等受到安全管理要求的约束,从而实现有效的安全生产管理。所谓强制就是不必经过被管理者同意便可采取的控制行为。强制原理的运用原则如下:① 安全第一原则。安全第一就是要求在进行生产和其他工作时必须把安全工作放在一切工作的首位。当生产和其他工作与安全工作发生矛盾时,要以安全为主,生产和其他工作要服从于安全。② 监督原则。是指在安全活动中,为了使安全生产法律法规得到落实,必须设立安全生产监督管理部门,对企业生产中的守法和执法情况进行监督。监督主要包括国家监督、行业监督和群众监督。

3. 职工权益保护的法律法规

我国《劳动法》明确规定,劳动者享有平等就业和选择职业的权利、取得劳动报酬的权利、休息休假的权利、获得劳动安全卫生保护的权利、接受职业技能培训的权利、享受社会保险和福利的权利、提请劳动争议处理的权利以及法律规定的其他劳动权利。

《工会法》确认了劳动者有组织工会的权利,但长期以来,我国实行的是单一工会体制,形成在政府隶属于中央或地方政府,在企业依附于资方的局面。由于工会组织的行政化和形式化,工会的独立性差,工会的真正作用没有发挥出来,劳动者的权益没有得到很好的保护。为此,应进一步加强和完善《工会法》,突出其对劳动者合法权益维护方面的职责,协助政府部门主动监督雇主有无违反国家劳动与社会保险政策的行为。作为一级部门和组织,工会应真正担负起指导劳动者的义务、提高劳动者维权意识的职责,在潜移默化中让职工增强维权意识,遇到权益受损时敢于向执法部门提出申诉或起诉,用法律来维护自己的正当权益,或者通过工会组织谈判来争取自己的权益。

五、关键要点

(1) 本案例涉及的关键知识点有:利益相关者、企业社会责任、安全生产管理、事故预防措施、员工权益保护。

(2) 思考安全生产管理问题,即如何采用系统的方法,有效划分危险单元,从人、机、物、法规、环境等方面入手,对安全生产进行动态管理,做出定期评价,及时反馈,建立长效监管机制。

(3) 从制度效力和工会组织作用角度完善我国职工权益保护的对策。

六、建议课堂计划

本案例可供专门的案例讨论课使用,课时计划约为 100 分钟(2 个课时)。

以下是按照时间进度提供的课堂计划建议,仅供参考。

1. 课前计划

提前 1 周发放案例,提出启发思考题。要求学员学习相关理论并利用互联网掌握行业背景知识。请学员在课前完成案例材料阅读和初步思考。

2. 课中计划

首先,由教师作简要的课堂发言,主要介绍本案例大致内容、案例涉及的问题,明确案例讨论问题(5 分钟)。

其次,开展分组讨论(30 分钟)。安排学员按小组就座,每小组由 5 名学员组成(以 50 人的班级为例,可分为 10 个小组)。要求各组针对启发思考题进行讨论,并整理、归纳发言内容。

再次,由小组代表在班级讨论中发言。要求每组发言代表概述本小组对案例问题的分析和解决思路(每组 5 分钟,总时间控制在 50 分钟左右)。

最后,教师归纳总结。教师针对本案例关键点引导学员进一步讨论,并结合各小组陈述情况进行归纳总结(15 分钟)。

3. 课后计划

如有必要,请学员在课堂讨论的基础上,采用报告形式给出更加具体的解决方案,以小组名义提交书面案例分析报告。

七、参考文献

[1] 周春生.企业风险与危机管理[M].第2版.北京:北京大学出版社,2015.

[2] 苗金明,韩如冰.现代企业安全管理方法与实务(修订本)[M].北京:清华大学出版社,2014.

[3] 韩福国.昆山"中荣事故"背后的制度之痛[J].中国工人,2014(11):18-23.

[4] 谷菲菲.安全生产为生命保驾护航——基于昆山市"8·2"粉尘爆炸重特大事故的反思[J].未来与发展,2014(11):25-28.

[5] 樊运晓等.安全管理体系产生与发展综述[J].中国安全科学学报,2015(8):3-9.

[6] 王进轩.我国私有企业职工权益保护难的原因与对策[J].西北民族大学学报(哲学社会科学版),2015(6):121-126.

苏州上市公司社会责任信息披露与分析[①]

摘 要 企业社会责任报告(CSR 报告)是企业根据其履行社会责任的理念、制度、方法和绩效所进行的系统信息披露报告。本专题案例以苏州市 10 家上市公司发布的社会责任报告为素材,专题分析了这 10 家上市公司在管理责任、环境责任、员工责任、市场责任、社区公众关系与社会公益事业方面的社会责任披露情况。本专题案例旨在使学生了解和掌握上市公司社会责任报告的编写与标准,分析上市公司社会责任信息披露存在的问题与对策,探讨上市公司社会责任对企业价值的影响。

关键词 上市公司;社会责任;社会责任报告

企业社会责任(Corporate Social Responsibility,简称 CSR)报告是企业根据其履行社会责任的理念、制度、方法和绩效所进行的系统信息披露报告,是企业非财务信息披露的主要方式,也是企业与其利益相关者,如员工、消费者、社会公众等,进行沟通交流的重要载体和依托。深证证券交易所于 2006 年发布了《深证证券交易所上市公司社会责任指引》,鼓励上市公司承担社会责任,披露社会责任信息;上海证券交易所于 2008 年发布了《上海证券交易所上市公司社会责任指引》,对上市公司信息环境信息披露提出明确要求;同年,国务院资产监督管理委员会发布了 1 号文件《关于中央企业履行社会责任的指导意见》,要求央企能够定期发布社会责任报告或可持续发展报告,及时了解和回应利益相关者的意见建议,主动接受利益相关者和社会的监督;2009 年至 2015 年,中国社会科学院经济学部企业社会责任研究中心连续 7 年发布了《社会责任蓝皮书》,并于 2012 年发布了《中国企业社会责任白皮书》;2014 年,国内首份《企业社会责任报告关键定量指标指引》

---

① 本案例根据苏州市上市公司 2014 年度发布的社会责任报告及部分公司实地调研素材的相关资料编写,硕士生雷星星参与了样本统计分析,作者拥有著作权中的署名权、修改权、改编权。由于企业保密的要求,在本案例中对有关名称、数据等做了必要的掩饰性处理。本案例只供课堂讨论之用,并无意暗示或说明某种管理行为是否有效。

发布。2015年6月2日,国家质检总局和国家标准委员会联合发布了社会责任系列国家标准,并于2016年1月1日正式实施。

一、苏州上市公司社会责任披露的描述统计

截至2015年6月底,苏州市在境内上市的公司有75家,在境外上市的公司有21家,在中国主板上市的公司有19家,在深圳中小板上市的公司有35家,在创业板上市的公司有21家。本文以2014年发布社会责任报告的苏州上市公司为研究对象,经统计发现,苏州上市公司在2014年共有10家企业发布了社会责任报告,其中9家企业发布的是社会责任报告,1家企业发布的是环境报告,见图1。

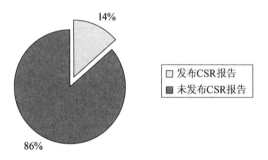

图1 苏州市上市公司2014年发布社会责任报告情况

在苏州2014年10家企业发布的社会责任报告当中,有3家中小板上市公司发布了社会责任报告,1家中小板上市公司发布了环境报告;6家主板上市公司发布了社会责任报告,其中上海证券交易所5家,深圳证券交易所1家;在创业板上市公司当中,没有企业对外发布企业社会责任报告,见表1。另外,在这10家企业中,有5家民营企业,3家国有企业,见图2。

另外,我们对苏州2014年发布了企业社会责任的10家企业往年发布社会责任报告情况作了一下回顾,这些企业历年来总共发布了34份企业社会责任报告,见表2。其中东方市场从2008年就开始发布社会责任报告,截至2014年,已连续7年发布了企业社会责任报告。进一步,我们对这10家企业所属行业也进行了简单的描述统计,制造业企业有7家发布了社会责任报告,另外3家分别属于房地产业、金融业和电力热力燃气及水生产供应业,见图3。

表1 苏州2014年发布企业社会责任报告的上市公司分布情况

类别	数量
沪市主板	5
深市主板	1
深市中小板	4
深市创业板	0

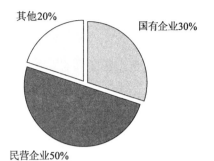

图2 苏州2014年发布企业社会责任报告的上市企业性质

表2 苏州10家上市公司历年发布企业社会责任报告情况

证券代码	公司简称	首发上市日期	报告总数	报告年份
000301	东方市场	2000年5月29日	7	2008—2014年
002079	苏州固锝	2006年11月16日	3	2012—2014年
002172	澳洋科技	2007年9月21日	5	2010—2014年
002450	康得新	2010年7月16日	1	2014年
002635	安洁科技	2011年11月25日	3	2012—2014年
600736	苏州高新	1996年8月15日	5	2010—2014年
601313	江南嘉捷	2012年1月16日	4	2011—2014年
601555	东吴证券	2011年12月12日	4	2011—2014年
603005	晶方科技	2014年2月10日	1	2014年
603699	纽威股份	2014年1月17日	1	2014年

（数据来源：各公司社会责任报告来自于巨潮网资讯和同花顺iFinD）

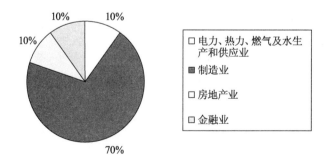

图3 苏州2014年发布企业社会责任报告的上市企业所属行业

二、苏州上市公司社会责任披露情况分析

（一）管理责任

1. 建立 CSR 管理机构

从苏州上市企业 2014 年已披露的社会责任报告和公司内部控制报告来看,这 10 家企业社会责任报告主要由董事会及全体董事保证披露,其中江苏澳洋科技股份有限公司设有环境管理机构,其环境报告是由专门的环境报告书编制领导小组完成的。其中,有 50% 的企业以"本公司董事会及全体董事保证本报告内容不存在任何虚假记载、误导性陈述或重大遗漏,并对其内容的真实性、准确性和完整性承担个别及连带责任"为社会责任报告的开头,做出声明。在这 10 家企业中,有 5 家企业公布了董事会结构,董事会内部设有董事会秘书处、战略委员会、提名委员会、审计委员会、薪酬与考核委员会,没有明确指出社会责任报告的撰写由哪个部门负责。此外,苏州上市公司 2014 年披露的社会责任报告可以归纳为 3 类,分别是:以企业文化为主要载体形成的社会责任报告、以利息相关者为主线形成的社会责任报告和以环境报告为形式的社会责任报告。

2. 明确利益相关方

根据苏州 10 家企业发布的企业社会责任报告,经统计分析,本文把企业利益相关者分为政府、证券监管、投资者、员工、客户、供应商、社区和公众 8 类。政府主要关注企业是否促进地方经济发展,是否依法经营、依法纳税,苏州企业对政府责任的具体行为是定期汇报、参加会议、接受监督检查;证券监管机构关注企业是否及时准确披露企业财务状况及重大变更事项等,企业则需按照法律法规及时披露合法的相关信息;投资者主要关注企业的成长和风险,企业通过股东大会、信息披露、受理电话、访问、面对面沟通和媒体宣传等方式履行责任;员工这一利益相关方关心自己的合法权益是否得到保障、工作有没有福利保障等,企业履行职责的途径有职代会、职工之家、合理化建议征集和信访等;客户看中的是企业的产品和服务是否达到预期的满意度,企业对客户会采取定期走访、用户座谈会培训、客服热线和增值服务等方式使客户满意;针对供应商一方需要得到企业的产品需求信息,企业则采取了现场考察、战略合作、定期走访和征求意见等措施实现社会责任;社区则希望企业能够为居民创造更好的生活环境,因此,走进社区、组织参观和走访慰问等方式被企业采纳使用;最后,对于公众这一重要的社会责任利益相关者,企业通过公益宣传、慈善捐助、济困助学和志愿者服务的方

式来执行社会责任。见图4。

3. 苏州上市公司历年发布CSR报告情况

以下对苏州2014年发布了企业社会责任报告的10家企业往年发布社会责任报告情况做一个详细阐述。这些企业自2008年至2014年共发布了34份企业社会责任报告。其中,东方市场从2008年就开始发布社会责任报告,已连续7年发

图4 苏州上市公司的利益相关者

布了企业社会责任报告,并且,其社会责任报告具体内容也是相当详细完善的。苏州固锝和安洁科技各发布过3份社会责任报告,江南嘉捷和东吴证券各发布了4份社会责任报告,苏州高新发布了5份社会责任报告,澳洋科技发布了5份环境报告,康得新、晶方科技和纽威股份均在2014年发布了1份社会责任报告(见图5)。总体说来,这10家公司的社会责任报告报都是持续发布的,并没有间断期。从发布的社会责任报告内容来看,发布年限较长的企业,其社会责任报告更为规范,更为详尽。

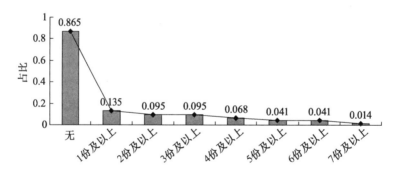

图5 苏州10家上市企业社会责任报告发布情况

4. 披露负面信息情况

从苏州上市企业2014年发布的10份社会责任报告来看,没有1家企业在其社会责任报告当中披露企业的负面信息,可见我国企业的社会责任报告并未按照完整的指标体系进行逐项披露,更多的是将企业的正面信息公之于众。在社会责任报告中还涉及了企业品牌战略和公司发展情况,从这点看来,已发布的社会责任报告更侧重于对公司经营业绩成果的宣传和企业文化形象的传播,形式重于实质,不利于企业社会责任报告披露的良性发展。

5. 投资者关系

股东和债权人权益的保护是本文研究样本企业十分关注的点，这10家企业中多数企业把股东和债权人权益的保护放在首要位置，并认为企业健康可持续发展是股东和债权人权益获得保障的基础，公司需要不断地完善法人治理结构，提升规范运作水平，提高企业经营业绩，才能为股东带来更多的价值，保障债权人的合法权益。对于股东，企业主要通过定期和不定期的股东大会、董事会和监事会会议的召开及议案的讨论，进一步加强与股东的交流沟通。3家企业专门设立部门负责维护投资者关系的日常管理，通过电话交流、业绩说明会、投资者互动平台及投资者调研接待等方式与投资者建立公开透明的沟通机制，确保股东及时准确了解公司管理信息。对于债权人，企业按照签订的合同履行债务，并建立健全的资产监管、资金使用管理制度，及时向债权人通报与期债券权益相关的重大信息。近年来，上述10家企业已有5家企业对公司的治理机制做出了修订和调整，这也从侧面反映出企业对投资者关系的重视程度。

（二）环境责任

1. 环境投资

为了实现可持续发展，强化企业环保意识是十分重要的。2014年发布社会责任报告的10家苏州上市企业当中，东方市场以节能降耗的理念促进企业发展，加大设施设备投入，与2013年相比，2014年热电厂热效率同比提高0.62%，供电标煤消耗同比下降12g/kW·h。康得新企业在2亿平方米光学膜项目建设中利用地热系统设备实现循环用水进行系统降温节能，对公司设备和操作空间进行环保处理。江南嘉捷打造30 000平方米的绿色建筑，绿化覆盖率达33%，采用地源热泵提供冷热源和生活热水，设置屋顶绿化和围墙垂直绿化，设置路面屋顶和景观河雨水收集积蓄设施，用于绿化喷灌，并采用玻璃天棚和天井设计，最大限度使用自然采光。另外，江南嘉捷还投入9万元，将空压机房高温加以利用，每年可节省12 000立方米天然气；并投资13.7万元，更新焊接车间二氧化碳焊机，节约不少电量。

2. 环保活动

在环保公益活动中，推行圣贤文化的苏州固锝设置了环保教育站，并开展了垃圾分类体验学习、光盘宣讲、环保知识竞答、社区废旧电池回收、走进社区宣传环保、登山环保行、环保酵素制作等一系列活动，不仅号召公司员工要注重环保，还带动社会力量一起进行环保公益活动。安洁科技组织实施了办公区域空调温度设定以及在门厅、走廊、楼梯等公共场所安装照明感应开关的措施;引进六西格玛管理理念,实行精益生产,降低物料消耗和能源消耗;并开展了回收及分类管理实现废弃物品再利用、对雨水进行回收利用以节省植物灌溉用水等环保活动。另外,东吴证券、东方市场和安洁科技3家企业都建立了OA办公自动化系统,推行无纸化办公,利用现代信息技术手段,实行绿色办公,节约成本,坚持倡导节能降耗的方式以实现可持续性发展。

3. 环境管理制度

澳洋科技公司编制了一系列环境管理文件,具体制定了《环保管理制度》《污染物管理程序》《监视和测量装置控制程序》等环境管理程序和制度,从而使公司环境管理有依据,工作有程序,监督有保障。安洁科技制定了环境管理制度,包含3个层次:确保本公司所有经营活动符合法律法规和其他要求;在所有生产活动中,致力于能源的节约、固废的降低和环境管理物质的控制,并做好污染预防和持续改进;公开对外承诺公司环境保护的决心,并告知全体员工。

但还有一些企业仅对环境保护进行概念性的描述,没有涉及具体项目和内容。例如,只披露过1次社会责任报告的晶方科技和纽威股份,均在环境保护这方面声明,公司始终坚持"节约各种资源、降低环境影响、推进持续改善、遵守法律公约、建设绿色地球、人人都要责任"的环境方针,在追求经济发展的同时,积极履行环境保护责任。

4. 减排降污

在上述分析中,我们已经提到过,已发布2014年企业社会责任报告的苏州上市企业分别属于房地产业、金融业、制造业和电力热力燃气及水生产供应业4类,因此,其减排降污的处理方式各有不同。属于电力、热力、燃气及水生产和供应业的东方市场集中于对煤、烟尘及有害气体的有效控制;属于制造业的澳洋科技、江南嘉捷和安洁科技主要通过提高工艺水平,优化废弃物、危化品的处理;金融业的东吴证券则集中于公司内部办公减排降污;较为特殊的房地产业苏州高新通过控股污水的处理公司,增强了其污泥、污水的处理能力。具体见表3。

表3 苏州部分上市公司减排降污措施及其效果

公司简称	减排降污项目、措施	效果
东方市场	"替代小锅炉""增加复合相变""布袋除尘"和"脱硝系统改造"等项目	每年节约标煤约2.6万吨,减少烟尘排放约3.3万吨,减少二氧化硫排放约2.5万吨,减少二氧化碳排放约1 500万吨
澳洋科技	处理一般工业固废和危险废物	处置率100%
澳洋科技	大容量生产线和"二次浸渍工艺"	酸碱等原材料消耗得到有效降低
澳洋科技	开发新工艺	水、电、汽消耗达到国内先进水平
苏州高新	控股污水处理公司	污水处理量5 940万吨
苏州高新	污泥处理工程	同比增加污泥处理能力130吨/日
东吴证券	网络平台、视频系统	节能减排
江南嘉捷	废弃危化品统一收集,交由具备资质的第三方集中处理	产品绿色环保占比始终在90%以上
安洁科技	提高制造工艺水平、产品质量	降低了辐射和粉尘的影响,减少了废气和废水排放

(三) 员工责任

1. 男女员工比例

随着文明的进步和社会的发展,工作岗位性别平等受到越来越多企业和机构的关注,然而,在苏州上市公司2014年已披露的10份社会责任报告当中,只有2家企业提及了员工性别构成。东方市场男性员工482人,女性员工131人,男女比例3.68∶1,女性员工占员工总数的21.37%;在高层管理者当中,7名董事中有1名女性,5名监事中有2名女性。东吴证券的社会责任报告显示,截至2014年12月31日,公司共有员工1 713人,其中男性员工978人,女性员工735人,男女比例为1.3∶1;另外,公司中层及以上女性管理者占管理者比例为21.9%。

2. 员工培训与发展

经统计分析,80%的企业十分重视员工的培训与发展,基本的方法是:采用外部与内部相结合的方式,根据工作岗位要求,分层级对员工进行岗位培训。另外,还有些较有特色的培训方式:苏州锢得成立了锢得电信学院;苏州高新开展了专题讲座培训;江南嘉捷设立了实训基地;东吴证券采用了轮岗、转岗及公开选聘的培训方式。其中,东方市场具体指出,2014年企业有830人参与培训;而江南嘉捷2014年度共发生培训费用714 861元,其中内训费用 14 005 元,外训费用 374 098 元,其他教育费用 326 758 元。

3. 职场环境安全

为了保证员工的健康和安全,降低员工的职业安全风险,70%的企业在社会责任报告中披露了企业采取的职场环境安全措施。采取的主要措施有:健全各项安全生产管理制度以及职业健康安全管理体系;定期进行安全教育培训,举办安全生产、加强消防意识等宣传和演习活动,并制定相关应急疏散预案;进行消防演习,对公司的消防、劳动防护等保护设施做好日常维护与更换;设立安全生产管理小组,定期开展安全生产的全面检查。此外,安洁科技推行了"7S"现场管理,确保长效安全机制,为职工提供健康、安全的工作环境。

4. 员工体检和社会保障

在已发布的社会责任报告中,有 8 家企业提及每年都会为员工安排年度体检。另外,江南嘉捷还设立了公司医务室和女工休息室;康得新建立了员工健康档案,定期为员工进行健康检查,并针对员工身体状况给予调整合适的工作岗位。

同时,在已披露的社会责任报告当中,有80%的企业提及企业按国家和当地政府有关规定,足额为职工缴纳基本养老保险、基本医疗保险、工伤保险、失业保险、生育保险和住房公积金等相关社会保险,在执行国家用工制度、劳动保护制度、社会保障制度和医疗保障制度等方面不存在违法、违规情况。除去基本保障以外,企业还为员工提供了其他社会保障,见表4。

表4 苏州部分上市公司的社会保障情况

公司简称	除"五险一金"外的其他保障项目
东方市场	专项走访慰问关爱基金;在职职工住院医疗互助保障
苏州固锝	为员工提供医疗保健绿色通道服务,员工发生紧急状况时,可直接享受一站式免押金诊疗服务;给予怀孕女员工两年的育婴假期,并每月发放育婴费
江南嘉捷	工地一线人员的意外伤害险;工会对员工生育、患病住院及困难家庭进行慰问
安洁科技	为回族员工设立了专门的就餐环境;增设电动车充电站;为聋哑人提供岗位
东吴证券	对女员工、患病员工、困难员工和老员工给予特殊关爱;为女员工在孕产期、哺乳期提供带薪休假及相关福利
晶方科技	各类重要公共假日发放福利
纽威股份	生产员工返乡差旅报销;班车服务;为各中心定期举办聚餐

5. 员工生活

除了发布环境报告的澳洋科技,所有企业均在社会责任报告中披露了企业为员工提供的业余活动项目。业余活动项目既保障员工福利又确保员工身心健康,增强了员工归属感及集体荣誉感,激发了员工的工作热情,提高了公司的凝聚力、向心力,各企业开展的项目具体情况见表5。

表5　苏州部分上市公司员工业余活动开展项目情况

公司简称	员工业余活动开展项目
东方市场	建立体育健身兴趣小组;开展生产竞赛和各类友谊赛;规划系列的女德教育课程和孕期母亲的系列课程;开展员工座谈会、老乡会、幸福早餐、晚餐沟通会
苏州固得	篮球比赛、乒乓球赛、摄影比赛、健康低碳餐厨艺大赛
江南嘉捷	员工年度旅游项目;亲子活动;家庭水上趣味活动
安洁科技	设立"职工之家",设有阅读室、健身房等设施;举办千人大型活动,如家庭活动日、净山环保长跑活动
康得新	每年举办文体活动,设立员工活动中心
苏州高新	低碳骑行、舞蹈大赛、趣味运动会、健康生活讲座
晶方科技	参与苏州工业园区运动会,参与篮球、羽毛球、乒乓球等各项文体活动;开展拓展训练、家庭烧烤日、观影等活动
东吴证券	女职工"三八"庆祝活动、乒乓球比赛、环金鸡湖半程马拉松赛、国资系统乒羽比赛、篮球友谊赛等
纽威股份	组织篮球、羽毛球、台球等各项体育活动

6. 员工满意度和流失率

根据已发布的社会责任报告,只有江南嘉捷从薪酬福利、职业发展、团队氛围、工作本身、公司管理和公司环境六个角度进行分项测评,汇总得出员工的满意度和流失率,见表6。

表6　江南嘉捷的员工满意度和流失率情况

年　份	2013 年	2014 年
员工满意度	70.71%	71.01%
员工自然流动率	12.96%	11.3%

(四) 市场责任

1. 客户关系管理

苏州部分上市公司客户关系管理方案见表7。

表7 苏州部分上市公司客户关系管理方案

公司简称	具体方案与做法
东方市场	重视客户的权益保护,力求与客户共同成长
	持续提供超越客户预期的服务和产品
康得新	建立了退、换货与客户服务投诉制度
	在全国大部分地区和世界80多个国家和地区建立了销售网点
安洁科技	技术交流、互访考察、共同研发
	配合客户的需要,公司在国内、国外设置了多处办事处
	对客户信息及相关技术、商务信息保密,重视客户满意度调查
苏州高新	建立多样化的文化、娱乐活动,提高客户满意度和忠诚度
	加强员工培训,为客户提供更专业、更贴心的服务
江南嘉捷	以总部为中心,强调国内外并重,直销、代销、安装相结合,分支机构直接营销服务与代理商服务交叉互补
东吴证券	搭建了统一客户服务平台,设立了全国统一的咨询、投诉电话
	开通互联网服务平台,高效开展客户服务与客户交流沟通

2. 服务质量管理

在服务质量管理上,在苏州上市公司中只有2家企业披露了企业2014年服务质量情况。江南嘉捷进行了多重质量控制与分支机构管控,对于工程项目,工程经理每月至少抽查1次工地,做好施工过程记录、自检报告;对于公司安装、委托项目100%专检,每个项目都要有专检工作报告并反馈公司质量部;连续三年来,顾客满意率和设备维修保障服务满意率高达85%以上。苏州高新安排安全生产委员会定期不定期对游乐项目开展排查工作,严格执行日检、周检、月检、年检的安全工作体系;强化安全责任教育、应急演练等有效工作措施,确保服务质量稳定。

3. 供应商关系管理

在苏州上市公司中,有5家企业披露了供应商关系管理相关信息,主要采取签订协议、防止商业贿赂、加强廉洁建设的方式履行对供应商的社会责任,见表8。其中,江南嘉捷建立了一套完整的供应链管理体系,该企业除了签订维护采购协议,对供应商履行的责任还有:每年针对主要供应商组织相关培训;组织供应商大会以及与供方的专题会议,安排与供应商相互走访;由合同执行部、采购部、装备部、研发中心和质量中心等部门组成巡视小组,对供应商生产进行巡视;从体系运行、产品质量、职业健康安全、环境及社会责任履行多个方面评估供应商,考核供应商的绩效;对年度优秀合作质量供应商进行表彰奖励,表彰他们在质量控制、安全生产、环境保护以及社会责任履行方面做出的成绩。

表8　苏州部分上市公司供应链关系管理措施

公司简称	供应链关系管理
东方市场	严格执行《采购预付款管理办法》,规范采购程序,大宗物资采购公开招标;加强廉政建设,杜绝商业贿赂
苏州固锝	与供应商签订廉洁合作协议,制定《公司管理人员廉洁从业若干规定》,签署《职务廉洁承诺书》
江南嘉捷	与供应商签署年度采购协议、质量验收协议、质量框架协议;实施供应商质量巡查检验
康得新	保持良好的上下游体系,在供应商中无占有权益的情况
安洁科技	强化采购过程的监督和测量,严把质量关;签订长期采购的《买卖合约》;要求供应商签署《廉洁承诺函》

4. 信用评级

在信用评级上,只有3家企业披露了相关信息,东方市场2014年信用评级为AA级,苏州固锝连续四年被评定为A级信息披露企业,苏州高新自2009年起始终保持AA级。

(五) 社会公益事业与社区公众关系

1. 社区公众关系

苏州部分上市公司社会公众关系情况见表9。

表9　苏州部分上市公司社会公众关系情况

公司简称	社区公众关系
东方市场	在社区居住环境建设中,为居民提供广场舞场所,为垃圾分类活动提供场地,并举行爱心义卖活动;走访社区,慰问老人,开展爱心助学活动
江南嘉捷	在传统佳节前夕带上慰问金及慰问品走访社会福利院、敬老院、附近社区困难家庭等;与贵州贫困地区小学帮困结对,传递爱心

续表

公司简称	社区公众关系
东吴证券	组织东吴爱心拍卖;开展党员关爱基金活动;设立"东吴证券慈善爱心基金",帮扶生活困难的社会群体;开展"共植东吴林"志愿者主题环保活动;组织志愿者无偿献血;捐资助学促进教育发展
安洁科技	安排代表前往当地敬老院看望老人
苏州高新	举办"环云龙湖环保公益活动",对垃圾进行分类处理
纽威股份	向苏州高新区五所小学捐款25万元人民币;捐助吴县中学贫困生0.8万元人民币

2. 社会公益事业

公司创造经济效益的同时应努力回报社会,积极承担社会责任。经统计,上述10家上市公司中有70%的企业披露了2014年所参加的社会公益事业,见表10。这类公益事业为实现企业与社会和谐发展起到了很好的模范作用。

表10 苏州部分上市公司社会公益事业情况

公司简称	社会公益事业
东方市场	在大型看板、灯杆灯箱、公交候车点投放公益广告;对地方慈善基金、见义勇为基金给予资金和物质上的支持
苏州固锝	举行"净街净山"回收废旧电池与灯管活动;举行天使阳光、关爱敬老院、爱心募捐、放生等活动
康得新	参与国际关怀艾滋病活动,并向中华红丝带基金捐赠款项;参加第三届"生态文明·阿拉善对话"植树活动并捐款
安洁科技	设立安洁爱心基金,资助困难员工及社会相关人士;在各大高校设立助学金,资助贫困大学生
苏州高新	各级员工参与义务交通站岗、社会捐助及义工活动
江南嘉捷	百名员工参加无偿献血活动;近7年累计捐赠达1 364万元人民币;连续6年赞助中国乒乓球公开赛
纽威股份	参加了香格里拉大酒店组织的慈善活动,为聋哑儿童植人工耳蜗募集资金1万元人民币

三、总结与建议

(一)加强社会责任信息披露,完善公司治理结构

通过对苏州2014年已披露的社会责任报告分析,披露社会责任报告企

业的数量占比是非常少的,仅有14%,其中披露3份以上的企业不足10%;同时,创业板上市公司中没有企业披露社会责任报告,属于披露缺失的一角;并且在这10家企业当中,披露社会责任报告较为详实的企业不足5家,有些企业披露的社会责任报告内容较少,没有全面具体的反映企业的社会责任履行情况。总的来说,苏州上市公司在披露社会责任方面还有所欠缺。

面对这一现状,苏州上市公司首先应当加强社会责任报告的披露,自觉履行企业应当承担的社会责任,并健全完善企业社会责任报告体系,再根据具体细化的内容,进一步加强行为建设,优化公司运营模式;还应当把企业社会责任报告相关内容纳入到公司治理中去,规范化、常态化企业社会责任报告内容,完善公司治理结构,加强企业运作规范。其次,苏州上市企业利益相关方应根据相关法律法规、道德准则要求企业履行其应承担的社会责任,并对其社会责任履行程度进行监督。最后,行业协会、监管部门以及研究机构应当通过非行政手段促进上市企业社会责任的披露,例如,通过大众传媒及时通报发布在企业社会责任报告上有所为的企业和无所为的企业。同时,苏州上市企业在披露社会责任报告时,应遵循诚信易懂原则,保证社会责任报告的真实性和可理解性,并及时在证券交易所网站、《中国证券报》《证券时报》等媒体上披露,使社会公众能够及时、准确、完整地了解公司社会责任信息。

(二) 完善利益相关者主体,健全社会责任体系

在上述分析中,虽然从整体上说来,这10家企业涉及的利益相关者从不同的角度看共有8类,但从个体来看,很少有企业能够做到涉及所有的利益相关者,基本上涉及5个方面的利益相关者,稍微多点的企业涉及7类利益相关者。在利益相关方中,缺失较多的就是对客户与供应商的社会责任管理,企业一般把社会责任聚焦于股东和员工两个基本面。

从利益相关者角度来看,社会责任要求企业必须重视多方利益相关者的合法利益,所以,苏州上市企业在坚持实施已尽到的利益相关者社会责任维护的基础上,应当继续加强与履行社会责任还不到位的利益相关者的联系沟通,形成互动,履行好相应的社会责任,打造多赢的局面。例如,前文所提到的江南嘉捷对供应商所履行的社会责任,不仅尽到了社会责任义务,还为企业的供应链管理带来了优势,促进了企业发展。健全社会责任体系的主要方式方法有:企业可以通过网络平台或者直接交流互动的方式,倾听利益相关者的声音,与各个利益相关者保持良好的关系,利益相关者也可以及时向企业反映自己的利益诉求,加强合作交流;此外,企业可以从利益相关

者的角度构建公司社会责任指标体系,完善企业社会责任管理制度,主要是通过设计针对利益相关者的问卷调查来确定公司履行社会责任的维度、指标和权重,使各个利益相关者找到与自己关系最密切的评价指标,对企业社会责任履行情况进行考察。

(三)建设合适的企业文化,积极履行企业社会责任

前文中有提及,在2014年已披露的社会责任报告当中,社会责任报告主要包括以企业文化为主要载体形成的社会责任报告、以利息相关者为主线形成的社会责任报告和以环境报告为形式的社会责任报告。环境报告虽然是社会责任的一种体现形式,但很明显其局限性太大,企业只对环境方面的社会责任做了报告,并没有提及其他利益相关者;以利益相关者为主线的社会责任报告,大同小异,没有特色,基本围绕着投资者、员工、监管机构和社会公众等做出社会责任报告。

本文认为,企业不仅应该按照已有的标准建立社会责任报告,设立标准的社会责任报告体系,还应当依据企业所在行业特点,做出具有企业特色、符合企业生产经营体系和文化理念的社会责任报告。社会责任报告是企业对外的窗口,诚实守信是基本准则,但特色创新的社会责任报告也是形同于企业名字、商标一样重要的独特符号。特色创新的社会责任报告离不开企业精神、企业使命和企业愿景,因此,企业文化指引着社会责任的实现,社会责任又是企业文化的具体体现。例如,苏州固锝在2014年继续推进"家"文化的中国式管理,不仅在企业内部实现经营管理的目标,而且形成了一定的国际影响力,该企业正在向世界不断推广"用心将圣贤文化带给全世界,造福全人类"的企业文化理念。在其社会责任报告中,我们看到的就不仅仅是企业所履行的社会责任,而是整个企业的理念价值、人文关怀。苏州上市企业应该建立合作交流平台,对如何履行企业社会责任进行探讨,促进企业社会责任的共同发展。

(四)加强节能减耗,促进企业可持续发展

在前文分析的苏州10家上市公司中,有7家属于制造业,其中只有3家对节能减耗的投入力度和成效成果进行了阐述,还有一些企业对于环境责任这块采取的措施、投入的资金还不足。因此,需要更多的企业开展长远的战略发展规划,把实现可持续发展作为社会责任报告披露的重点,推进社会责任建设。

另外,有学者指出履行社会责任可能在短期内造成公司利润的减少,因此,政府和相关部门需要制定和完善相关的法律法规,引导企业正确处理好

所承担的各种社会责任之间的关系。所以,在加强企业环境责任实施时,首先,有关部门需要制定严格的法律法规控制企业排污量,严格检测企业排污能力,并调动社会公众、舆论媒体共同监督企业排污情况;其次,企业也需要充分利用新的技术设备、材料工艺等改良产品生产环境,促进工艺装备结构优化,提高设备使用效率,提高能源、资源利用率,减少废气废水的排放,加强废弃危化品的处理;再者,企业应当坚持绿色发展的原则,推行"绿色办公"的理念,减少办公用品、水、电、气等各方面的损耗,推进环保工作转型升级;最后,企业可以利用内部刊物、内外网站、相关培训等大力开展节能减排宣传,使公司员工都自觉地提高节俭意识,使杜绝浪费的观念融入企业文化中。这样,才能推进企业发展绿色工业,建立环境友好型企业,走可持续发展之路。

课题组在苏州新区高新技术产业股份有限公司访谈调研

附录:社会责任国家标准

一、社会责任国家标准简介

2015年6月2日,国家质检总局和国家标准委联合发布了社会责任系列国家标准。系列标准包括《社会责任指南》《社会责任报告编写指南》《社会责任绩效分类指引》。系列标准是我国社会责任领域第一份国家层面的标准性文件。系列标准的发布具有重大意义,将统一各类组织对社会责任的认识和理解,改变现在国内依据不同标准履行社会责任的混乱局面,给组织履行社会责任提供系统、全面的指导,将对提升国内社会责任水平起到重要作用。

二、社会责任国家标准框架

社会责任系列国家标准由三个标准组成:《社会责任指南》《社会责任报告编写指南》《社会责任绩效分类指引》。第一个标准的内容是"什么是社会责任、社会责任包含哪些内容、如何履行";第二个标准对组织如何编制社会责任报告给出指导;第三个标准为组织评价社会责任绩效提供了指标分类框架。

社会责任系列国家标准中,《社会责任指南》是最核心的标准,主要对"什么是社会责任、社会责任包含哪些内容、如何履行"给出指导。其内容基本沿袭了 ISO 26000 的理念,但也根据我国的实际情况进行了调整。该标准结构见表1。

表1 《社会责任指南》国家标准结构表

标题	章节	内容描述
范围	第1章	明确本国家标准的适用范围及特定限制。
规范性引用文件	第2章	罗列本标准所引用的规范性文件。
术语和定义	第3章	给出本标准所用关键术语的定义,有助于理解社会责任和使用本标准。
理解社会责任	第4章	阐述社会责任的历史背景和发展趋势。同时阐述社会责任的基本特征,包含利益相关方的重要作用及社会责任融入组织,还包括中小组织使用本标准的指南。
社会责任原则	第5章	介绍和阐释社会责任原则。
社会责任基本实践	第6章	阐述组织社会责任两大基本实践:社会责任辨识,利益相关方的识别和参与。本章对组织、利益相关方和社会三者间关系,认识社会责任核心主题和议题,以及组织的影响范围提供了指导。
关于社会责任核心主题的指南	第7章	阐述社会责任核心主题和议题,针对每一个核心主题,本章对其与社会责任的关系、相关原则与考虑,以及相关行动与期望提供了指导。

续表

标题	章节	内容描述
关于将社会责任融入整个组织的指南	第8章	提供社会责任在组织中付诸实践的指南。本章主要内容包括：理解组织的社会责任，将社会责任融入整个组织，社会责任沟通，提升组织的社会责任可信度，评价进展、提高绩效。
缩略语	附录A（资料性附录）	包括本标准所用的缩略语。
本标准与ISO 26000：2010章条编号变化对照一览表	附录B（资料性附录）	本标准与ISO 26000相关内容的章条号对照。
本标准与ISO 26000：2010的技术性差异及其原因一览表	附录C（资料性附录）	本标准相对于ISO 26000的实质性变动。

三、社会责任报告的编制

社会责任报告是组织与利益相关方沟通的一种方式，是定期或不定期，向利益相关方展示自身社会责任理念、活动、绩效的一种特定报告。通过社会责任报告的编制，组织可以梳理自身实践，加强与利益相关方的沟通，塑造良好形象。在编制报告时，要遵循全面完整、客观准确、明确回应、及时可比、易读易懂、方便获取的原则。

1. 报告的内容

报告的内容包括两大部分，第一部分是组织的基本背景信息，第二部分是组织的绩效信息。

（1）基本背景信息。主要介绍组织的概况、核心价值观及发展理念、社会责任战略、最高领导层的社会责任承诺、社会责任管理策略和管理方法，以及组织的利益相关方有哪些，是如何沟通的，沟通成效如何等。

（2）绩效信息。是报告的主体部分，组织可以按照选定的编制参考依据确定具体的社会责任活动和成效等信息来进行详细说明或展示。国家标准中推荐按照七大核心主题及相关议题来确定组织具体的绩效信息。

2. 报告编制程序

社会责任报告编制分为六个步骤：一是组建报告编制小组，负责统筹报告编制事项，组成人员可以包括组织内部相关人员和外部专家等。二是制定编制计划，明确分工职责和时间进度。三是根据参考依据确定报告内容，并策划报告框架、主题等。四是根据确定的报告内容收集资料，并进行整理。五是撰写报告,并进行排版。六是选择合适的时间和方式发布报告。为了增强报告的可信度,组织可以通过选用公认的参考依据、增强报告内容说服力、引用利益相关方反馈或评论、验证等方式来增强报告的可信度,从而提升利益相关方的信任度和满意度,提升沟通效果。

(资料来源:郝琴.社会责任国家标准解读[M].北京:中国经济出版社,2015.)

案例使用说明

一、教学目的与用途

(1) 本案例主要用于 MBA、EMBA 项目的《企业伦理与文化》《企业社会责任》等课程。

(2) 本案例教学目的在于使学员了解和掌握上市公司社会责任报告的编写与标准,分析上市公司社会责任信息披露存在的问题,探讨上市公司社会责任对企业价值的影响。

二、启发思考题

(1) 上市公司社会责任信息披露有何特定要求?我国上市公司社会责任报告强制性披露的范畴包括哪些方面?

(2) 上市公司社会责任对企业价值的影响主要表现在哪些方面?

(3) 本专题案例对苏州上市公司社会责任信息披露进行了分析,你认为苏州上市公司社会责任信息披露还存在哪些问题?有何更好的建议?

(4) 请选择苏州一家上市公司的社会责任报告,依据社会责任国家标准进行深度解读。

三、分析思路

教师可根据自己的教学目的与目标来灵活使用本案例。这里提出本案例的分析思路,仅供参考。

(1) 中国证监会和经贸委于 2002 年联合颁布的《上市公司治理准则》,开始将社会责任观念纳入到公司治理当中,要求企业同时兼顾实现股东财富最大化和履行社会责任。我国修订后于 2006 年 1 月 1 日开始实施的《公司法》，相较于原《公司法》，将企业的社会责任纳入到法律的范围内是一重大突破，可以看出国家、社会对企业社会责任越来越重视。近几年来，我国上市公司社会责任报告得到了各方的关注，正逐步从自愿性披露向强制性披露过渡。从监管方来看，无论是证监会，还是证券交易所，均从不同的制度规范层面提出了披露 CSR 报告的要求。

上海证券交易所于 2008 年 5 月发布了《上海证券交易所上市公司环境信息披露指引》，第一次强制性要求披露社会责任情况。该《指引》中规定，"上市公司发生与环境保护相关的重大事件，且可能对其股票及衍生品种交易价格产生较大影响的，上市公司应当自该事件发生之日起两日内及时披露事件情况及对公司经营以及利益相关者可能产生的影响"，"对从事火力发电、钢铁、水泥、电解铝、矿产开发等对环境影响较大行业的公司，在公司年度社会责任报告中披露或单独披露如下环境信息"，"被列为环保部门的污染严重企业名单的上市公司，应当在环保部门公布名单后两日内披露下列信息"，据此对环境方面的社会责任情况，如对环境有重大影响的投资、经营行为，资源总消耗量，排放污染物情况，环保投资和环境技术开发情况等，要求强制性披露。

（2）上市公司履行社会责任对企业价值的影响可从满足利益相关者期望的角度进行分析。①上市公司对股东应履行的社会责任就是通过良好的经营和财务管理状况为股东创造更多的盈利，从而直接使股东权益和企业资产得到保值与增值。②上市公司关注员工需求，保障员工基本权利，履行对员工的责任。③上市公司履行对银行、社会金融机构及金融公司等债权人的责任。④上市公司履行对消费者的责任。⑤上市公司履行对供应商的责任。⑥上市公司履行对政府的责任。总体上，可分别从上市公司内部的股东、员工和企业外部的债权人、消费者、供应商、政府等方面进行阐述，说明社会责任的履行怎样影响了企业价值以及利益相关者关注哪些方面的利益。

（3）本专题案例分析苏州上市公司社会责任信息披露存在的问题：上市企业披露的社会责任报告内容较少，没有全面具体地反映企业的社会责任履行情况；在社会责任信息披露的利益相关方中，缺失较多的就是对客户与供应商的社会责任管理，企业一般把社会责任聚焦于股东和员工两个基本面；融合企业文化建设方面的信息披露不够；等等，总体上社会责任信息披露的质量有待进一步提高。针对这些存在的问题，提出了以下建议：加强社会责任信息披露，完善公司治理结构；完善利益相关者主体，健全社会责任体系;建设合适的企业文化;加强节能减耗,促进企业可持续发展。

(4)对于第4个思考题,建议先熟悉社会责任国家标准,然后再选择一家上市公司的社会责任报告进行深度解读。

四、理论依据与分析

本案例涉及的主要理论:

1. 企业社会责任理论

关于企业社会责任研究的理论及观点很多,本案例可应用经典的卡罗尔企业社会责任理论等进行分析。卡罗尔企业社会责任观理论认为,企业社会责任是社会在一定时期对企业提出的经济、法律、道德和慈善期望。第一,经济责任是指企业首先是一个经济组织,也就是说,企业的首要任务是生产社会需要的产品与服务,并以在社会看来反映了所提供产品与服务的真实价值的价格出售。第二,法律责任就是社会在赋予企业经济任务的同时,制定了要求企业遵守的法律,要求企业做到遵守所有的法律、条例以及履行合同等。第三,道德责任包含了超越法律规定的、社会成员所期望或禁止的活动,就是社会期望企业做到的,按照高于法律的最低要求从事经营活动、做道德表率等。第四,慈善责任,也称为自愿的或自行处理的责任。慈善责任与道德责任的区别在于,前者并不是伦理上所要求的。如果企业为社会福利事业提供资金、设施和人力支持,社会会高兴,但是企业做不到这一点,也不会被认为是不道德的。慈善责任是社会希望企业做到的,如企业捐款、支持教育、志愿活动等。应该说,经济责任、法律责任、道德责任、慈善责任之间既不是并列关系,也不是递进关系,它们之间存在交叉和重叠。之所以如此概括,出于两个考虑:一是从经营实践的历史看,各种责任受重视的时间有先有后,先是经济,然后是法律,再后来是道德和自行处理的责任;二是企业行为或动机可以归入其中的一个或几个责任。卡罗尔认为,只要企业能有意识地进行这种投资并持之以恒,那么迟早会获得企业在社会资本上的回报,唤起尽可能多的、各种类型的利益相关者的忠诚和支持。

2. 利益相关者理论

利益相关者理论的主要观点认为,不能单纯以股东利益最大化为出发点来管理企业,不能不考虑雇员、债权人以及消费者等利益相关者的利益。因此,企业的经营管理除了要维护股东的利益以外,还应当考虑其他利益相关主体的利益。自20世纪末以来,企业社会责任理论与利益相关者理论在理论研究与实证检验方面出现了互相渗透的趋势。利益相关者理论为企业承担社会责任提供了有力的理论支撑,较好地解释了企业为什么要承担社会责任,为企业社会责任理论奠定了基础。从利益相关者理论的内涵可以看出,这一理论关于利益相关者的范围涉及较为广泛的社会主体,有利于从整个社会出发探讨企业与社会的良性互动关系,对企业社会责任的阐释也具有较强的说服力。这在一定意义上能够将企业社会责任和上市公司发展很好地结合起来,实现了各方利益的协调发展。

3. 企业价值理论

关于企业价值的内涵,代表性的四种观点分别从经济学角度、会计核算角度、财务管理角度和市场交换角度来解释企业价值。从经济学的角度来看,企业被看成是市场经济条件下的商品,可以由所有者和投资者进行买卖和交易。从会计核算的角度来看,企业价值是通过资产负债表上的各项历史价值反映出来的,其价值的大小是由企业的收入和支出决定的。从财务管理的角度来看,企业价值就是该企业以适当的折现率所折现的预期现金流量的现值,即企业价值是企业在未来经营期间内所获现金流量的函数。从市场交换的角度来看,企业价值是企业在未来各个时期产生的净现金流量的贴现之和,其价值的大小由未来的获利能力决定。由此可见,不同的角度对企业价值的定义不同,其内涵是十分丰富的。还有学者认为,企业价值是企业通过内部众多资源的整合,进而表现出来的生产效率、盈利能力、成长空间等。从实质上说,企业价值是企业的未来,是基于过去和现在的盈利能力和发展潜力,是已有投资者和潜在投资者对企业未来的一种预期。

社会责任的多重性和利益相关者的多样性决定了企业承担社会责任对自身影响的大小,这里主要从多个角度阐述社会责任对企业价值的积极作用。企业承担社会责任要付出一定的财务成本,并且还具有一定滞后性,短期看来,企业盈利水平可能没有特别明显的提升,甚至有可能下降。但就长期而言,企业承担一定的社会责任后会获得更丰富、优质的社会资源及经营环境,使隐性成本(如环境、资源)和显性成本(如借款利息)的降低成为可能,明显地扩大了企业的竞争优势,从而更好地提升了企业价值。上市公司履行社会责任对企业价值的影响主要体现在满足利益相关者的期望。有的放矢地履行相关的社会责任,会充分调动各方面的积极性,这也是对企业信誉和社会形象的投资,对其可持续发展的投资,势必会提高企业竞争力和增加企业价值。

五、关键要点

(1) 掌握上市公司社会责任报告编制的要求和核心内容。
(2) 分析上市公司社会责任信息披露存在的问题与对策建议。
(3) 分析上市公司社会责任对企业价值的影响。

六、建议课堂计划

本案例以小组讨论和小组代表发言为主。以下是按照时间进度提供的课堂计划建议,仅供参考。

本案例课的课堂时间建议安排100分钟(2个课时)。

1. 课前计划

要求学员掌握相关理论知识,对案例材料进行预习阅读。请学员在课前完成案例材料阅读和初步思考。

2. 课中计划

首先,由教师作简要的课堂发言,主要介绍本案例大致内容、案例涉及的问题,明确案例讨论问题(5分钟)。

其次,开展分组讨论(30分钟)。安排学员按小组就座,每小组由5名学员组成(以50人的班级为例,可分为10个小组),针对启发思考题整理发言提纲。

再次,由小组代表在班级讨论中发言。要求每组发言代表概述本小组对案例问题的分析和解决思路(每组5分钟,总时间控制在50分钟左右)。

最后,归纳总结。教师可针对本案例关键点引导学生进一步讨论,并针对讨论情况进行点评总结(15分钟)。

3. 课后计划

如有必要,请学员采用报告形式给出更加具体的解决方案,以小组名义提交书面案例分析报告。

七、参考文献

[1] 魏文斌,洪海.苏州本土品牌企业发展报告(上市公司卷)[M].苏州:苏州大学出版社,2015.

[2] 彭华岗.中国企业社会责任报告编写指南之一般框架[M].北京:经济管理出版社,2014.

[3] 郝琴.社会责任国家标准解读[M].北京:中国经济出版社,2015.

[4] 曹建新,李智荣.上市公司社会责任履行与企业价值相关性研究[J].财会通讯,2013(21):104-107.
[5] 陈哲亮,曾琼芳.上市公司社会责任信息披露现状与协同治理对策[J].财会月刊,2014(24):26-28.
[6] 李金森,宋海风.企业社会责任报告质量影响因素研究——基于沪深主板上市公司2011年度企业社会责任报告[J].财会通讯,2014(9):60-62.
[7] 何丽梅,杜帅君.我国上市公司社会责任信息可靠性实证研究[J].会计之友,2015(5):47-51.
[8] 谢煜,温作民.国内外企业社会责任报告标准及其应用的比较研究[J].生态经济,2015(12):79-83.
[9] 刘媛媛,韩艳锦.上市公司社会责任报告规制制度演进及合规分析[J].财经问题研究,2016(4):103-109.

·企业伦理与文化案例精选·

宋郑还：追梦"好孩子"[①]

摘 要 "好孩子"由宋郑还先生于1989年创立，现已发展为全球最大的儿童耐用品供应商和中国最大的母婴用品制造、分销、零售与服务平台，是集研发、制造、销售为一体的企业集团。本案例描述了宋郑还打造"好孩子"的品牌战略文化基因，用品质让"好孩子"成为行业领导者，让"好孩子"担当社会责任等方面的发展经验，以期在《企业文化》等课程教学中，帮助学员理解企业领导人对企业文化的影响，进而探讨品牌战略与企业文化之间的关系，对把握企业文化、品牌创新及社会责任有一定参考价值。

关键词 宋郑还；好孩子；品牌战略；企业文化；社会责任

2015年7月22日，顶尖母婴品牌企业好孩子惊艳亮相上海CBME孕婴童展，其推出三款明星产品——提醒驾车人下车时不要把孩子忘在车里的安全座提示器"勿忘我"SOS、全球首款GBES宇航吸能技术汽车安全座、婴儿出行防霾神器"清风宝"，吸引到众多企业、媒体和业内资深人士的关注，一时间在行业内卷起一股"好孩子"风潮！

当宋郑还在1987年以副校长之职接手濒临倒闭的昆山陆家中学校办工厂时，恐怕很难想到，有一天，他竟能创造出一个行业著名品牌，并立志带领企业做全球最大最好。回首当年，刚走下讲坛的宋郑还并不知道企业该如何做，在寻找企业发展出路的过程中，他很快领悟到企业必须要自己掌握自己的命运。他勇敢地提出"做世界上没有的东西"，并开始翻阅大量书籍，寻找突破门径，经过日以继夜、夜以继日的尝试、失败、失败、尝试，终于在1989年发明了一款集推车、摇篮、学步车、躺椅四功能于一体的婴儿车，得到市场的热烈回应，从而成功创立好孩子公司及"好孩子"品牌。

[①] 本案例根据公司实地调研素材及《苏州本土品牌企业发展报告·驰名商标卷》的相关案例资料而编写，作者拥有著作权中的署名权、修改权、改编权。由于企业保密的要求，在本案例中对有关名称、数据等做了必要的掩饰性处理。本案例只供课堂讨论之用，并无意暗示或说明某种管理行为是否有效。

好孩子集团总裁宋郑还被称为"江南绅士""童车大王"。他从1989年开始创业,只用了短短十几年时间,便将一间濒临倒闭的校办工厂变成了全球最大的童车生产商。如今,宋郑还20余年如一日,不断追梦"好孩子","关心孩子、服务家庭、回报社会",以"改善儿童生存环境,提高儿童生活品质"为使命,通过持续创新,不遗余力地为天下父母提供安全易用、充满爱心的优质育儿产品,为孩子们营造健康、快乐的成长环境。

一、公司发展概况

好孩子公司的前身是昆山市陆家中学校办工厂,由宋郑还先生于1989年创立,历经20多年的发展,从一家资不抵债的校办厂转变为全球最大的儿童耐用品供应商和中国最大的母婴用品制造、分销、零售与服务平台。好孩子国际控股有限公司为好孩子集团旗下公司,公司于2010年10月24日在香港联合交易所上市(股票代码:HK 1086)。

1989年,好孩子公司凭借一辆推、摇、坐、行多功能婴儿车,创立"好孩子"品牌,并申请了第一个专利,仅4年时间,"好孩子"童车销售额便达到1.2亿,成为全国销量冠军。据沙利文咨询公司在中国、北美和欧洲的调查数据,好孩子婴儿车的占有率全部位居第一,分别是:中国41.2%、美国55.1%、欧洲24%。好孩子已成为世界最大的婴儿车供应商。目前公司已发展为集研发、制造、销售为一体的企业集团。好孩子拥有齐全的产品线,包括婴儿推车、儿童汽车安全座、褓褓座、学步车、电动车、自行车、扭扭车、三轮车、滑板车、餐椅、秋千、童床、安全门、游戏中心等耐用品,以及哺育用品、洗护用品、卫浴用品、湿巾尿布、口腔护理、安抚玩具、婴童服饰等消费品,产品适用对象涵盖新生婴儿到14岁儿童。这些产品能够全程帮助妈妈,满足孩子从护理到衣着、从居家到出行、从游戏到睡眠等的所需。好孩子公司2013年度实现销售额62亿元,现拥有35个分公司、41个配货中心、1 200多个经销商(涵盖1万多个第三方零售企业,5 000多个自营零售终端盒加盟店)。每年举办50余场订货会,拥有多层次的零售模式,包括一站式门店、专柜、目录销售和电子商务。当前,好孩子公司初步完成全球化布局,产品销往全球72个国家和地区,在中国、北美和欧洲均拥有最具影响力的品牌、强大的本土化经营团队和营销服务体系。好孩子至今已经拥有6 600多项外国和中国专利,全方位的创新设计能力不断为集团婴幼儿产品生产提供创意和支持,持续引领着全球婴幼儿用品市场的消费潮流。

二、打造"好孩子"的品牌战略文化基因

宋郑还首创的摇篮式婴儿车,孩子一出生就能用,并且可以一直用到10岁,因此受到家长们的普遍欢迎,市场上很快就出现了大批跟风仿冒者。面对恶意竞争,他提出"自己打倒自己",用源源不断的创新,让竞争对手只能跟在自己后面,并为此组建了好孩子新品研发中心。市场很快就给了宋郑还丰厚的回报,1993年,成立4年不到,好孩子就实现了中国市场上婴儿车销量第一。

成为中国第一后,宋郑还的危机意识反而更强了,因为他很快就明白,"只有世界第一,才能中国第一"。美国因为市场最大、标准最高,被他选中作为进军国际市场的第一站。当时中国企业国际化的普遍做法是寻找国外订单,做制造加工。但宋郑还始终认为,"企业真正的价值来源于创新,原发性地创造出产品、创造出价值,才是好孩子人要做的事"。他坚持以创新产品作为打开市场的敲门砖,为此在美国设立了分公司,研究市场需求和消费趋势。1996年,依靠一款全新设计的"爸爸摇,妈妈摇"大弧形秋千式婴儿车,好孩子敲开了国际市场的大门。这款婴儿车一进入美国市场立即风靡整个美国。这一年,好孩子公司和美国多利儿公司以"Cosco By Geoby"这个联合品牌在美国市场销售好孩子童车,并很快占有了近40%的市场份额。此后,又不断推出各种各样的新产品。到了1999年,好孩子正式进军美国市场后的第四年,实现了美国市场上婴儿车销量第一。2002年,宋郑还又带领团队实施征服欧洲市场的"响雷计划",一次推出五款产品,通过与当地市场的领先品牌形成战略合作关系,立即在欧洲市场成为主流产品。又是一个4年,好孩子实现了欧洲市场销量第一。

为更好地利用世界的资源来经营世界的市场,保持好孩子的行业领导者地位,2007年,宋郑还开始组建好孩子的全球化研发体系。截至2015年,好孩子分别在美国波士顿、荷兰乌特勒支、日本东京、中国香港建立了8个研发中心,这样就和昆山本部的研发中心形成了"4+1"的全球化研发体系,集市场调查、产品设计、工艺技术、标准研究于一体,从洞察消费需求入手,通过信息共享与高效联动,不断推出原创性、颠覆性、前瞻性、规模化的设计概念与产品。2010年、2011年、2013年,好孩子接连获得素有工业设计界奥斯卡奖之称的德国"红点"设计大奖,2012年,获得工业和信息化部首届"中国优秀工业设计奖"金奖,迄今累计申请专利6 600余项,每年推出新品500余款。

为了满足国内中低消费群体的需求,公司推出了第二商标品牌"小龙哈彼",一并在市场上取得了较好的业绩。近两年,好孩子公司向儿童用品零售业进军,开出了一批一站式母婴用品专卖店,把"好孩子"这一商标品牌从产品制造业向商业服务业进行了第三次延伸拓展。

2010年7月,好孩子公司推广重塑了商标品牌形象,用"gb"取代"goodbaby",赋予了中国"好孩子"世界的气质,用红色标识代替了原来的蓝色标识,传达了"中国"和"关怀"的信息。新图标简洁而又现代的外观设计更加符合国际品牌的发展趋势。到目前为止,根据各级各类市场需要,好孩子公司向国家工商行政管理总局商标局在40余个类别上分别申请注册了"gb""好孩子""Goodbaby""Geoby""小龙哈彼"等商标,已获准注册635件。另外,在美国、德国、法国、英国、朝鲜、西班牙、马来西亚、日本、加拿大、智利、巴西、印度、印尼、欧盟以及中国香港、澳门、台湾等60多个国家地区申请注册了"gb""Goodbaby""好孩子""Geoby""Globe clairs""Mama's goodbaby"等商标,已获准注册了888件。

"好孩子绝对不做别人的附庸,坚决不做OEM。"宋郑还一再强调说,让好孩子人津津乐道并引以为豪的就是其强大的自主创新能力,"我们的全部秘诀只有一点,就是自主创新。好孩子靠自主创新起家,并以不断的创新赢得持续的活力"。

三、品质让"好孩子"成为行业领导者

宋郑还深知,在创新之外,品牌企业必须把品质当作生命线,他花巨资建成中国业界唯一的国家级实验室,并引入世界最为先进的高端检测仪器和高素质的工程人员。好孩子实验室是国际权威检测机构SGS、TUV Nord Group等的合作实验室及美国消费品安全委员会(CPSC)官方认可实验室。在好孩子进行过测试认证的产品,可以在欧洲等国家和地区直接申请证书。好孩子是美国材料与试验协会(ASTM)和欧洲标准化委员会(CEN)会员,参与所在国家和地区的耐用儿童用品的标准制定与修订。2011年,日本消费品安全委员会(CPSA)也邀请好孩子参加日本相应国家标准的修订工作。截至2012年年底,好孩子共主导、参与57份国家标准和45个国际标准的制定与修订。好孩子是2010年"全国质量奖"获得者,并在2011年获得亚太质量组织颁发的"世界级全球卓越绩效奖"的最高奖。好孩子是首届中国优秀工业设计奖金奖获得者,四度斩获素有国际工业设计界奥斯卡奖之称的德国"红点"设计奖。公司研发中心成为江苏省首批工业设计中心,获得首届江苏省"出口企业优质奖"和"省长质量奖"。

从1996年产品进入美国市场、2002年进入欧洲市场开始,在产品召回如家常便饭的欧美市场,好孩子从来没有发生过一起质量事件;在中国市场,好孩子也以高品质、高品位赢得了消费者的青睐,成为家喻户晓的儿童用品首选品牌。从欧洲风格、美洲风格、日本风格到中国风格的产品,都能在好孩子的流水线上找到。

宋郑还把童车的质量看作公司的重中之重。一些婴儿车的布套由于涉及重金属污染、甲醛超标、色牢度差等,影响产品质量,全部被宋郑还一把火烧掉。他说:"设身处地地想,要是我们自己的孩子,你们会给他们用不合格的东西吗?"

宋郑还对质量的高标准严要求,坚定了好孩子把质量作为头等大事来抓的决心和做法。"质量不是制造出来的,而是设计出来的。"企业发展壮大的同时,宋郑还建立了全球化的研发体系,用产品全生命周期管理的方式,集市场调研、产品设计、工艺技术、标准研究、质量管控于一体,设计、验证每一款产品。

好孩子致力于"用汽车业的技术、电子业的知识、航天业的精神"做给孩子们使用的产品,在全员追求卓越的文化下,好孩子推行"和风计划",充分发挥员工的智慧,以"多快好省"的方式,精益改善每一个生产制造环节,力求"零缺陷"。好孩子的生产线采用现代化的生产设备与先进工艺技术,并引入科学的过程管理。

四、让"好孩子"担当社会责任

作为有社会担当的企业家,宋郑还领导好孩子在创造经济效益的同时,深刻铭记肩负的社会责任。他深信,只有勇于担当社会责任的品牌,才是真正的常青藤品牌。

(一)致力推广科学育儿运动

好孩子于2000年创建中国第一家科学育儿网,免费推广、普及科学育儿知识,迄今集结1 800名科学育儿专家,为无数家庭免费提供关于儿童生理、心理、养育、教育等的全方位婴幼儿培育指导,2012年52个专家专栏全年解答用户提问逾10万条。网站拥有注册会员600余万,日均访问量60万余人次,2012年举办活动500余场,服务用户达700万人次,全球网站排名在800名以内,是年轻父母心目中无可替代的"好网"。好孩子从1994年起就携手全国妇联开展"心系新生命"大型公益事业,出资千余万元赞助由国家七部委发起的婴幼儿家庭教育计划,为全国 8 000 余家妇产科医院免费提供 40 万套全国统一的孕妇动漫电子教材,并设立教育基地,令数以千万计的家庭受益,有力地推动了中国的科学育儿运动。

(二) 全面实行"摇篮到摇篮"发展理念

"摇篮到摇篮"发展理念致力于创造一个真正可持续的未来,它通过更加明智的设计和更加有效的材料利用,让经济和自然一同茁壮成长。2007 年,好孩子开始试行"摇篮到摇篮"理念,从产品设计的源头即着手考量材料安全循环利用的途径,将废弃物转化为其他有用的产品,使生产、贩售、回收、拆解、再利用形成一个循环,通过从少做坏事向只做好事转变,使地球比我们发现它时更加美好。2010 年,好孩子在"摇篮到摇篮"理念创始人之一、德国化学家 Michael Braungart 的亲自指导下,全面推行这一绿色、可持续的发展模式,引领家庭育儿理念的变革,树立母婴产业的新标杆。2011 年,好孩子在全球婴童用品领域首次推出 3 款经过美国加州"摇篮到摇篮"产品创新学会银级认证的婴童概念产品 EQO 系列。

(三) 上海世博会专项童车赞助商

2010 年 5 月 1 日至 10 月 31 日在上海举办的世界博览会吸引超过 7 000 万观众入场,其中很多都是带孩子的家长,好孩子作为专项童车赞助商,无偿为游客提供 2 000 辆"世博之星"童车的租借服务,让父母和孩子都享有了一个美好的观博体验。世博园区内共设置了 7 个童车租赁点,每天 9 时至 21 时提供服务。带有 3 岁以下孩子的成年游客,在缴纳 200 元押金后可以免费租用。据介绍,"gb 好孩子"专门为世博会设计了"世博之星"婴儿车,历时 9 个月完成设计定稿,在感官上做了全新设计,并且首次采用特殊弹性耐候材料一次成型,抗日晒、易清洗,舒适耐用。婴儿车入园后,为参观世博的家长和孩子带来了极大便利,受到众多母婴参观者的欢迎,坐上童车游览世博园的孩子,也成为园区里少有的"有车族"。

(四) 参与新华社全媒体治霾行动交流会

2015 年 11 月 14 日,新华社全媒体"治霾在行动"组委会吴为秘书长、专家王效强主任等组委会成员来到好孩子总部,体验好孩子最新推出的宝宝出行防霾神器——清风宝防雾霾婴儿车。

(五) 入选工信部"互联网+"试点

在国家工业和信息化部公布的《2015 年互联网与工业融合创新试点企业名单》中,昆山市好孩子集团凭借"满足个性需求的消费品智能化生产线"项目成功上榜。江苏省 10 家企业上榜,昆山市仅此一家。

五、尾声

"好孩子"是国家工商总局认定的"中国驰名商标",好孩子婴儿车是中国质检总局确认的"中国名牌产品",但宋郑还很早就提出,全球母婴用品行业第一品牌才是好孩子的终极目标,他要把好孩子打造成全球婴幼儿用品行业最大、最有价值的供应商,以及中国最大的母婴产品分销和零售平台,并把"全球化、世界级、整合型、领导者"作为企业的愿景。

课题组到好孩子集团公司访谈调研
(右一为好孩子集团公司法务部经理卫耀昌)

今天的好孩子已经是全球最大的婴儿车供应商,产品销往70余个国家和地区,获得了太多的荣誉。在2015年9月10日开幕的德国科隆国际婴幼儿及少年儿童用品展(全球行业规模最大的展会)上,口袋车因折叠尺寸之小而备受关注,并登上9月11日的《科隆新闻》头版头条。在10月18日开幕的美国拉斯维加斯国际婴童用品展(即美国ABC展,规模仅次于德国科隆国际婴幼儿及少年儿童用品展的全球行业第二大展会)期间,美国婴童用品专家、社交媒体网络红人Jamie Grayson(The Baby Guy NYC)在自己的Facebook上发布了好孩子口袋车"Pockit"的折叠视频,点击量超过1 160万,23.5万人转发,这段视频还被POPSUGAR、Growing Your Baby、The New Zealand Herald、Mashable等时尚网站转发。美国哥伦比亚广播公司CBS下属的拉斯维加斯电视台KLAS-TV第八频道也向观众介绍了这款婴儿车。2015年10月20日,中国专利奖评审办公室把第17届"中国外观设计金奖"仅有的5个名额中的一个授予了好孩子口袋车。2016年4月11日,好孩子荣膺中国孕婴童行业评选"十年领军品牌"荣誉称号。虽然获得的荣誉无数,但"把好孩子的旗帜插遍全世界","创造一个中国人的世界级水平的企业,能够在全球任何一个地方和任何一个对手去竞争",才是宋郑还心中不息的梦想。面对好孩子国际化梦想,宋郑还不断思考:如何在具有不同文化背景的国家推行企业文化并达到预期效果?如何进一步将企业文化与品牌战略及社会责任有效融合?

附录1:宋郑还简介

1. 概况

宋郑还,男,1948年12月生,江苏昆山人,好孩子集团创始人、总裁兼董事局主席。1989年,宋郑还发明了第一部"推摇两用"婴儿推车,并随后成立 Goodbaby Group Co. Ltd.,以"好孩子 Good baby"品牌从事婴儿推车的设计、制造及营销。1990年,好孩子集团就宋郑还发明的"推摇两用"婴儿推车于中国获授一项10年期专利。宋郑还目前为好孩子集团旗下以下公司的董事:① 好孩子儿童用品有限公司;② 宁波好孩子儿童用品有限公司;③ 昆山百瑞康儿童用品有限公司;④ 江苏亿科检测技术服务有限公司;⑤ Aria Child Inc. (前称 Goodbaby Children Products, Inc.);⑥ Goodbaby (Hong Kong) Limited;⑦ Goodbaby Japan Co. Ltd;⑧ Turn Key Design B. V;⑨ Turn Key Design Cooperatie U. A;⑩ GB Mex B. V;(11) Aria Child B. V。

好孩子目前是全球行业著名的儿童用品公司、中国最大的母婴产品专业分销零售平台、中国最知名的儿童用品品牌,以及全球最大的婴儿车和儿童汽车安全座椅生产基地。宋郑还被称为"江南绅士""童车大王"。

2. 履历

1968年,高中毕业,插队在农村务农。

1973年,被推荐到上海上大学,大学毕业后在昆山做中学数学教师。

1984年,任昆山陆家中学副校长。

1988年,在昆山陆家中学副校长任上接管濒临破产的校办企业。

1989年,发明摇篮式婴儿推车,创立好孩子品牌。

1989年至今,任好孩子集团总裁兼董事局主席。

3. 荣誉

2007年,宋郑还先生获颁全球商界最具影响力、被誉为商业奥斯卡的"安永企业家"奖。

2008年,宋郑还先生获颁"中国玩具行业杰出成就奖"和"行业领军人物"称号,是迄今为止该殊荣的唯一获得者。

2012年,宋郑还先生获得中国玩具和婴童用品行业"终身杰出成就奖"。

2013年,宋郑还先生获得了由Walter L. Hurd基金会及亚太质量组织(APQO)颁发的2013年Walter L. Hurd执行官奖章,这也是中国企业家首次获得这一奖项。

2013年,宋郑还先生被评为第二届江苏省"百名诚信之星"。

附录2:好孩子的发展历程

年度	公司重要事项
1989年	总裁宋郑还先生发明了一款多功能摇篮式婴儿车,创立好孩子品牌
1991年	为抵制市场仿冒,提出"自己打倒自己",组建好孩子产品研发部
1993年	好孩子婴儿车登上中国销量第一的宝座
1994年	在北京成立第一家分公司
1996年	好孩子婴儿车开始依靠"中国创造"进入美国市场;同年,在北京王府井百货大楼成立第一个直营专柜
1999年	好孩子婴儿车产品开始占据美国销量榜首
2000年	好孩子品牌开始延伸到婴儿车以外的儿童耐用品品类
2000年	好孩子育儿网创立
2002年	好孩子产品开始销往欧洲市场
2002年	与Nike公司签订全国总经销协议,第一家Nike Kids专卖店在上海百盛淮海路店开业
2006年	好孩子婴儿车产品成为欧洲销量第一;同年,在上海开设首家一站式母婴用品专卖店
2007年	好孩子开始以自有品牌进入日本市场,成立美国、欧洲和日本研发中心
2009年	开辟分省会模式,开创母婴行业市场运作先河,奠定深度分销基础
2010年	好孩子"摇篮到摇篮"项目获得荷兰国家馆"知识公司贵宾周"唯一的"最具革新的项目"奖,开始在集团全面推行"摇篮到摇篮"发展理念;同年,第五个研发中心在我国香港成立,好孩子国际控股有限公司以1 493的超额认购倍数在香港联合交易所上市
2011年	推出首批EQO产品,获得美国加利福尼亚"摇篮到摇篮"认证中心银级认证
2013年	开创好孩子星站gb Kids Station多品牌集合店新型商务模式
2014年	好孩子并购Cybex和Evenflo公司
2015年	移动客户端"妈妈好"App上线,O2O平台正式启动

案例使用说明

一、教学目的与用途

（1）本案例主要用于 MBA、EMBA 项目的《企业伦理与文化》《品牌管理》《战略管理》等课程。

（2）本案例教学目的在于使学员理解品牌战略与企业文化之间的关系，在此基础上，思考如何进一步将企业文化与品牌战略、社会责任有效融合，建立适合企业文化的品牌战略。

二、启发思考题

（1）好孩子的企业文化是什么？包括哪些内容？企业领导人对企业文化有何影响？

（2）从该企业看，企业文化与品牌战略之间有什么关系？

（3）结合该案例，分析企业文化与社会责任的关系。

三、分析思路

教师可根据自己的教学目的与目标来灵活使用本案例。这里提出本案例的分析思路，仅供参考。

（1）好孩子的企业使命是："关心孩子、服务家庭、回报社会"，"改善儿童生存环境，提高儿童生活品质"；公司愿景是："让全世界的孩子都能拥有好孩子！"

企业文化的基本要素是物质，这里的物质就是企业生产的产品和提供的服务。优秀企业提供优秀产品、优质服务，好孩子就是执着于一个行业、执着于一个品牌的优秀企业。好孩子关心并陪伴着全球宝宝的健康成长，为每个家庭提供了从怀孕准备期到学龄前各个阶段的科学育儿方案。"好孩子"为孩子们准备了童车、童床、餐椅、儿童服饰、哺育用品等几千种儿童用品，并为年轻父母们提供了专业育儿网、亲子俱乐部、呼叫中心等全方位、无间隙的服务方式。

企业文化包括行为文化。企业文化是企业中一整套共享的观念、信念、价值和行为规则，可以促成一种共同的行为模式。在企业文化建立的时候必须以人为本。好孩子企业行为文化体现在"爱""创新"和"组织学习"，主要围绕产品而开展。企业文化的"爱"体现在用人方面和承担社会责任,将核心价值观与公司的用人标准和社会责任结合起来。企业创新文化则体现在公司产品研发和品质保证等方面。好孩子的"组织学习"最初以利用式学习为主导学习方式,以 OEM 起家,除此之外,因为新创企业面临环境的不确定性,最初的学习方式还体现为被动的、单一的探索式学习。初期知识来源主要是两个:一是从过去的经验中进行学习。好孩子对客户体验有深刻认知:刚开始简单认为只要严格地按照国家标准生产即可,但这仅仅是第一道关。保持客户的忠诚度是第二道关。客户购买公司产品后不退货并不能说明客户喜欢你,消费者喜欢你是第三道关。二是从同行身上进行学习。公司副总裁曲南如此定位和同行的关系:"我们不是竞争对手,而是潜在合作伙伴。我们要给合作伙伴提供核心竞争力,要给他们最棒同时又是领先行业的明星产品。"当前公司能够娴熟地同时进行探索性和利用性学习,既能探索掌握行业前沿新知识、新管理经验,也能利用这些知识和经验。

企业文化包括制度文化。企业一方面要靠制度约束,另一方面要对员工进行全面的塑造,要使员工从"要我管理"转入"我要管理",也就是让他们培养习惯守则的意识和习惯。宋郑还先生是好孩子集团的创立者,以他为核心的领导人经历了企业从小到大的创业历程,为企业的创建和发展做出了决定性的贡献,他的理念、领导风格在企业的核心价值和运作模式上留下了深深的烙印。未来,好孩子集团应及早推进和完善人才储备,进一步完善企业制度管理,建立基业长青机制。

企业文化的核心要素是企业价值观。在做自己的品牌管理的时候,应当把产品、人品和企业的品德及品位进行"三品合一"。"三品合一"的文化,是企业品牌管理跟企业文化建设完全结合在一起。好孩子集团企业文化建设特别注意以下两点:一是建立健全对症的管理模式,就是要建立健全企业文化的运行机制,使企业文化更加可控和规范;二是培育企业文化价值观,企业的本质是组织的价值观的共享,在企业组织这样一个特定组织里,必须培育共享价值观作为基础。

企业总裁的真正任务是塑造并管理企业的价值观,优秀的企业已经形成的文化体现了企业的价值观和杰出领导人的实践活动。

(2)从企业发展角度看,企业文化的建设要与企业战略及品牌发展相匹配。良好的企业文化可以为企业营造良好的经营环境,提高员工素质,规范员工行为,对内形成凝聚力、向心力和约束力,成为企业发展中不可缺少的精神力量;对外则提高企业品牌形象和核心竞争力,使企业的资源能得到更为合理有效的配置。

企业文化与品牌都深远地影响着企业长远发展,决定企业的成败兴衰。从战略高度来讲,企业文化和品牌都必须支持"战略实现"和"战略的落地"。因而,企业文化与品牌都是核心竞争力的必然要素,两者都是塑造企业影响力、控制力、领导地位的有力武器。其中,企业的核心价值观起着决定性作用,为品牌和企业文化建设指明方向。同时,两者的建设都是缓慢和持久的,企业经营和管理的点点滴滴都会影响到建设的质量。

企业文化与品牌都是企业核心竞争力形成的必要因素,但是企业文化强调内部效应,包含了价值观和管理的范畴,而品牌强调外部效应,基本属于经营的范畴。外部效应内部化,内部效应外部化,这是企业发展的趋势。

就企业追求的终极目标来看,是要实现品牌价值的最大化,而不是强势文化。企业文化帮助战略落地并促进品牌价值的提升。所以企业文化是品牌价值实现的手段和保证,它可以协调经济效益和社会效益的动态平衡。因而企业文化是"本",品牌是"标"。

从外部消费者而言,他们只能通过品牌来识别不同的企业文化。所以可以这样说,品牌是文化的载体,文化凝结在品牌中,也是对渗透在品牌经营全过程中的理念、意志、行为规范和团队风格的体现。因此,当产品或服务的同质化程度越来越高,企业在质量、价格、渠道上越来越不能制造差异来获得竞争优势时,品牌正好提供了有效的解决之道。

(3) 企业文化是企业的核心竞争力,企业社会责任同样是企业谋求长远发展的必备素质。企业文化和社会责任是鱼水关系。企业是社会的组成部分,企业建立和发展离不开社会,社会是企业利益的来源。任何企业,不管是提供产品还是提供服务,都是为了社会的人们,都是在对社会做出贡献,在履行社会责任,所以企业文化首先应该具有社会责任,不管是企业的领导者还是职工,都要有为社会做贡献的思想。

企业的文化与企业社会责任是相互促进的关系:一方面,企业构建自己的核心文化时要充分考虑到社会责任,积极主动地承担社会责任,这不仅会给企业带来好的声誉,吸引人才,而且能够增加顾客的满意度和忠诚度,使企业获得经济回报;另一方面,企业的社会责任感能够加强企业文化的凝聚功能,增强企业文化的激励和约束能力,明确企业文化的发展方向。企业可以依据自身承担的社会责任来打造自己的强势文化,进而将企业做强、做久,塑造强势品牌。

四、理论依据与分析

本案例涉及的主要理论：

1. 企业文化理论

企业文化是一个组织由其价值观、信念、仪式、符号、处事方式等组成的其特有的文化形象,该理论于20世纪80年代初期发源于日本,形成于美国。该理论强调企业文化及企业精神、企业价值观在企业发展中的重要作用。该理论认为企业文化是企业发展中形成的共同理想、基本价值观、作风及行为规范的总称,是企业经营哲学的体现。企业文化是一个有机的系统,从形式上看,由核心层、中间层及外围层构成;从内容上看,包括理念层、制度层及行动层。企业文化要在企业的各方面得到体现与落实。

企业文化是企业的灵魂,是推动企业持续发展的不竭动力。它包含着非常丰富的内容,其核心是企业的精神和价值观。这里的价值观不是泛指企业管理中的各种文化现象,而是企业或企业中的员工在从事经营活动时所秉持的价值观念。

企业文化管理具有以下几个特征：第一,从人的心理和行为特点入手,培养企业组织的共同价值观和企业员工的共同情感,从而形成企业自身的一种文化氛围;第二,以企业文化培养、管理文化模式推进为出发点,激发员工的工作自觉性和积极性;第三,秉承以人为中心的管理思想,充分发挥文化覆盖人的心理和生理的作用。这种管理理念主张通过文化来对企业的生产经营活动进行管理,从过去强调命令和服从的传统管理理念,转向注重企业文化驱动性和影响力的现代管理理念。企业管理者运用企业文化来塑造员工的思想,使他们为这种文化所指引,成为这种文化的自觉执行者和推动者,最终实现企业市场行为的一致化和内部管理的有机化,从而形成和提升企业的核心竞争力。

2. 大品牌战略理论

品牌战略是企业实现快速发展的必要条件。大品牌战略(big brand strategy)是将品牌提升到企业发展战略层面的理念。进入21世纪以来,伴随着品牌内涵的日益多元化,人们对品牌理论的研究也不断深入和丰富,逐渐从一个全新的、更宽广的视角去认识品牌的内涵及其所处的复杂环境,以求建立起新的品牌理论和品牌管理模式。2008年,艾维思特(Everest)品牌管理咨询公司在多年品牌咨询理论与实践的基础上,提出了"大品牌战略",主张从企业战略的高度创建与维护品牌资产,并研发了大品牌战略模型。

大品牌战略的内容有：

（1）从企业战略层面规划品牌。随着企业规模不断扩大，企业开始重视长远发展，开展市场调研，制定战略规划。然而大多数企业的战略规划只是有了清晰的经营目标、发展方向、营销方式、业务结构等，却欠缺对品牌的长远规划，未能做到品牌关系清晰界定、品牌架构合理规划、品牌定位鲜明一致、品牌文化独特坚定等。许多百年企业的经验说明，将企业作为品牌来打造是企业长盛不衰的重要原因。

（2）以全局思维建设品牌。企业是一个复杂的生态系统，尤其是具有一定历史和文化基础的企业，建设品牌不仅是设计一套VI（视觉识别）、提炼一句口号、做点系列广告，还要综合考虑企业的内外部资源和未来规划，有计划有目标地建设品牌，否则很容易出现短期赢长期输、舍本逐末、昙花一现的结局，也难以构建起长远的品牌竞争力。

（3）用整合方式来传播品牌。品牌传播的实质是传播企业综合特质，包括价值观、管理行为、视觉表现等，要根据不同传播内容、不同传播对象、不同市场环境采取相应的传播方式，以达到事半功倍的效果，避免资源浪费。

（4）让全员参与来打造品牌。在重视产品的时代有"全员质量管理"理念，在重视营销的时代有"全员营销"理念，在品牌时代要提倡"全员品牌"理念。员工是品牌传播的重要载体，品牌首先要得到员工的认同，要让员工知道他们就代表着企业品牌，否则打造品牌只是一句空话。

（5）用专业人才来管理品牌。品牌作为企业最重要的资产，需要通过专业管理以实现资产的保值增值。品牌管理与营销管理、财务管理类似，也需要专业技能、专业知识、专业能力。品牌管理包含了品牌计划、品牌制度、品牌预算、品牌评估考核等事项，所以实施大品牌战略必须要有专业人才来管理品牌。

2. 企业社会责任理论

企业社会责任理论强调企业对利益相关者（包括股东、雇员、顾客、供应商、债权人、政府和社区等）的利益保护问题，认为企业有责任和义务为利益相关者和社会创造财富。

众多学者对企业社会责任的定义、企业为什么以及如何承担社会责任等问题提出了自己的观点，极大丰富了社会责任的理论内容。目前，社会责任履行情况已成为衡量企业价值的重要标准。

五、关键要点

（1）本案例关键知识点有：企业文化、品牌战略、品牌创新、社会责任、国际竞争力。

（2）理解企业文化与品牌战略之间的关系。

（3）理解企业文化与社会责任之间的关系。

六、建议课堂计划

本案例可供专门的案例讨论课使用，课时计划约为100分钟（2个课时）。

以下是按照时间进度提供的课堂计划建议，仅供参考。

1. 课前计划

提前1周发放案例，提出启发思考题。要求学员学习相关理论并利用互联网掌握行业背景知识。请学员在课前完成案例材料阅读和初步思考。

2. 课中计划

首先，由教师作简要的课堂发言，主要介绍本案例大致内容、案例涉及的问题，明确案例讨论问题（5分钟）。

其次，开展分组讨论（30分钟）。安排学员按小组就座，每小组由5名学员组成（以50人的班级为例，可分为10个小组）。要求各组针对启发思考题进行讨论，并整理、归纳发言内容。

再次，由小组代表在班级讨论中发言。要求每组发言代表概述本小组对案例问题的分析和解决思路（每组5分钟，总时间控制在50分钟左右）。

最后，教师归纳总结。教师针对本案例关键点引导学生进一步讨论，并结合各小组陈述情况进行归纳总结（15分钟）。

3. 课后计划

如有必要，请学员在课堂讨论的基础上，采用报告形式给出更加具体的解决方案，以小组名义提交书面案例分析报告。

七、参考文献

[1] 阿奇·B.卡罗尔,安·K.巴克霍尔茨.企业与社会：伦理与利益相关者管理[M].北京：机械工业出版社,2004.

[2] 魏文斌,洪海.苏州本土品牌企业发展报告（驰名商标卷）[M].苏州：苏州大学出版社,2014.

[3] 宋郑还.世界的"好孩子"[J].中国对外经贸,2007(11):38-40.
[4] 刘海建.转型升级中的学会学习:好孩子公司案例研究[J].科研管理,2015(7):122-129.
[5] 杨珩.浅论母婴用品购买者消费心理行为及其营销对策[J].中国市场,2015(14):10-11,23.

旭日装饰的企业文化升级之路[①]

摘　要　本案例描述了旭日装饰集团企业文化形成和升级的实践历程。旭日装饰于1998年创业，2003年开始第二次创业，提出"专注、创新、卓越"的企业精神和"让更多的人有更好的家"的企业使命。2010年开始企业文化的第一次升级，建立了一整套企业文化体系；2012年开始企业文化的第二次升级，引入稻盛哲学，追求员工物质和精神双幸福；2013年开始企业文化的第三次升级，引入中国传统文化，依靠文化的力量打造幸福企业，提升企业和员工的幸福力。

案例以旭日装饰集团企业文化形成和三次升级为主要题材，重点描述了在企业领导人孙有富的带领下，旭日企业文化从"顶天"到"落地"的建设过程和极具特色的企业文化，目的是引导学员讨论企业文化"落地"和升级的内在机制，以及如何构建幸福型企业文化。

关键词　企业文化升级；企业文化建设；家文化；幸福型企业文化

江苏旭日装饰工程有限公司成立于1998年9月。创业初期的快速发展和成功，使当时的旭日赢得了许多掌声和喝彩，但快速扩张、过早多元化发展的矛盾也很快暴露出来。2003年4月，创办人孙有富董事长决定对旭日进行转型，于是，旭日开始了第二次创业。就是在第二次创业之时，旭日提出了自己的企业使命和愿景。从2003年开始到现在，旭日专注家庭装饰，确定了做"中国产业化家装领跑者"的战略定位。在此阶段，旭日不断进行产业化超越，形成了一套自己独特的产业化家装六大系统：设计系统、工程系统、旭日集成产业园物流系统、ERP信息化管理系统、旭日企业大学培训系统和直营连锁集团管理系统。

旭日装饰发展到一个新的阶段后，旧有的企业文化已经无法满足企业

[①]　本案例根据公司实地调研素材编写，硕士生沈正参与了调研和资料整理，作者拥有著作权中的署名权、修改权、改编权。本案例授权中国管理案例共享中心使用。由于企业保密的要求，在本案例中对有关名称、数据等做了必要的掩饰性处理。本案例只供课堂讨论之用，并无意暗示或说明某种管理行为是否有效。

发展的需要。一个不断发展的企业,需要不断注入属于它的精神血液。于是,在 2010 年 8 月,旭日进行了较为全面的企业文化升级,在此次企业文化升级中,建立了一整套企业文化体系,形成了《旭日誓言》《旭日之歌》《企业文化手册》等标志性企业文化成果,实施了企业文化传播及落地系列方案。当前,旭日装饰企业文化建设已彰显特色,企业文化升级已取得 3 项省级荣誉成果和市级示范单位称号:《旭日之歌》于 2011 年 11 月在"江苏省企业文化节"企业歌曲大赛中被评为"江苏省优秀企业歌曲";江苏旭日装饰工程有限公司内刊《居艺堂》于 2011 年 12 月获评"江苏省优秀企业内刊";孙有富董事长于 2012 年 1 月获评"江苏省企业文化建设先进人物";公司于 2012 年获评"江苏省企业文化建设示范单位";公司于 2012 年 8 月获评"苏州市企业文化建设示范单位"。

一、旭日装饰的发展历程

江苏旭日装饰工程有限公司的创办人孙有富于 1992 年毕业于扬州大学建筑系,毕业 4 个月后来到昆山建委工作。1998 年 9 月 28 日,是旭日装饰开张庆典之日,也是孙有富从建委辞职下海创业以及旭日房产开业一周年。在剪彩和一阵喜庆鞭炮声之后,一个新的创业团队和他们的创业精神展现在到场的嘉宾和市民面前。这一天让旭日人印象最深刻的是,孙有富把他的人生座右铭用偌大的画匾挂在公司底楼大厅:"人因梦想而伟大,因追求而卓越"。

20 世纪 90 年代,中国房地产市场开始兴起。1993 年,整个房地产投资快速膨胀;1994 年、1995 年,国家进行房地产调控;到 1996 年、1997 年,全国各地普遍出现烂尾楼。连红极一时的巨人集团也因巨人大厦而轰然倒塌。当时正在建委工作的孙有富,感觉收购烂尾楼进行改造是个大好机会,便抱着一种投机的心态,从建委下海成立了旭日房产,收购烂尾楼进行改造、装修。这是孙有富和旭日人的第一次创业。

孙有富的第一次创业起步比较顺利,旭日房产很快就获得了大笔资金和众多项目,于是在 1999 年快速进行规模扩张,先后涉足酒店、商场、家具城等,开设了旭日装饰设计事务所、旭日地板厂、旭日木门厂、旭日橱柜厂,2000 年开设当时昆山规模最大、面积达 8 000 多平方米的旭日家具装饰城。同时,旭日走上了品牌延伸发展之路,开设旭日酒店、旭日综合商场、旭日广告公司。很快,旭日成了昆山家喻户晓的品牌,并于 2001 年 8 月进军苏州,成立旭日装饰苏州公司,公司总部由昆山迁至苏州,开始走家装连锁经营之路。

旭日在创业初期的快速扩张、过早多元化发展的矛盾很快暴露了出来。旭日房产依然比较赚钱,但其他的产业从 2000 年开始亏本。在这样的情况下,旭日渡过了 2002 年这一坎坷之年。到 2003 年,孙有富决定对旭日进行整顿、转型,于是,旭日开始了第二次创业。2003 年 4 月 18 日,是旭日创业史上具有里程碑意义的一天。这一天,历经坎坷的旭日人,在董事长孙有富的带领下,立下了第二次创业的誓言。旭日人要花 50 年、100 年做好一件事:让更多的人有更好的家。百年旭日的愿景规划从此诞生:做中国产业化家装领跑者,创中国家装业典范。

当时为什么提出第二次创业?孙有富认为,太容易赚的钱经过几年的折腾,已经消耗得差不多了,旭日需要重新审视自己,需要思考未来的方向,需要寻找一个有未来的产业、打造一个长久品牌进行长期发展。几经思考,孙有富带着从几百个人里留下来的三四十个员工,把总部从昆山迁到苏州,再次创业,"旭日房产"也改名叫"旭日装饰",把之前不相关的产业全部停掉,彻底只做装饰行业,并且只做装饰行业当中的家装,提出打造"百年旭日",同时也提出"一百年做好一件事",那就是家装,让更多的人有更好的家。

2003 年,全国已经有了一些家装公司,甚至北方一些公司已经开始南下做直营连锁。不过家装企业到外地扩张还是比较新奇的做法,用承包制、加盟、贴牌的比较多。北京的业之峰、深圳的满堂红扩张比较早,而苏州也已经有台北、港龙等公司,整个行业虽处于一种朝气蓬勃、欣欣向荣的状态,也难免有一些浮躁。在旭日进行第二次创业的时候,孙有富把旭日定位为"彻底只做装饰行业"。什么叫"彻底只做装饰行业"呢?孙有富当时提出两个"永不":永不涉足投机性产业,永不进入住宅家居以外的产业。这些年里面有很多机会,旭日集团向多元化的方向发展可能发展得更快,但旭日坚持这个原则,从 2003 年开始到现在,专注家装,把家装产业化做好。

经过十多年的发展,旭日以集团化、连锁化的直营发展模式,全面覆盖苏州、无锡地区,投资成立苏州、昆山、太仓、吴江、盛泽、常熟、张家港、无锡、宜兴、江阴等十四家直营分公司(南京公司、常州公司和南通公司正在筹建)和苏州、无锡、昆山、常熟四家名品套装体验馆,并拥有 1 家产业基地、1 所旭日企业大学,员工人数 600 多名,旭日铁军 2 000 多名,以及工厂员工 300 多名。2006 年,旭日装饰投资 3 000 多万建立 8 000 平方米的旭日集成产业园,开始了家装行业的集成化、产业化变革。2007 年,旭日集成产业园再度升级,全市规模最大的集成家居生活馆盛大开业,全国首家旭日企业大学正式建成。经历多年的探索磨炼之后,旭日装饰已经形成了一套自己独特的产业化家装六大系统:设计系统、工程系统、旭日集成产业园物流系统、ERP 信息化管理系统、旭日企业大学培训系统和直营连锁集团管理系统。2008年,在产业化变革的基础上,旭日装饰又在全国首家推出"轻松省钱一站定"装修方案——产业化家装,再次调整了行业风向标。2009年初,旭日装饰确定企业的战略规划,将企业的商业模式确定为旭日名品套装,投资建成全国行业最大规模产业基地、全亚洲最大面积整体家装展示中心——旭日名品套装体验馆。

如今,旭日装饰集团已经拥有 14 家直营连锁分公司、4 家整体家装体验馆、1 家产业基地、1 所旭日铁军生活培训基地,实现了长三角地区市场占有率遥遥领先。

二、旭日装饰的企业文化基因

一个企业具有优秀的文化,大多是因为企业家对企业文化产生了巨大影响力。企业家往往就是该企业的创办人,他本人的价值观及价值选择和企业最终的文化选择高度一致,并身先士卒,带领团队奋力向前。这就是"头狼"效应。可以这样说,企业文化是由企业家主导的,他既是企业文化的设计者、倡导者,也是企业文化的推动者、实践者和领头者。

1969 年 6 月出生于苏北农村的孙有富,1992 年毕业于扬州大学建筑系,毕业后就职于老家的一家轴瓦厂,4 个月后他来到昆山建委工作。从学生时代起,孙有富就给自己树立了一个长期的事业愿景:自己未来要成为商业领袖,能够打造一个商业帝国。为了自己的事业愿景,孙有富看准时机,毅然抛下"铁饭碗"下海创业。2004 年,为了更好地推动"集成化、产业化"的变革,旭日提出了"让更多的人有更好的家"的企业使命。家是心灵的家园,充满爱心;家是力量的

孙有富和旭日的企业使命
"让更多的人有更好的家"

源泉,充满责任;家在一个人心目中占有重要分量,家的文化带来企业文化的转变。家的和谐有助于社会的稳定,旭日从中发现家居产业具有伟大的时代意义和社会意义。随着公司的发展壮大,管理人员也在逐渐增加,完善企业文化对旭日的发展显得更具有必要性。

愿景就是一个企业创办人和他所创办企业的梦想。愿景不可能轻易实现,可能实现也可能实现不了,但它能让人热血沸腾。孙有富在公司成立的第一天就把他的人生座右铭"人因梦想而伟大,因追求而卓越"挂在公司底楼大厅。旭日在2003年第二次创业时明确了公司的愿景:中国产业化家装领跑者。如今的旭日在"让更多的人有更好的家"的企业使命指引下树立了百年愿景:成为全球家居装饰产业的领导品牌,成为推动人类社会家庭幸福最伟大、最进步的力量。

三、旭日企业文化的第一次升级

2010年,即在旭日装饰第二次创业阶段,孙有富作为企业文化建设中的首席执行官,亲自带头开始了旭日集团企业文化的转型升级。

2010年8月27日,旭日全体高管召开了"树山会议",标志着旭日企业文化升级的开始。旭日发展了12年,旧有的企业文化已经无法满足企业发展的需要。一个不断发展的企业,需要不断注入属于他的精神血液。在此次企业文化升级中,"人本"成了最核心的概念,旭日要成为一个更加以人为本的企业。在此次企业文化升级中,形成了《旭日誓言》《旭日之歌》等标志性的企业文化成果,全体旭日人也在此次企业文化升级的带动下,积极转变,争做"懂欣赏、常成长、有热情、重执行"的新旭日人!

旭日在企业文化升级前,企业精神的表述是:专注、创新、卓越。2010年8月企业文化升级时,增加了以人为本的内容,把旭日发展过程中积累和形成的企业精神提炼概括为:人本、成长、关爱、专注、创新、卓越。同时,旭日把核心价值观概括为:以人为本,追求卓越。这不只是一句口号,而是发自内心的肺腑之言,是企业领导人在企业经营过程中身体力行并坚守的理念,也是企业拥有的终极信念。

为了让旭日的企业文化理念转化成员工的行为习惯,旭日装饰于2007年5月创办了国内家装行业首家企业大学——旭日企业大学,制定了《企业文化培训制度》,设立了文化推行委员会,成立了企业文化讲师团,为企业文化的全面推动工作注入了强大的动力。高管示范、全员参与成为旭日企业文化升级落地的强有力保障。在企业文化推行委员会的大力推动下,企业大学将通过系列机制以及各种形式的活动促进企业文化的全面落实。为了让旭日理念深入人心,使得旭日的品牌和文化得到进一步的推广,旭日装饰核心高管带头,成立并推行企业文化讲师团。企业大学主导的全体旭日人的企业文化培训,将企业文化升级的内容贯彻到旭日全体员工。

作为企业文化建设的首席文化官,孙有富带头开始了旭日集团企业文化全新升级的革命:亲自撰写《写给新旭日人的一封信》;亲手写下了《旭日誓言》,饱含了一位企业带头人对于企业未来坚定的信念;亲自为《旭日之歌》作词,表达了一位企业带头人对于员工深深的关爱;在他的主导和策划下,完成了旭日《企业文化手册》的编写工作;他全程参与策划"新旭日人"打造启动会流程,在大型培训中,更是亲力亲为,除了作为讲师以外,参与到每一个环节中去,和旭日人一起享受荣誉,和旭日人一起履行承诺。

旭日把企业文化落地分为四个阶段,具体如下:

一是认识,即"入脑",就是在思想上认识——知道,员工对企业的文化有全面充分的认识,员工与企业就企业文化达成了共识。

二是认知,即"入心",就是在观念上接受——相信,员工随时都接受企业文化的影响,员工与企业就企业文化达成默契。

三是认同,即"入髓",就是在意识上赞同——行动,文化理念已成为员工的一种潜意识,形成了一种不可言传的心理共鸣,员工在行为上以企业文化为导向。

四是自觉,即"见行",就是在行为上自觉——成为习惯,企业的价值观成为员工的价值观,企业的文化理念已成为员工的信仰,融入员工的行为习惯,员工主动按照文化的导向去行动,自觉履行岗位责任,自主执行上层决策,达到员企合一,知行合一。

旭日企业文化推行的组织架构如下:

· 企业伦理与文化案例精选 ·

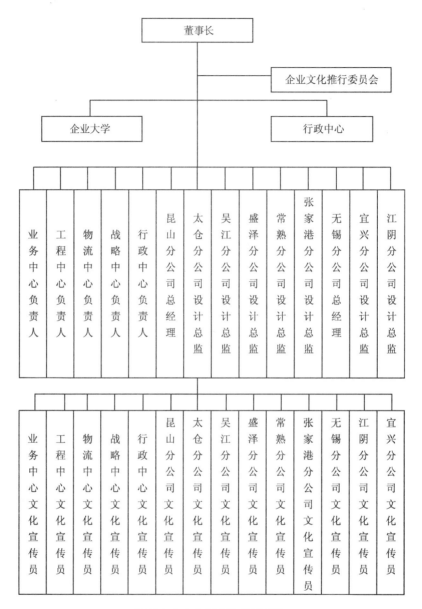

旭日企业文化推行的组织架构

旭日在企业文化落地方案中对企业文化的推动工作做了相应分工,规定各系统及各分公司负责人都是本部门的"首席文化官",在日常工作中督促员工践行企业文化;各主管积极配合企业大学做好大型培训的组织安排以及文化上墙工作,并积极将董事长的理念与思想在部门内交流分享;企业文化宣传员协助本部门或分公司"首席文化官",对本部门企业文化推广工作进行具体执行跟进和执行情况总结汇总,与企业大学对接本部门或分公司企业文化执行情况。

企业制度的贯彻需要通过培训进行"文化洗脑"才能使员工从内心认识、认知、认同本企业文化。要把一个自然人、社会人塑造成一个"企业人",必须把优秀的文化内化为员工的思维模式,这一过程的主要载体就是培训。旭日通过学习会、悦读会、集思会、文化目视系统、誓言宣读机制、文化内刊《居艺堂》和《企业文化报》等文化氛围,有效实施了企业文化传播及落地系列方案。

企业文化不只是董事长文化,不只是高管文化,只有全员参与的文化才是真正的企业文化。通过全员培训、学习、各类比赛等进行企业文化的宣传,可以让企业文化深入人心,成为全员的企业文化。为此,旭日每年都举办全员大型培训。大型培训的目的在于营造一种全员参与的氛围,通过大型培训,员工即时获得了公司要宣导的内容;通过各种培训形式的结合,员工能更好地理解企业文化的内容,有助于全员践行企业文化。

在此次企业文化升级中,旭日建立了一整套企业文化体系,形成了《旭日誓言》《旭日之歌》《企业文化手册》等标志性企业文化成果。

四、旭日企业文化的第二次升级

旭日在企业文化升级中,建立了自己独具个性的企业文化体系,主要包括以下方面:

1. 企业使命和愿景

企业使命是企业核心价值观的载体与反映,是企业生存和发展的理由,是企业一种根本的、最有价值的责任和任务,它要回答"企业要做什么、为什么这样做"的现实问题。使命体现了企业全体员工的行为共识,是引导和激发全体员工持之以恒,为企业不断实现新的发展和超越而努力奋斗的动力之源;使命不仅包括目前面临的任务,更涵盖企业领导人和全体员工对企业过去的认识、反思以及对未来的期望和判断,揭示了企业成长的基本原则和思路。早在2004年,旭日就提出了"让更多的人有更好的家"的企业使命。它的内涵是:"专注家居装饰,传递人性关爱,谋求家庭幸福"。旭日的工作目标就是为客户打造幸福温馨的家庭环境,给客户以关爱,这才是旭日发展的源泉。

旭日在2003年第二次创业时明确了公司的十年愿景:中国产业化家装

领跑者。同时,旭日树立了百年愿景:成为全球家居装饰产业的领导品牌;成为推动人类社会家庭幸福最伟大、最进步的力量。

2. 企业价值观

旭日的企业价值观是:敬重人性,崇尚关爱,坚信付出终有回报。

每个人都是这个世界上最伟大的奇迹,每个人内心都隐藏着一个真我,它代表着真善美,它符合了"人本上、人本善、人本智、人本正"的人的四大本质。这个真我还凝聚了宇宙无限的能量,只要通过恰当的方式,人就能爆发无限潜能,所以我们不仅要相信每一个人,还要敬重每一个人,这个敬重体现在对人性的态度,更体现在待人接物时的言行举止,甚至是看每个人的眼神,我们应该为每一个生命奇迹奉献上尊敬之情、关爱之心。

人性是伟大的,但每个人的力量是有限的。如何激发出人性最光辉的一面,唯一的方式就是给人以关爱。爱,能激发出人性中的真善美,激发出内心真我的无限能量。当爱与被爱的需求被满足,就会产生受人尊敬的自我价值感的需求,从而最终产生自我实现需求的强大内心能量。如何才能实现对员工的关爱和员工的相互关爱,打造大家庭关爱文化?这需要管理者和员工、员工和员工之间,能建立像家长和家人、家人和家人之间的关系,因为家是我们每个人心灵的家园、力量的源泉,家人之间的爱是最无私的爱,家人之间的关怀是最令人感动的关怀。旭日企业文化以大家庭的关爱文化为基础,企业的各项制度和经营措施都以关爱文化为核心,每位企业管理者率先垂范,处处体现家长对家人的关爱精神。

3. 企业精神

旭日在企业文化升级前,企业精神的表述是:"专注、创新、卓越"。在2010年8月企业文化升级时,孙有富增加了以人为本的内容,把旭日发展过程中积累和形成的企业精神提炼概括为:"人本、成长、关爱、专注、创新、卓越"。

4. 企业理念

旭日从公司整体的企业精神、信仰、作风形成自己的企业理念,这些理念写在《旭日企业文化手册》中,孙有富也多次进行解读。旭日的企业理念主要有:品牌理念、人才理念、团队理念、管理理念、经营理念和客户服务理念等。

在企业转型升级过程中,企业经营理念并非一成不变,可根据新的发展阶段进一步加以提炼和概括。在2012年的企业文化升级中,孙有富把旭日的经营理念提炼和概括为:"在追求员工物质和精神方面幸福的同时,为社会主流阶层营造完美居家空间,从而更好地为提升人类家庭幸福做出贡献。"

2012年年初,旭日集团在大家长孙有富董事长的带领下,开始了新一轮的企业文化升级之路。孙有富经常思考这样的问题:人活着的意义是什么?工作到底是为了什么?作为企业,何谓正确?稻盛和夫作为"经营之神",他的哲学思想和经营理念被全球很多企业家津津乐道,旭日也在这个时候有幸与稻盛哲学结识,而细究旭日企业文化,其核心内涵与稻盛哲学不谋而合。

于是,孙有富带着对这些问题的深度思考,带领全体旭日人围绕"敬天爱人""作为人,何为正确"的基本原理开始了自我修炼,"每日反省、日行一善"成为旭日人每天的必修课;"员工第一"的理念被首次明确,追求员工物质和精神两方面幸福的同时,为社会大众提供完美居家空间成为旭日企业使命的新内涵。

为了让所有的中高层主管能在第一时间全面深刻地认清当前形势,更好地激发全体员工的潜能,2012年5月31日,旭日召开了企业文化与业务战略转型会议,孙有富围绕稻盛哲学的"敬天爱人"思想、"六项精进"等进行深入分享,引起家人们的情感高度共鸣。会议总结时,孙有富发自内心的总结分享,更让旭日人感受到了强大的正能量:信心、决心、勇气和智慧,这种能量在家人的拥抱中升华!

2012年6月2日,孙有富前往重庆,亲历2012年度稻盛哲学重庆报告会的盛大现场,并与稻盛先生近距离接触,体验稻盛哲学的非凡气场,深度感悟稻盛哲学的核心和精髓。2012年6月9日,集团高层在体验馆六楼会议室进行了稻盛哲学的深度分享,各位高管分享了学习稻盛哲学后在行为和思维上的转变。2012年6月13日、6月15日,公司分两批次举行了"提升心性,幸福人生"旭日企业文化升级主题报告会。

2012年6月至10月,稻盛哲学的实学系统开始在旭日集团落地实施。公司改革原有建制,分别成立以各个分公司、各个产品版块及管理系统为原型的独立核算事业部,在实现全员参与经营的实践上走出了关键一步。

五、旭日企业文化的第三次升级

2013年,为了适应企业第三次创业目标——将企业打造成全球幸福企业大家庭的典范,旭日将企业大学升级为幸福大家庭推进中心。幸福中心的工作内容包括八大模块:

1. 人文关怀

旭日装饰集团在公司内部倡导"家"的氛围,从新员工入职第一天起,即有专人对其进行爱的呵护,不仅在工作、学习、生活上给予他们最大的帮助,更通过陪伴志工的言传身教,在思想、行动、情感上帮助他们尽早融入公司的大家庭。同时,旭日针对困难员工以及有特别需要的员工家庭进行特别照顾。即使是离职员工,旭日也当作自己的家人。公司的关怀举措不仅针对员工本人,员工的父母、子女、家庭等都是公司关注的对象。公司特设黄金老人关爱计划以及幸福宝宝关爱计划,照顾员工年迈的父母公婆,并让员工带薪回原籍地照顾自己的孩子,关注留守儿童的健康成长。

2. 人文教育

人文教育是幸福企业之根本,在人文关怀的基础上提升员工的道德理念。孝亲尊师、善良朴实、敦伦尽分、恪守本分、乐于奉献,这些是中华民族的传统美德。通过圣贤教育可以让每一个社会人都能够扮演好自己在家庭、社会以及工作中的不同角色。这样的教育不仅限于学校,在社区、企业中都可以落实。

3. 绿色企业

这是企业社会责任的体现。公司秉持 4G 理念:绿色设计、绿色采购、绿色销售、绿色制造;在经营生产中践行绿色低碳,同时更注重生态环境的保护。

4. 健康促进

中国有很多家庭都是因病而贫,尤其对于个体的人而言,健康是至关重要的。"上医治未病",在 20 个世纪 80 年代,世界卫生组织就提出了健康促进的理念:人的健康以及寿命的长短与人的生活环境以及行为习惯息息相关。因此,旭日注重提升员工的工作环境、健康意识,以巩固幸福的基石。

5. 慈善公益

公司启发志工的爱心,教育志工内求知足,每个人伸出援手帮助需要帮助的人,用自己的点滴付出,换得更多人的幸福。对于弱势群体而言,物质的帮助是暂时的,心灵的抚慰更重要。旭日志工期盼把天下的老人视为自己的老人,把天下的孩子视为自己的孩子,让这个世界充满爱和温暖。

6. 志愿者拓展

公司倡导人人都是志愿者,积极培养公司志愿工作者以及幸福推广志工。公司志愿者是幸福企业八大模块的实践团队,幸福志工的职责是义务协助更多的企业、社区、学校等进行创建幸福典范,引导更多行业懂得以员工的幸福为第一要务,同时知道如何去落实。旭日期盼引领更多的企业、社区、医院、学校等团体真正落实幸福的理念并承担社会责任,让我们的社会更加和谐幸福。

7. 幸福记录

公司以创建和传播幸福企业的人品典范为使命,不只是一家做好,而是希望全中国乃至全世界的企业,包含所有爱心团体都能一起共同携手成长。因此在幸福大家庭推进中心创建之初,公司就安排人文志工进行文字、照片和影像的记录,为全面推广做好文档及相关资料的储备。交流与创建内容如下:① 采编中心。为幸福企业的成长记录历史,总结经验;体现为幸福企业的定期周报、月报、季报、年报,采用文字、照片、影像等各种形式进行幸福记录。② 主题中心。持续记录爱的足迹,引导员工乐于奉献、服务他人、回报社会。在报真导正的前提下,展开人品典范、人文典范的报道与主题分享。③ 宣传中心。从平面到立体,利用报刊、海报、公司网站等全方位记录旭日在幸福企业典范创建中的成长历程。④ 培训中心。负责人文真善美志工的专业培训与交流以及清流志工团队的拓展。⑤ 行政中心。强化志工资源的运作,负责人文真善美志工有形、无形资产的管理与使用。⑥ 企划中心。跨企业落实真善美的主题活动,宣传企划,负责各项真善美资源的整合与运用。

8. 敦伦尽分

每一个人到这个世间,都有自己的责任和义务。无论是在社会、家庭中,还是在自己工作的公司团体中,人人都应该承担起自己应尽的职责和义务。尤其在一个企业大家庭中,每个人都应该用恭敬心、感恩心以及尽职尽责的心去完成好每一项工作。

六、尾声

2012 年,旭日为了更好地调动每个旭日人的积极性,激发每个旭日人的潜能,提升每个旭日人的状态,培养大家的经营意识,同时更好地提升业务,降低各项费用,推动公司稳健、可持续地发展,各职能部门主管在孙有富董事长的带领下,将公司的组织架构做了重新梳理划分,将公司这个最大的阿米巴进行了调整,成立了地区分公司事业部与职能事业部。而如何做好事业部改革与阿米巴经营,从而真正实现"员工的双幸福"的企业经营理念和"让更多的人有更好的家"的企业使命,让企业的命运与员工的命运能够更好地联系在一起,是一个值得长期探究和实践的命题。

2013年,旭日将企业大学升级为幸福大家庭推进中心。幸福中心以打造幸福企业大家庭为根本目的,以旭日哲学和圣贤文化为根基,在旭日大家长的直接领导下,致力于弘扬中华民族的圣贤教诲,追求全体旭日家人物质和精神双幸福,最终为构建和谐幸福社会贡献出一份卓越的力量。对于旭日人来讲,这不仅是一场企业文化升级的运动,更是一次探寻生命本义、追求人生幸福的非凡旅程。

旭日人正在打造幸福企业的路上。

作者和旭日大家长孙有富(左一)
在明德堂前合影

附录1：孙有富简介

1. 概况

孙有富,男,1969年6月出生于江苏兴化,1992年毕业于扬州大学建筑系,毕业后就职于兴化安丰轴瓦厂,4个月后来到昆山建委工作。1998年9月创立江苏旭日装饰工程有限公司。现为江苏旭日装饰集团董事长、中国室内装饰协会副会长、江苏省室内装饰协会副会长、苏州市姑苏区人大代表,兼任苏州大学MBA企业导师。

2. 荣誉

孙有富先后荣获"苏州十大创业先锋""江苏省青年创业风云人物""江苏省室内装饰优秀企业家"等称号。2010年,孙有富获评"长三角家居行业推动力人物"、中国装饰行业20年突出贡献奖。孙有富作词的《旭日之歌》于2011年11月在"江苏省企业文化节"企业歌曲大赛中被评为"江苏省优秀企业歌曲"。2012年1月,孙有富荣获"江苏省企业文化建设先进人物"称号。2014年10月,孙有富获评十大"最苏州"品牌创始人。

附录2：旭日誓言

旭日誓言

我们是以人为本、追求卓越的旭日人
我们是真诚热情、严谨高效的旭日人
让更多的人有更好的家的崇高使命
和中国产业化家装领跑者的伟大愿景

在每个旭日人心中注入梦想
更让我们旭日人每天充满激情

有了梦想的力量
更需要专注的精神
我们志存高远
我们更脚踏实地
我们坚信人世间亘古不变的准则
付出终有回报

我们敬重人性
相信每个人都是善良有爱心的
每个人都是独一无二的
有智慧的个体
赛马更驯马的人才理念
让我们每个人公平地竞争
更让每个人更好地锻炼 更快地成长

我们崇尚关爱
专注家居装饰 传递人性关爱 谋求家庭幸福
是我们的事业方向
把客户当家人 给客户以关爱
是我们的服务理念

我们通过六年百亿、十年千亿、二十年卓越的目标
把企业打造成全球家居装饰产业的领导品牌
成为令中国人骄傲的世界名牌企业
在未来事业旅程中
我们一定还会历经坎坷
只要我们旭日人相互关爱、共同扶持
只要我们旭日人大胆突破、勇于创新
我们一定会成就伟大事业、收获幸福人生
因为我们是相亲相爱的一家人
因为我们有共同的信仰
敬重人性 崇尚关爱 坚信付出终有回报

附录3：孙有富访谈录

【课题组】孙董，请您概括一下旭日装饰的发展阶段，企业转型的不同阶段是如何调整企业文化的？

【孙有富】旭日装饰于1998年创业，2001年公司总部从昆山迁至苏州。以2003年为分界线，之前为初创阶段。2003年，旭日开始第二次创业，确定做"中国产业化家装领跑者"的战略定位，提出"专注、创新、卓越"的企业精神。2004年提出产业化变革，提出"让更多的人有更好的家"的企业使命。2005年，全国首创"旭日铁军计划"。2006年，旭日装饰集团全面进行"集成化、产业化"变革。2006年，旭日集团向外拓展，开始了连锁店的管理经营模式。2007年，创建国内装饰行业首家企业大学。2008年金融危机发生后，旭日集团全员树立了一个共同的信念："转危为机，信念领航。"2010年，旭日集团开始了企业文化的第一次转型升级，建立了一整套企业文化体系，编写了《企业文化手册》，并且举办了企业誓言每日必读、唱旭日之歌、征文比赛等活动。2012年年初，旭日集团推行稻盛哲学，开始了企业文化的第二次转型升级。

【课题组】您认为旭日装饰每个发展阶段的企业文化精髓是什么？

【孙有富】公司在2003年以前是初创阶段，那个时候需要把握机会，求生存，是企业文化的起点。2003—2010年是旭日装饰的第二次创业阶段，提出了"让更多的人有更好的家"的企业使命，确定了企业百年愿景——成为全球家居装饰产业的领导品牌，成为推动人类社会家庭幸福最伟大、最进步的力量。2010年之后开始回归人性本身，激发员工潜能，专注于人的能力提升。更强调东方管理文化，倡导大家庭文化，更加注重人生幸福。文化转型的重点是追求员工的幸福。2012年推行稻盛哲学，首次明确"员工第一"的理念。

【课题组】旭日装饰从创业之初到现在的快速发展，您认为取得今天这样成就的最关键的因素是什么？

【孙有富】我觉得是旭日人的精神，旭日人的创业精神、开拓进取的精神，旭日人的信念和旭日人的价值观，这些方面决定了旭日能有今天这样的发展。我想未来旭日要取得更好的发展同样也取决于这些方面。从企业文化来看，一定要解决员工信仰和团队凝聚力问题。

【课题组】您认为是什么样的个人品质、性格和能力使您对旭日事业的发展起到了引领作用？

【孙有富】如果谈我个人的话，我想还是源自于我个人的励行使命吧。

乔布斯有一句话：活着就是为了改变世界！从学生时代起，我就给自己树立了一个长期的事业愿景：我要自己未来成为商业领袖，能够打造一个商业帝国。开始做旭日装饰的时候，我们说要让更多的人有更好的家，我们要用一百年做好一件事，所以旭日这几年能够稳定地成长，我想源自于我们旭日人的幸运，当然也是我作为品牌创始人心里的积淀。

我个人想能够在有生之年，把旭日装饰做成一份伟大的事业。我期望20年之后旭日能够成为中国人骄傲的民族企业，成为提升人民生活家庭幸福的一个伟大的进步力量。所以我以及所有旭日人有高尚的使命、远大的目标、坚定的志向，才有今天这样好的表现。

【课题组】作为企业文化建设的首席执行官，您认为旭日企业文化的形成机制是什么？

【孙有富】旭日企业文化的打造主要有这几个方面：一是我本人起关键作用，作为企业文化的首席执行官，我全心全意投入，身体力行；二是管理层重在培养，旭日成立了以董事长为首的企业文化推行委员会，核心高层作为推行委员会的成员，负责企业文化的宣传、实施等；三是建立了公司的培训体系，企业大学负责企业文化的推动与传播，打造学习型组织；四是全员参与，通过全员培训、各类比赛、晨会早会仪式、读书会等进行企业文化的宣传，让企业文化深入人心，成为全员的企业文化。

案例使用说明

一、教学目的与用途

（1）本案例主要用于MBA项目的《企业伦理与文化》《企业文化建设》等课程。

（2）本案例教学目的在于使学员理解和掌握企业文化的理论体系，了解企业文化的形成过程，以及如何结合企业自身特点寻求企业文化"落地"的方式和路径，建设具有企业个性的企业文化体系。

二、启发思考题

（1）旭日装饰企业文化的形成和"落地"的关键环节有哪些方面？

（2）建设幸福企业需要企业领导人有什么样的特质？以及需要人力资

源部门怎样做才能更好地实现企业物质和精神双幸福的目标？

（3）从员工主观幸福的角度，打造幸福企业的过程中需要注意哪些问题？

（4）结合旭日幸福中心的工作内容，分析打造幸福企业的举措，是否还有更好的途径或方法来建设幸福型企业文化？

三、分析思路

教师可根据自己的教学目的与目标来灵活使用本案例。这里提出本案例的分析思路，仅供参考。

（1）旭日企业文化的形成和"落地"的关键环节主要有以下方面：

一是企业创始人起关键作用，作为企业文化的首席执行官，企业一把手全心全意投入，身体力行。

二是管理层重在培养，旭日成立了以董事长为首的企业文化推行委员会，核心高层作为推行委员会的成员，负责企业文化的宣传、实施等。

三是建立了公司的培训体系，企业大学负责企业文化的推动与传播，打造学习型组织。

四是全员参与，通过全员培训、各类比赛、晨会早会仪式、读书会等进行企业文化的宣传，让企业文化深入人心，成为全员的企业文化。

（2）有人说，所谓的企业文化，其实就是企业家文化，或者说是老板文化。这种说法虽有值得商榷之处，却道出了企业家在企业文化形成和建设过程中至关重要的作用。一个企业具有优秀的文化，大多是因为企业家对企业文化产生了巨大影响力。企业家往往就是该企业的创办人，他本人的价值观及价值选择和企业最终的文化选择高度一致，并且他身先士卒，带领团队奋力向前。可以这样说，企业文化是由企业家主导的，他既是企业文化的设计者、倡导者，也是企业文化的推动者、实践者和领头者。企业文化带着鲜明的企业家烙印，企业家的特质决定了企业文化的基因。可通过分析、概括孙有富的特质，讨论旭日装饰企业文化特色。

（3）结合旭日企业文化的三次升级和旭日幸福中心工作内容的八大模块，从构建幸福企业的成果来看，用积极和消极的角度分析幸福文化及幸福措施对企业的影响和作用。

四、理论依据与分析

本案例涉及的主要理论有：

1. 特伦斯·迪尔和艾伦·肯尼迪的企业文化理论

两位学者认为,企业文化的整个理论体系,由企业环境、价值观念、英雄人物、文化仪式、文化网络这五个特定的要素组成。并且指出,人是管理中最为宝贵的资源,管理人的最有效方式就是通过文化的象征和暗示作用,用企业价值观引导人的行为朝着有利于实现企业目标的方向发展。

2. 埃德加·沙因的组织文化模型理论

沙因认为,组织文化是一套基本假设,即一个给定的组织在其应对外部适应性和内部一体化问题的过程中,创造、发现和发展的,被证明是行之有效的,并用来教育新成员正确地认识、思考和感觉上述问题的基本假定。他提出了组织文化的三层次模型:第一个层次是人工制品和创造物,它们构成了物质的和社会的环境。第二层次是价值。在某种意义上,所有的文化知识最终都反映了某些人的基本价值,他们关于与"是什么"相区别的"应当是什么"的感觉。懂得掌握一定的信条作为基础,对于保持群体来说是必要的。第三个层次是基本假设。一种基本假设如果被一个群体所牢牢地掌握,群体成员就会发现,他们的行为要依据其他的前提是不可思议的。当人们将基本假设表层化,文化的模型突然变得清楚时,我们就会开始感到我们真的理解了我们一直在做什么和我们为什么那样做。因此,组织文化在其文化基本假设和价值层面才是真正的文化。

3. 查尔斯·汉迪的文化合宜理论

查尔斯·汉迪是出生于爱尔兰的英国管理学家。他师承亚里士多德式传统,对管理学展开了哲学式的叩问。汉迪管理思想的一大特色,就是注重不同管理文化的有机融合,他自己称之为"文化合宜论",即以文化带动管理,以管理发展文化,组织与个体并重,利润与道义共存,这些是非常富有现实指导意义的。在当今时代,人越来越成为组织、机器、电脑和工资的奴隶,查尔斯·汉迪这种以人为本、文化共融的管理思想理论,无疑具有振聋发聩的时代意义。

4. 主观幸福感理论

20世纪80年代以来对主观幸福感的研究主要是构建有关的理论框架,探讨获得幸福的各种途径和跨文化研究;对主观幸福感的测量、评估的研究,研究者们开始运用主观幸福感的测量理论来整合各种方法,主要有纽芬兰纪念大学量表、生活满意度表、总体幸福感量表和牛津幸福感问卷等著名量表。相比较国外的研究,我国学术界对主观幸福感的研究比较晚,始于20世纪80年代中期,最初的研究来自于心理学界对城市居民生活质量的调查和分析,从研究老年人的主观幸福到研究大学生、教师、儿童、城市居民、企业员工的主观幸福,由初期的描述性研究到后期的幸福感影响因素的研究等。

五、关键要点

(1) 分析企业文化的形成和"落地"的关键环节,特别是企业文化的"落地",许多企业做得不够到位。企业文化落地的操作流程和实施效果评价是本案例难点之一。

(2) 企业文化的顶层设计涉及公司使命和愿景表述、行业性质的界定、企业自身的定位、企业核心价值观或经营理念的提炼、企业社会责任等内容,这些均为企业文化的核心内容,没有标准答案。教师可深度解读沙因的组织文化模型理论,特别是基本假设,鼓励学员从多种角度提出不同的思路和想法,只要言之有理、符合逻辑,都应进行深入的讨论以深化学员对企业根本问题的认识和理解。

(3) 企业发展离不开具有本企业特色的企业文化的支撑,幸福的企业文化对于增强企业的核心竞争力和促进企业持续发展起着至关重要的积极作用。对于旭日装饰公司来说,公司如何根据企业愿景、发展战略、员工需求等企业自身特点打造幸福企业大家庭文化,将幸福中心的工作内容融合到公司各部门中,也是本案例的主要难点。

六、建议课堂计划

本案例可在小组案例讨论的基础上运用对战形式来组织教学活动,以小组讨论和小组代表发言为主。

以下是按照时间进度提供的课堂计划建议,仅供参考。

整个案例课的课堂时间建议安排150分钟(3个课时)。

1. 课前计划

提前一周发放案例,要求学员学习相关理论并通过互联网掌握行业背景知识,对案例材料进行预习阅读和初步思考。

2. 课中计划

案例讨论先从小组讨论开始,每小组由6名学员组成(以48人的班级为例,可分为8个小组),针对启发思考题整理发言内容,提炼小组讨论的核心观点,由小组成员在案例对战讨论中发言。小组讨论要求各组针对启发思考题进行讨论,并由一名成员制作发言提纲PPT(35分钟,含制作PPT

时间）。

教师兼做案例讨论的主持人和评委，简要讲明案例对战规则，可参照全国管理案例精英赛比赛规则(4 分钟)。

每两个小组对战发言：由每两个小组的代表发言，一组陈述观点后，另一组针对对方的陈述提问，每组将讨论的结果在全班同学面前进行陈述(每组发言 8 分钟，提问和回答 4 分钟，以 8 个小组计算，总时间控制在 96 分钟左右)。

归纳总结：教师针对案例对战情况进行点评，归纳总结(15 分钟)。

3. 课后计划

如有必要，请学员结合课堂讨论，采用报告形式给出更加具体的解决思路，以小组名义提交书面案例分析报告。

七、参考文献

[1] 特伦斯·迪尔,艾伦·肯尼迪.企业文化——企业生活中的礼仪与仪式[M].北京：中国人民大学出版社,2015.

[2] 埃德加·沙因.组织文化与领导力[M].第 4 版.北京：中国人民大学出版社,2014.

[3] 文子.非常文化——旭日装饰经营之道[M].苏州：苏州大学出版社,2012.

[4] 许红军,张雷,田俊改.基于企业文化认同视角的企业文化落地动力学因素研究[J].中国人力资源开发,2013(13)：42-46.

[5] 马君,尹志欣.中国传统文化对本土企业核心价值观的影响[J].商业研究,2014(6)：172-177.

[6] 辛杰,吴创.企业家文化价值观对企业社会责任的影响机制研究[J].中南财经政法大学学报,2015(1)：105-115.

[7] 高建丽,张同全.个体—组织文化契合对敬业度的作用路径研究——以心理资本为中介变量[J].中国软科学,2015(5)：101-109.

· 企业伦理与文化案例精选 ·

德胜洋楼：制度背后的立法精神[①]

摘　要　德胜（苏州）洋楼有限公司规模不大，但它每天却像磁石一样吸引众多各界人士前去参访学习，其吸引力何在？本案例描述了德胜公司自创建以来，不断完善以"诚实、勤劳、有爱心、不走捷径"为核心的价值观体系；介绍了《德胜员工守则》对企业运营各方面的制度化规定。公司任何工作事务，都能够依据守则的规定进行处理，这些规定朴素而直白，内化为员工的行为，体现了德胜的管理理念。德胜希望通过价值观和制度管理把农民转变为合格的产业化工人，将他们塑造成为君子。通过对德胜的价值观管理和制度管理的学习，思考如何进一步在企业管理实践中融合中西方管理模式。

关键词　德胜洋楼；组织文化；价值观；制度文化；文化管理模式

这是一家"独树一帜"的公司：他们为保证产品质量宁可推掉订单；他们的《员工手册》畅销全国并走出海外；他们建立了平民学校，潜心培育现代产业工人；他们以出众的企业文化建设吸引了大量的国内外管理人士参观访问……这就是德胜（苏州）洋楼有限公司，国内卓越的现代美式木结构建筑建造企业。

在众多光环背后，德胜洋楼为什么能够以出众的企业文化与高超的产品工艺而享誉全国？为什么它要在国内外大量公开发行《德胜员工守则》？为什么它立志将中国农民工打造成精英的产业工人，将他们塑造成为君子？它如何进一步在企业管理实践中融合中西方管理模式？

一、公司简介

德胜（苏州）洋楼有限公司（以下简称德胜公司）成立于1997年，注册地址为苏州工业园区淞江路3号，是美国联邦德胜公司（FEDERAL TECSUN，

---

①　本案例根据公司访谈调研及相关公开资料编写，作者拥有著作权中的署名权、修改权、改编权。由于企业保密的要求，在本案例中对有关名称、数据等做了必要的掩饰性处理。本案例只供课堂讨论之用，并无意暗示或说明某种管理行为是否有效。

INC.)在中国苏州工业园区设立的全资子公司,它的前身是美国联邦德胜公司在中国上海设立的代表处。德胜公司从事美制现代木(钢)结构住宅及公用建筑的研究、开发设计及建造,是中国境内第一家从事现代轻型木结构房屋施工的企业。

经过近20年的发展,德胜公司现已拥有固定资产3亿元,苏州总部占地约52.5亩(约合3.5万平方米),自己设计与建造了"波特兰小街花园",作为美制轻型木结构项目的样板社区;在苏州独墅湖高教区建造了"德胜楼",成为公司日常办公和运营的中心;在昆山购地236亩(约合15.7万平方米),建设"德胜昆山工业园",作为公司的工业生产基地;公司年生产加工能力可以满足1 000栋以上的木结构别墅工程所需全部材料(按平均每幢300平方米计)。

截至2015年12月31日,公司拥有员工1 260名。其中,接受过轻型木结构住宅培训的工程及技术人员830名;专业管理人员56名;轻型木结构专家4名;轻型木结构设计人员19名;高级工程师28人;博士生导师2名;独立质量监督人员10名;全面质量服务神秘访客6名;现场施工总监12名;资料员8名。

在2015年8月20日内蒙古呼和浩特宾悦大酒店召开的"第三届中国木结构绿色产业大会和第八届中国木材保护工业大会"上,德胜(苏州)洋楼有限公司喜获"2015中国好木屋"木结构建筑十大影响力品牌企业荣誉称号,由德胜公司承建的"山东济宁波特兰小镇"项目获评"2015中国好木屋"木结构建筑工程示范项目。

2016年6月25日,在浙江湖州举行的"首届中国民营企业文化论坛"上,德胜(苏州)洋楼有限公司荣获"全国民营企业文化建设先进单位"称号,聂圣哲先生获评全国民营企业文化建设优秀人物。

德胜公司自创建以来,一直关心和积极参与社会公益事业,尽最大努力回报社会。据不完全统计,截至2014年年底,德胜公司向西部大开发、贫困人群、地震灾区、各种学术团体、学校及其他文化事业等无偿捐助超过6 000万元。

德胜公司将始终如一地坚持以"诚实、勤劳、有爱心、不走捷径"为核心的价值观体系,在保持公司健康运营和有序发展的同时,努力承担一定的社会责任。

二、德胜的价值观

为将中国传统文化思想应用于中国的管理实践中,聂圣哲不断对中华民族的特点及文化进行再挖掘,提炼并制定出德胜的核心价值观:诚实、勤劳、有爱心、不走捷径。德胜的有形产品是基于《德胜员工守则》的价值观而产生的,它最终代表的是对产品精益求精的态度和对行业技术的执着追求,也是公司对产品高质量高标准的另一种阐述方式。随着《德胜员工守则》在国内外的广泛传播,德胜的产品也更多地被大众所了解,二者之间互相促进。同时,《德胜员工守则》引领了一种正确的价值观,引导员工主持正义、维护公平、遵纪守法,促进企业与员工共同成长。

聂圣哲在公司年会上曾提到,"虽然是共同的利益让我们走到一起来,但能够让我们长期相依为命的却是共同的价值观"。因此聂圣哲将价值观管理作为德胜管理的首要任务,并提出"诚实、勤劳、有爱心、不走捷径"的企业价值观,以督促企业及其利益相关者共同遵循。

(一)诚实

"诚者,天之道也;诚之者,人之道也。"(《孟子·离娄上》)孟子明确指出诚实是顺应天道,做到诚实是做人的根本原则。无论是员工、管理者,还是企业,都处于一个交错联结的社会环境下,"人而无信,不知其可也"(《论语·为政》),一旦诚信受损,将直接影响到个人的发展与企业的声誉。做一个诚实的人或企业,要做到"言必信,行必果,使言行之合,犹合符节也"(《墨子·兼爱下》)。墨子提出的言行合一,告诫企业与管理者不要轻易许下做不到的诺言,更不要随意打破自己的承诺。诚实是信誉的前提,是企业发展的根基。

德胜的价值观把"诚实"放在第一位,这是德胜最令人敬佩的一点。德胜不喜欢做表面功夫,不重营销(整个公司只有一名销售人员),也很少做广告,而是扎扎实实练内功,完善内部管理,对产品质量的重视达到了苛刻的程度。

管理的本质是教育,德胜以自己的实践证明了通过制度强化和文化熏陶,员工可以成为"诚实、勤劳、有爱心、不走捷径"的精神贵族。

在德胜,员工不需要打卡上班,上下班的时间靠自己控制。迟到早退,一两次可以原谅,但如果总是耍这种小聪明,那这样的员工离开德胜的日子也就近了。一个对自己都没有诚信的人,不符合德胜人的标准。

德胜要求员工做君子,最明显的例子是财务报销制度:员工报销任何费用,都不需要领导签字。德胜让很多企业咋舌的是无须上级领导审批的报销制度。不过在报销时财务人员会提醒你,你需要对自己的报销行为负责。公司规定任何人在报销前都必须认真聆听财务人员宣读《严肃提示——报销前的声明》,之后才报销相应款项。这个声明的内容如下:"您现在所报销的凭据必须真实及符合《财务报销规则》,否则将成为您欺诈、违规及违法的证据,必将受到严厉的惩罚并付出相应的代价,这个污点将伴随您一生。如果因为记忆模糊,自己不能确认报销凭据的真实性,请再一次认真回忆并确认凭据无误,然后开始报销,这是极其严肃的问题。"聂圣哲认为,传统的让领导审批后再报销的制度,是无形中让领导承担了诚信的责任,而人应该为自己的信用负责。很难想象一个对自己的信用都不负责的人,会对工作负责。

在德胜公司看来,费用报销事关个人信用,既然是个人信用问题就应当让员工个人承担。德胜公司建立了一套个人信用计算机辅助系统。任何腐败与欺诈行为一旦通过抽样调查和个人信用计算机辅助系统被发现,员工就会为自己的不诚实行为付出昂贵的代价。

诚实,不只是做人的一种品行,更重要的是,它让德胜人秉持这样一种原则来对待工作、对待客户、对待生活,对工作不敷衍了事,对客户坦诚相待,对同事尽心尽力,对家人情真意切。

(二)勤劳

韩愈提出,"业精于勤,荒于嬉"(《进学解》),十分直观地阐明人们可以通过勤奋而精通学业,但也会因贪玩而荒废学业。个人发展可凭勤劳制胜,企业发展亦是如此。员工勤劳工作,经过日积月累可掌握熟练的技术,为企业创造具有更高价值的产品,获取更大的市场份额。

德胜价值观体系不仅对管理者与员工一视同仁,而且要求人人都成为劳动者。德胜有一种敬畏劳动的企业文化,在这里,劳动是一件光荣的事情,没有劳力者与劳心者的区分。普通员工只要诚实、勤劳、有爱心、勤恳地工作,就会得到同等的尊重。

以洗马桶为例,它是体力劳动,也是一种个人修行方式。洗马桶的活儿看似简单,但是要把马桶清洗干净并达到可以漱口的程度,并不是马马虎虎能够对付过去的事情。员工要有不怕脏、不怕烦的精神,严格遵照作业流程一步步来,才能达到标准。员工能够把马桶清洗达标,一方面是工作要求如此,另一方面是员工对洗马桶这项工作的内心认可。他们不会觉得洗马桶是不值一提的低贱劳动,而是认为这是对自己体力和心力的一种修炼。如果能把洗马桶这样的小事按照程序完美地做好,那么其他事情也同样能够做好。

德胜洋楼的很多员工都是工匠,对于手艺人来说,拥有一双勤劳的巧手是必不可少的。手艺人拥有一双勤劳的巧手,在为人处事的经历中,在谋生的道路上,就总能机会多多。只有勤劳,认真做事,乐于奉献,才会有良好的心态,才能获得客户的肯定、公司的赞赏。

(三) 有爱心

儒家学派推崇"仁",即仁爱的思想。孟子认为,"君子所以异于人者,以其存心也。君子以仁存心,以礼存心。仁者爱人,有礼者敬人。爱人者,人恒爱之;敬人者,人恒敬之"(《孟子·离娄章句下》)。仁者对他人施以仁爱之心,对他人施以礼数,终究会得到来自他人的爱与敬重,因为爱是相互的。因此德胜提倡经营者对管理人员要有爱,管理人员对员工要有爱,员工对每一件事情要有爱心。

在德胜教堂的门口,有一个"长江平民教育基金会"的捐款箱,接受社会捐款,用于改善平民地区教育设施,支持平民教育事业的发展。德胜一直倡导平民教育的理念,希望帮助更多的孩子学知识学做人,使这些孩子能够"读平民的书、说平民的话、过平民的生活,将来走向社会做一个诚实、勤劳、有爱心、不走捷径的合格平民"。这也是为什么聂圣哲极为推崇"平民教育"的原因。在他看来,教育的最终目的是人格的完善以及生存能力的培养。中国人口众多,人人接受精英教育,既无必要,也属浪费资源。不如大力推行平民教育,让更多普通人获得职业教育机会,培养一技之长,提升个人品格和素养,这样就能在社会上立足,成为"诚实、勤劳、有爱心、不走捷径"的普通劳动者,而不是社会的累赘和包袱。德胜不仅自己在做,也力求把爱心传播给更多的人。

(四) 不走捷径

对于国人好走捷径、好耍小聪明、不遵守规矩的现象,聂圣哲尤为深恶痛绝,并认为这是导致中国企业无法做强的一个重要原因。在他看来,国人最缺乏的不是聪明,而是对常识的认知和遵守。中国人追求知识,却漠视常识,每一个人都想拼命奔跑起来,却不愿意好好学会走路。大家总是在喊着要从制造大国到创造大国,但现在制造还没做好,何来创造?中国需要培养创新型人才,但很多人本职工作都没有做好,怎么创新?对于普通员工来说,创新就是对自己所从事的工作极其熟练以后的提升与飞跃,只有重复地把工作做到极致才可能去突破、搞创新。由此,他认为,中国人首先要培养的是"机械精神",必须把日常工作做到精细、再精细,纯熟、再纯熟,在此基础上再谈创新和开拓。他始终坚信一点:优秀是可以教出来的。中国人,特别是中国进城务工的农民,是可塑性非常强的一群人,经过反复教育和制度强化,同样可以成为像德国产业工人那样训练有素的优秀员工,制造出高品质的过硬产品。

1. 质量至上

在德胜公司,质量问题与道德问题一样,是不可妥协的最高原则,是必须坚持的底线。德胜公司对于木结构别墅的施工规范、质量和精确度要求,不仅达到,甚至超过了美国标准。上岗之前,所有施工人员都经过操作程序的培训,他们人手一本操作规程手册,从地基、主体结构到水电安装、油漆、装饰各个方面,手册上都有详细规定。比如,在木板上钉钉子时,必须保证两个钉子之间的距离是六英寸,不能是六英寸半,也不能是七英寸。所有插座上的"一字"螺丝,里面的螺纹都要整齐地呈"一字"对齐。地板油漆只能白天做,不能晚上做,以防出现色差。安装木地板时,必须将结构地板上的脏物清理干净,并且把结构地板缝刨平之后,才能开始铺装。

为了保证工程质量,不仅有巡视员和神秘访客经常出现在工地上,还有一名专职的质量督察人员到工作现场一一检查,不放过任何一个细节问题。在德胜的工地上,督察官拥有至高无上的权力,相当于施工总监的地位。如果被督察的施工人员不配合或者对抗督察官,就会被视为严重违反公司纪律,立即解聘或开除。

2. 程序中心

2004年,为了把质量管理做得更好,聂圣哲决定成立一个程序中心。成立程序中心的目的何在?是为了把工作中的复杂问题简单化。根据聂圣哲的观察,西方人的思维习惯是把复杂的问题简单化,然后认真地处理它;而东方人的思维习惯是把简单问题复杂化,然后草率地对待它。这两种方式的结果截然不同。因此,要想把事情做好,首先就是把貌似复杂的事情分解为简单细则,然后再十二万分地认真对待它。这就是程序管理的意义所在。程序中心给公司的各个运营环节、各项工作都制定了明确的操作细则,包括:建筑工地的施工程序、物业管理的服务程序、值班程序、召开会议的程序、餐厅服务程序、采购程序等。

以游泳池的清洗程序为例,每个操作步骤和次序都有清晰规定,工人按照程序办事即可:

工序1. 检测水质:用pH试纸测量水的pH,pH在7~7.2之间最为合适;若 pH 小于7,则洒入适量苏打,若 pH 大于7,则洒入适量明矾。

工序2. 检查排污泵:检查排污泵运行情况,关闭两个循环阀,看压力表的数值是否正常。

工序3. 添加氯气丸:检查氯气丸桶内的氯气丸,使用完后向内添加3到4粒即可。

工序4. 加水:若要添加,先关掉虎头喷泉阀,再打开自来水进水阀,待游泳池加好水之后,关掉自来水进水阀,再打开虎头喷泉阀。

工序5. 其他清扫:打扫游泳池处桑拿房、淋浴间、更衣间、浴缸房以及四周砂岩。

那么,程序和制度有何不同?程序当然也属于制度框架的一部分,但制度是更宏观和更通用的指导原则,而程序则是更细化和微观的制度细则。比如,咖啡屋晴天开3盏灯、阴天开4盏灯;工地巡视上午10点去,下午4点去;招待客人时,服务员每隔15分钟续一次茶水,这些都属于非常具体、甚至琐碎的细则规定。有了这些细化的作业程序,复杂的事情就变得简单,变得标准化,变得可控。德胜对于程序的重视达到了极端的程度,在它看来,一件事情即使最后做成功了,但如果没有按照规定的程序来做,也等于没有成功,甚至是一种后患无穷的失败。比如,在房间里安装空调时,空调上的塑料螺丝需要用专门工具来旋上,如果不按程序,随意用了一个旋铁螺丝的工具来旋塑料螺丝,表面上是完成了安装,但是安装之后的空调运转也许就会出问题。

当然,程序也不是一成不变的,而是在不断修订和改进中。比如,每次圣诞年会后,公司都要召集会务人员召开改进会,反思和讨论本次年会的不足和遗漏,提出改进意见。第一次改进会在年会结束后立即召开,这叫"趁热打铁";第二次改进会则隔一段时间召开,让大家有充分的时间去思考和沉淀,再来献计献策,这叫"余音袅袅"。德胜的精细化管理体系日趋完善,正是得益于这种不厌其烦、持续改善的精神。

德胜对员工的教化已取得了相当的成效,"诚实、勤劳、有爱心、不走捷径"的价值观已深入员工的内心,已潜移默化成员工举手投足之间的行为。

三、德胜的制度设计

没有规矩不成方圆,我们看到过太多不守规矩导致失败的教训,树立一个好"家规"才能使企业正常运转,才能最大限度地保障员工的权益。当员工的幸福感高了,企业也就进入了良性发展的健康轨道。

德胜一直奉行"诚实、勤劳、有爱心、不走捷径"的价值观,它的"家规"制度设计也体现了这样的价值观。聂圣哲认为,制度应凌驾于一切权力之上,无论员工、干部还是他本人,都要严格遵守德胜的制度。在德胜,制度定一条便落实一条,有着至高无上的地位。

德胜的"家规"就是《德胜员工守则》。1992年,德胜在海南试制样板房,1997年正式在苏州开始洋楼业务,《德胜员工守则》就是在这些岁月中逐渐孕育的,并随着企业发展不断充实完善。以2005年12月《德胜员工守则》正式公开发行为里程碑,它前期主要是作为企业内部的产品管理、员工管理的手段,既是开启优质房屋的钥匙,又是引导员工实现自身价值、争做现代产业工人的标杆。作为企业制度的具体体现,它先是为了定规矩、立标准。2005年之后,它的作用进一步丰富,已经成了德胜主动承担社会责任、树立企业品牌、弘扬核心价值观的一面旗帜。德胜的制度结构如下表所示。

德胜的制度结构

制度的组成部分	制度要求条款	实施执行细则	监督检查程序
德胜制度三个部分的内容	职工守则34条及其他制度要求条款	奖惩条例、试用职工条例、制度学习活动、申明与承诺、财务报销规则、采购规则、执行长值班长制度、复训制度、售后服务制度、仓库管理制度、施工安全及劳动保护措施、开工(准备)报告	权力制约规则、"1855"规则、听证会程序、解聘预警程序、司法(调查审核)委员会、程序中心、德胜公告、质量督察制度、个人信用系统、神秘访客制度、训导制度、反腐公函等
德胜制度构成比例	1/6	2/6	3/6
一般企业构成比例	3/6	2/6	1/6

(一)培训制度

德胜规定,所有新入职人员,无论是管理者还是普通员工,首先都必须在物业中心接受三个月的培训,培训期间从事打扫清洁、帮厨以及园林护理工作,其中房间的保洁工作必须达到五星级宾馆的保洁要求。有个说法是,马桶必须清洁到打扫者敢于从中舀上一杯水来喝的程度。这并非杜撰,事实上,德胜公司的创始人聂圣哲曾经亲自给员工示范洗马桶,并用马桶水来漱口。

三个月培训结束后,劳动能力达到合格标准,新员工才能转正,分配到各个部门工作。如果没有达到要求,还要继续打扫卫生三个月,直到合格为止。所以,无论是高层管理人员,还是专业人员,要想在德胜工作,首先要过体力劳动这一关。德胜希望通过这样的体力劳动,去除受培训的管理者身上的浮躁与傲气,使其养成扎扎实实、耐心细致的工作习惯和务实精神。

(二)反官僚体系

所有管理人员的工牌上都有一句话:"我首先是一名出色的员工。"这句话对于管理人员尤其含义深刻,它时刻提醒每一位管理者不要以管理贵族自居,不要高高在上,而要平和对待每一个下属,对每一个员工的请求及时回复,踏实、认真地处理每一件事情。在德胜公司,一旦发现某位管理人员对员工吆三喝四,甚至冲员工拍桌子、发脾气,就会有人报告督察官,而督察官会对这位犯了官僚主义错误的管理者进行批评教育,让其给员工赔礼道歉。

在德胜公司,管理人员,特别是高层管理人员,职位越高,越要精确按程序处理工作、办理事情,更要严格服从公司统筹安排和热情接受各个部门(或个人)的工作帮助与协调的请求。德胜制度规定,干部每月至少到基层顶岗工作一天,深入实践方能提高管理效率;干部要做好下属的老师,不厌其烦地跟员工讲解工作方法和要领;干部没有特权,与下属一样应严格遵守德胜的制度。正是制度详细、全面以及一视同仁的特点,有效地缓解了德胜公司管理人员的官僚作风。

(三)实行管理者"代岗制"

在德胜公司,无论是建筑工地的总监、副总监,还是公司总部的各个部门经理,都要遵守代岗制。所谓代岗制,是指管理人员每月必须抽出至少一天时间来参加一线劳动,具体工作由程序中心负责安排。这一天,该名管理者必须作为一个普通的员工参加劳动,或者接待客人,或者打扫房间,或者在建筑工地上做一天泥瓦工。如果有一天你在德胜公司里行走,看到一位正在清扫街道或者擦拭玻璃的中年人,那很可能是他们的财务经理,也可能就是人力资源总监。只有干部不脱产,经常到一线岗位工作,才能更好地把握现场的真实情况,加深对一线工作细节的了解。如果长期脱产,干部们就会逐渐脱离实际,成为"主观臆测"的奴隶。事实上,德胜干部的确得益于这项措施,他们的很多灵感、很多改进都是来自现场的激发——只有身体力行地参与了实践,才能做出合理的判断和决策。

(四)设立督察部

督察部下设质量监督官、制度监督官、公平公正官、神秘访客、巡视员。这些监督人员拥有至高无上的监督权,任何干部都不得抗拒督察官的监督和批评,这非常有效地保证权力受到了制约。督察官在执行任务时不听命于任何人,完全依照制度办事。同时,德胜设有神秘访客,以暗访的形式到各个部门检查督察官可能忽略的细节。

德胜公司坚定主张,说到就要做到、做好;强烈反对提出一些做不到的、不能兑现的、无法操作实施的制度要求。凡德胜公司的制度,都有详细的、可操作的实施执行细则和监督检查程序。特别是监督检查程序,更是德胜制度执行机制中的重中之重。

德胜在保障制度执行上,采取了多种有效的措施。比如:制度每月学两次;设立独立督察官与神秘访客;举办听证会;实行工地训导;建立解聘预警机制;遵从"1855"规则与设立"吃一年苦"工程;设立德胜公告栏;等等。

《德胜员工守则》的封面上有这样两句话:"一个不遵守制度的人是一个不可靠的人!一个不遵守制度的民族是一个不可靠的民族!"可见德胜对制度执行的力度之严。在《德胜员工守则》的扉页中还有如下的文字:"制度只能对君子有效。对于小人,任何优良制度的威力都将大打折扣,或者是无效的。德胜公司的合格员工应该努力使自己变成君子,做合格公民。"经过不断修订完善,《德胜员工守则》其实已经演变为一系列的规章制度,这些规章制度具体包括:员工基本职规、奖罚条例、同事关系法则、财务报销规则、权力制约制度、质量督察人员制度、执行长值班长制度、年度运营总监选举制度、工程开工制度、工地总监代岗制度、工地训导制度、"解聘预警"制度、复训制度、施工安全及劳动保护制度、仓库(厂房)管理制度、售后服务制度、采购规则、食品采购加工与食堂管理办法、车辆使用及管理制度、员工申请工作的申明与承诺、致客户的反腐公函、合同签订前的反腐加押程序、与主合同不可分割的反腐加押附件、制度学习规定、听证会程序、欢度感恩节程序、礼品拍卖程序、员工休假选择方式、终身员工资格规定、提前进入终身员工行列试行条例、员工出国考察规定等。

总之,德胜在制度化管理方面,要求非常严格,规章制度很详细。德胜要求每个员工都要严格按照规定的程序和规章制度来办事,绝对不能有例外,制度就是死规矩。可以这样说,德胜的制度保证了德胜产品的质量,保证了企业的有序运转。

四、结束语

本案例从德胜独到的管理体系出发,剖析德胜的价值观"诚实、勤劳、有爱心、不走捷径",追溯德胜管理的思想源头,对丰富的德胜管理实践进行提炼,探讨德胜公司以制度与价值观进行管理的有效性。

德胜管理是中国传统文化与西方制度文化的结晶。中国传统文化与西方制度文化看似一柔一刚,实则相辅相成,中国传统文化是德治的根基,西方制度文化是法治的升华,二者相得益彰,为管理实践的开展提供了有力的保障。德胜公司采用文化管理模式,用企业制度实现企业价值观的落地,使德胜成为价值观管理与制度管理融合的典范。

附录1:德胜洋楼大事记

1998年2月,德胜公司被美国住宅协会吸纳为海外会员,成为中国境内唯一一家进入此协会的企业。

2003年9月,江苏省科技厅批准德胜公司为江苏省高新技术企业。10月,德胜公司顺利通过了ISO 9001:2000质量管理体系和ISO 14001:1996环境管理体系的认证。同年10月,经安徽省教育部门批准,由德胜公司捐资创办的德胜—鲁班(休宁)木工学校正式开学。

2004年3月17日,德胜公司被苏州工业园区评选为"环保先进企业"。

2004年4月,同济大学德胜住宅研究院成立。

2005年7月,德胜公司建造的上海美林别墅(108栋)项目荣获"2004中国十大特色别墅金奖"——经典示范卓越楼盘。

2005年11月,德胜公司获得"中国生态建筑奖(节能环保技术领先施工企业)",系全国唯一获得该荣誉的施工企业。

2005年12月,《德胜员工守则》面向全国正式发行。德胜公司把自己多年来从自身的企业管理实践中总结出来的经验毫无保留地奉献给了社会。

2006年1月,"TECSUN德胜洋楼"被江苏省工商行政管理局认定为江苏省著名商标。

2007年4月,由德胜(苏州)洋楼有限公司、同济大学德胜住宅研究院联合发起并举办的"2007'德胜院士论坛"在上海、苏州和黄山召开。

2008年3月,德胜(苏州)洋楼有限公司顺利地通过了国际著名的认证组织南非SGS公司的FSC/COC森林产品监管链认证。

2009年5月,《德胜管理》一书出版发行,这本书是继2005年底出版发行的《德胜员工守则》和2007年出版发行的《德胜世界》之后的第三本全面介绍德胜(苏州)洋楼有限公司管理的书籍。

2011年5月29日,"住宅人性化的现代科技支撑学术报告会暨《美制木结构住宅导论》首发式"在中国科学院学术会堂成功举行。

2012年7月,《商业评论》第七期作为原《哈佛商业评论》更名后的第一期,发表了北京大学国际MBA杨壮教授和该杂志编辑王海杰先生共同撰写的文章《德胜洋楼:中国式管理的新范本》。

2012年8月,在中国木结构企业发展论坛暨优秀企业和优秀工程项目表彰大会上,德胜公司获得了中国建筑学会木结构专业委员会企业发展部"优秀企业"荣誉称号。

2012年12月8日,在江西举行的第九届中国策划师年会上,"TECSUN德胜洋楼"获得了中国创意品牌奖。

2013年8月1日,由机械工业出版社出版的《德胜员工守则》全新版正式出版发行。8月25日,全新升级版《德胜员工守则》新书发布会暨"德胜——中国企业管理模式高端研讨会"在北京西苑饭店举行。

2013年8月17日,在中国建筑学会木结构专业委员会第三次理事会上,德胜(苏州)洋楼有限公司获得了中国建筑学会木结构专业委员会"优秀企业"荣誉称号,德胜公司建造的"香槐公馆"项目荣获优秀项目荣誉称号。

2013年11月28日,在《商业评论》举办的第七届管理行动奖颁奖典礼暨管理创新高峰论坛活动中,德胜公司荣获管理行动奖。

2014年8月25日,德胜(苏州)洋楼有限公司喜获由中国木材保护工业协会木结构绿色产业分会授予的中国木结构行业"2014中国好木屋"荣誉称号。聂圣哲先生当选为中国木材保护工业协会木结构绿色产业分会执行理事长。德胜公司也荣幸地成为中国木材保护工业协会木结构绿色产业分会执行理事长单位。

2014年12月25日,德胜公司为连续工作满10年,始终如一地遵循"诚实、勤劳、有爱心、不走捷径"的价值观及德胜价值理念,通过各项评审合格的员工颁发了"终身职工证书"。

2015年8月20日,在内蒙古呼和浩特宾悦大酒店召开的第三届中国木结构绿色产业大会和第八届中国木材保护工业大会上,德胜(苏州)洋楼有限公司喜获"2015中国好木屋"木结构建筑十大影响力品牌企业荣誉称号,由德胜公司承建的"山东济宁波特兰小镇"项目获评"2015中国好木屋"木结构建筑工程示范项目。

2016年6月25日,在浙江湖州举行的"首届中国民营企业文化论坛"上,德胜(苏州)洋楼有限公司荣获"全国民营企业文化建设先进单位"称号,聂圣哲先生获评全国民营企业文化建设优秀人物。

附录2：聂圣哲简介

1. 概况

聂圣哲，男，1965年生，安徽休宁人。现任美国联邦德胜（TECSUN）公司的全资子公司德胜（苏州）洋楼有限公司总监，长江平民教育基金会主席，四川大学苏州研究院执行院长、教授、博士生导师，哈尔滨工业大学、同济大学等校兼职教授，任学术季刊《中华艺术论丛》编委会主任、中国建筑学会木结构专业委员会第一副主任委员、中国化学会永久会员、美国化学会会员。

2. 履历

1965年，出生于安徽休宁。

1981—1985年，就读于四川大学化学系。

1985年，考取南京大学硕士研究生，但放弃攻读硕士学位的机会，改任教于安徽大学和中国科技大学。

1988年，在任教期间，因表现尤为突出，于23岁之际被破格晋升为副研究员，后赴美国求学攻读博士课程，但未获得博士学位，后下海经商。

1997年，出任美国联邦德胜公司（FEDERAL TECSUN, INC.）在中国苏州工业园区设立的全资子公司德胜（苏州）洋楼总监一职至今。

2004年，出任长江平民教育基金会主席。

2007年，出任四川大学苏州研究院执行院长。

3. 企管圣经

聂圣哲在管理上造诣极深，他是德胜管理体系的创建者，所创立的德胜管理体系在中国管理界造成巨大影响，以德胜管理规则为蓝本的《德胜员工守则》连续再版4次，重印20余次，被中国管理界称为"企业管理的圣经"。2005年和2007年面向全国分别发行的《德胜员工守则》和《德胜世界》引起了广大的关注，2009年由新华出版社出版发行的《德胜管理》更是一次中国管理的新突破。

4. 教育情怀

聂圣哲热衷教育实务与改革，倡导并参与创办的休宁德胜鲁班木工学校及休宁德胜平民学校，由于推广全新的教育理念，在符合国家教育大纲的基础上，力争走出应试教育的阴影，以"先育人、再教书"的理念，用系统有效的办法，在教学中推行"读平民的书、说平民的话，将来做一个守法、敬业的平民"的平民教育思想，取得了卓越的成效。木工学校的毕业生走向社会后，不仅就业良好，而且得到社会的广泛好评。平民学校自创办以来，拥有近200名在校学生，6个年级，教学效果及学生的表现得到社会、教育界、家长的一致好评。英国 BBC 电视台以平民学校为素材拍摄的纪录片《中国的学校》在全球 100 个国家同时播出,引起巨大的反响,中央电视台、安徽电视台、南京电视台、新华社、《瞭望周刊》《南方周末》《人民日报》等媒体都先后报道了木工学校、平民学校的教育改革所取得的成果。聂圣哲在工作之余,常利用业余时间开展以平民教育为内容的讲座,2008 年在广州岭南大讲堂做有关平民教育的演讲,以最新的教育理念,诠释现代社会发展中平民教育的重要性。报告会在广州科技讲堂举行,有许多广东教育界名流参加,讲座内容引起社会巨大震撼,《南方都市报》发表《我们所欠缺的美国平民教育》长篇报道,引起我国教育界的强烈关注。

5. 文学创作

聂圣哲利用业余时间,以聂造、聂达甲、谢熹等笔名从事文学、影视及舞台剧创作,先后在《人民文学》《诗刊》等杂志上发表学术论文、短篇小说、剧本、诗歌、评论数百篇(首),先后导演了电影《搬家》《中奖之后》《我想对你好一点》及《为奴隶的母亲》(合作导演),编剧并导演的舞台剧《公司》在北京首演 8 场,引起巨大反响,对中国传统戏剧观产生巨大的冲击。联合导演的电视电影《为奴隶的母亲》获得国际艾美奖等多个国际国内奖项。联合导演的 36 集电视连续剧《大祠堂》及担任总策划的大型纪录片《徽商》播出后反响强烈,获得很高的收视率。另外,2013 年由聂圣哲担任编剧的黄梅戏《徽州往事》在全国巡演,取得了巨大的反响。

案例使用说明

一、教学目的与用途

(1) 本案例主要用于 MBA、EMBA 项目的《企业伦理与文化》《企业文化建设》等课程。

(2) 本案例教学目的在于使学员理解和掌握组织文化建设的途径,探讨如何将企业价值观与制度文化有效贯彻到企业经营行为中,如何进一步在企业管理实践中融合中西方管理模式。

二、启发思考题

(1) 根据案例材料,德胜是如何将员工塑造成为君子式员工的?

（2）德胜的《德胜员工守则》对各类工作甚至个人的生活都有非常细致的要求，甚至显得有些烦琐。德胜为什么要这样做？这样做会带来哪些影响？

（3）德胜是如何进行利益相关者管理的？你认为德胜公司最重要的利益相关者是哪些？公司履行了什么样的社会责任？

（4）领导在组织文化的形成中往往起着重要作用。结合案例进行分析，德胜公司总监聂圣哲在公司的组织文化形成中扮演了怎样的角色？起到了怎样的作用？

（5）有人认为德胜文化管理模式是中国乃至世界企业管理的发展方向，你的观点是什么？你认为德胜文化管理模式能否持续发展？

三、分析思路

教师可根据自己的教学目的与目标来灵活使用本案例。这里提出本案例的分析思路，仅供参考。

（1）将员工塑造成为君子不仅是德胜为培养高素质的现代化产业工人而做的努力，也是其基于民族文化而耕种的国民性改造的试验田。在聂圣哲看来，管理就是一个教育的过程，要用公司"诚实、勤劳、有爱心、不走捷径"的价值观去改造员工世俗的价值观，培养员工的高尚情操，他相信"优秀是教出来的"，所以德胜选择运用儒家思想中的君子文化和价值观去改造员工。

德胜主要从以下方面将农民出身的员工改造成为君子员工。

① 行为改造。要成为君子员工，首先要注重日常的行为习惯培养。德胜的新入职员工都要在物业中心接受三个月的培训，从最基本的清洁打扫、园林护理等工作开始做起，以端正员工的劳动态度。德胜还在公司的员工守则中从卫生习惯、人际交往、文明礼貌等细节着手规范员工的行为，使员工举止高雅。

② 价值观教育。德胜通过有效的君子文化教育，改造员工的价值观，实现员工与公司价值观的一致性；端正员工工作态度，使员工的行为举止符合君子行为规范，也促使员工与公司目标的一致，从而提高工作绩效和质量。

③ 诚信导向。"诚信"是君子的首要品格，是人的立足之本。为使员工靠近君子远离小人，德胜秉持孟子的"性善说"，充分信任员工，在员工财务报销、日常生活方面，由员工自觉选择做高尚的君子。

④ 制度管理。通过贯彻全面的制度执行细节和监督程序，防止小人行

为的制度条款得以有效执行;规范员工行为,确保公司价值观的落实,保护和鼓励君子行为,防止和遏制小人行为。

德胜在将员工改造成为君子员工的过程中也会受外部环境的影响,特别是外部世俗化的商业环境对员工价值观的影响。通过以上各方面的努力,德胜的管理文化形成一个相对封闭的系统,避免了外部环境因素的不良影响,以确保公司价值观教育的有效性。

(2)管理制度及制度的执行情况给企业带来的影响。案例中呈现的《德胜员工守则》已演变为企业的一系列管理制度,德胜公司对运营过程中遇到的任何问题,都力求找到一种标准化的解决方式,并梳理总结在守则中。但是,在中国传统文化背景下,不太重视制度建设,强调变通而非原则,面对缺乏契约意识和商业文明洗礼的农村劳动者,制度的有效性大打折扣。而身处建筑业中的德胜公司,面临的问题是如何依靠制度进行管理,这种探索试图寻求中国传统文化与西方制度管理文化的结合。

(3)德胜履行社会责任,注重员工发展与企业自身利益的关系。作为身处国内大环境下成长中的企业,生存和发展是第一位的,企业肩负什么样的社会责任,如何体现人文关怀,往往是挂在嘴边的应景之语,甚至有人认为企业社会责任是一种奢谈。但德胜的实践,实实在在地做了一些改造员工,甚至是改造国民性的探索。这种探索把员工利益、员工关怀与企业的产品质量、口碑、利益和发展紧紧捆在一起,这才有永续的动力。案例中提到德胜做了一些公益性的教育投入,这和德胜的管理思想是一脉相承的。

(4)德胜的组织文化通过领导人强推和制度执行落实。公司领导人采取自上而下的方式强推文化。不过,这种做法的风险是,可能因缺乏员工对文化的认同而导致失败。

德胜通过制度手段运作,在公司中制定《德胜员工守则》等制度,通过制度规范员工的行为,促进企业文化的形成。

(5)德胜文化管理模式的持续发展涉及社会道德氛围、行业发展景气度、创始人的离任、企业价值观干涉员工价值观的"合法性"等问题。

四、理论依据与分析

本案例涉及的理论依据:

1. 儒家君子思想

君子文化是我国传统文化中的重要思想,在儒家思想里,"君子"一词具有德行上的意义,道德境界是君子的至高境界。

我们知道,"仁"是孔子思想中的核心观念和价值。孔子说:"君子去仁,恶乎成名?君子无终食之间违仁,造次必于是,颠沛必于是。"(《里仁》)意思是说,君子离开了仁,怎么还能称为君子呢?当然就不是君子了。君子是一刻也不离开仁的,与仁融为一体,密不可分。可见,孔子认为"仁"是君子的本质所在。又说:"君子义以为质,礼以行之,孙以出之,信以成之。君子哉!"(《卫灵公》)作为一个君子,义是基础,是质;礼、信是君子的行为修饰,是文。"文质彬彬,然后君子。"具备了仁义,再修饰以礼信谦虚,在孔子看来就是一个真正的君子了!孔子还说:"君子义以为上。"(《卫灵公》)认为"义"是君子的一个根本的素质。因而,在孔子看来,仁义就是君子的本质所在。

君子所具有的品格,孔子也有很多的论述。孔子说:"君子上达,小人下达。"(《宪问》)他认为君子的生命是向上发展和延伸的,小人则刚好相反,生命是向下发展和延伸的。"下学而上达"是孔子的人生理念。他的学习、教育、文章、政治,都是为了上达。目的就在于成为一个君子。孔子又说:"君子坦荡荡,小人长戚戚。"君子是坦荡荡的,是光明正大的,是心胸广阔的,是没有什么见不得人的东西的。这种坦荡,不仅是指为人处世上的坦荡,也是指心态和修养上的坦荡。有了这种坦荡,自然也就能够从容不迫。而小人则不然,常常会感到忧愁和悲伤,这是因为心胸不够坦荡,还因为做了违背良心的事情而感到害怕和羞耻。孔子通过君子和小人的对比,说明君子的光明磊落、积极进取的品格。

2. 利益相关者理论

利益相关者是指那些对企业战略目标的实现产生影响或者能够被企业实施战略目标的过程影响的个人或团体。利益相关者理论主要是从企业社会绩效评价的角度提出企业不仅要对股东负责,而且要对所有的利益相关者负责。该理论要求企业应该更多地关注股东以外的其他利益主体的利益,以确保实现公司价值长期的最大化。对企业而言,善待员工、向客户提供优质服务、与供应商形成良好合作关系并培育良好的社会声誉都是企业股东长期利益之所在。在公司制度中体现各自的利益诉求是各利益相关者的必然要求。在企业经营中,应该平衡所有利益相关者之间的利益诉求,包括对员工利益和职业发展的尊重。

3. 制度化管理

制度化管理本来不是管理学中涉及的一种规范性的理论,但是,在中国企业经营实践中,往往存在制度缺失或者不遵守制度的情况,这是企业经营实践中的一个短板。在中国经济转型时期,有学者提出要从"中国制造"向"中国智造"转变,但是我们制造业的精细化程度不足,缺乏德国和日本那种精湛的工艺技术,以致我们的经济增长仍然摆脱不了粗放式的增长方式。因而在企业界提出了要从"中国制造"向"中国精造"转变。要实现这一理想,在企业运营的各个环节特别是制造环节,要强化工作程序(流程),这些又依赖于遵守制度、尊重制度。

本案例中德胜公司以《德胜员工守则》作为企业的一系列管理制度,强调按照制度来管理和规范员工行为,给予员工人文关怀,再造员工为真正的产业工人等,这些实践活动蕴含了儒家君子文化、企业履行社会责任、平衡利益相关者的利益、制度化管理、组织文化等理论。

五、关键要点

(1)企业价值观和制度管理落实在行动中,就是对制度的尊重。遵守工作程序,按照制度管理企业,是《德胜员工守则》的核心法则。

(2)企业进行利益相关者管理就是要兼顾利益相关者的利益,满足利益相关者合理的利益诉求。在案例中,德胜公司的最直接最重要的利益相关者就是公司员工,因此,公司要把农民出身的员工培养再造为有素质的产业工人,给予员工更多的人文关怀。

(3)德胜管理模式持续发展涉及社会道德氛围、行业发展景气度、创始人的离任、企业价值观干涉员工价值观的"合法性"等问题。

六、建议课堂计划

本案例可供专门的案例讨论课使用,课时计划约为100分钟(2个课时)。

以下是按照时间进度提供的课堂计划建议,仅供参考。

1. 课前计划

提前1周发放案例,提出启发思考题。要求学员学习相关理论并利用互联网掌握行业背景知识。请学员在课前完成案例材料阅读和初步思考。

2. 课中计划

首先,由教师作简要的课堂发言,介绍本案例大致内容、案例涉及的问题,明确案例讨论主题(4分钟)。主要介绍案例大致背景(商业道德和社会诚信建设,企业如何培养员工及涉及的人物、事件等),概要回顾案例主要内容。

其次,开展分组讨论(30 分钟)。根据课堂教学班级人数,安排学员按小组就座,每小组由 6 名学员组成(以 48 人的班级为例,可分为 8 个小组)。要求各组针对启发思考题进行讨论,整理、归纳发言内容,并提出解决思路和方法。

再次,由小组代表在班级讨论中发言。要求每组推选一名发言代表,概述本小组对案例问题的分析和解决思路,其他成员可适当补充(每组 7 分钟,总时间控制在 56 分钟左右)。

最后,教师进行归纳总结。教师针对本案例关键点引导学生进一步讨论,并结合各小组陈述情况进行归纳总结(10 分钟)。教师可根据小组发言情况进一步提出一些问题,供学生课后继续思考和探讨。

3. 课后计划

如有必要,请学员在课堂讨论的基础上,采用报告形式给出更加具体的解决方案,以小组名义提交书面案例分析报告。

七、参考文献

[1] 丛龙峰.德胜语法:假设驱动管理[J].中国人力资源开发,2013(10):34-43.

[2] 程江.德胜管理模式的问题与隐忧[J].企业管理,2014(11):16-19.

[3] 胡海波,吴照云.基于君子文化的中国式管理模式:德胜洋楼的案例研究[J].当代财经,2015(4):66-75.

[4] 梁雪.八问德胜洋楼[J].经营与管理,2014(8):4-8.

[5] 邢程.圣哲思想与德胜管理[J].中国人力资源开发,2016(4):98-104.

[6] 周志友.德胜员工守则[M].北京:机械工业出版社,2013.

[7] 付守永,赵雷.德胜规矩:解密中国价值型企业的自然成长之道[M].北京:清华大学出版社,2015.

捷安特的品牌文化[①]

摘 要 本案例描述了刘金标创办的捷安特品牌的发展及其骑乘文化的推广。捷安特品牌诞生于1981年,从自行车代工起家,经历过客户终止合作的危机,捷安特转向品牌化,并大举开拓国际市场。近年来,捷安特除了深耕市场,同时也全力推广骑乘文化,将自行车骑行塑造为健康生活形态的新时尚。但是,推广骑乘文化并未给捷安特带来良好利润回报,捷安特是应该继续不遗余力地推广骑乘文化,还是应该继续专注自行车生产?它如何有效实现企业产品和品牌文化的协调发展?

关键词 捷安特;品牌发展;品牌文化;骑乘文化

2014年5月,台湾巨大机械工业股份有限公司、捷安特品牌创始人刘金标再度挑战自行车环台,年过八旬的老人再度书写人生传奇。刘金标素有"台湾自行车教父"之称,喜欢被称呼为"标哥",自称50岁认识自己,60岁了解经营之道,70岁释放热情,80岁不知老。刘金标说,他在50岁以前是迷惑的,当时巨大从事OEM生产,处于产业的被动端,看订单吃饭,也曾遭遇很大的危机,为了永续经营,他决心要创造自有品牌。他说,走这条路跌跌撞撞,除了行销费用外,还要用世界各国的人才,管理、销售、通路、库存等各个环节难度都很高。他说,过去巨大有很多的努力都架构在"不和别人走一样的路"的理念之上,与时俱进,逐步进行创新改革。到目前为止,巨大已经经历5次大变革,从OEM代工到创立品牌。捷安特创办至今不过40余年,从一家小小的代工企业成长到如今引领潮流的国际品牌,刘金标是如何做到的呢?

[①] 本案例根据公司实地调研素材及《苏州本土品牌企业发展报告·驰名商标卷》的相关案例资料而编写,作者拥有著作权中的署名权、修改权、改编权。由于企业保密的要求,在本案例中对有关名称、数据等做了必要的掩饰性处理。本案例只供课堂讨论之用,并无意暗示或说明某种管理行为是否有效。

一、公司简介

捷安特是由台湾自行车厂商巨大机械工业股份有限公司所创立的品牌,为国际上知名的台湾品牌之一。"捷安特"为"Giant"的音译,而制造厂商"巨大"为其意译。巨大机械由刘金标于1972年在台中县成立,1981年创立"捷安特"品牌,并成立"捷安特股份有限公司"负责业务销售,在中国台湾、荷兰及中国大陆有全球生产工厂,其网络横跨五大洲,50余个国家,公司遍布中国大陆、美国、英国、德国、法国、日本、加拿大、荷兰等地,掌握着超过1万个销售通路。

捷安特(中国)有限公司是台湾巨大集团于1992年10月在昆山投资的独资企业,注册资本3 750万美元,投资总额1亿美元,1994年4月正式投产。1999年1月,捷安特自行车被《中华工商时报》评选为1998年"中国十大成功产品"。2000年7月,"GIANT 捷安特"商标被中国工商行政管理局商标局列入"全国重点商标保护名录"。2001年3月,根据国务院关于鼓励外商投资的规定,捷安特(中国)有限公司经审核被确认为"外商投资先进技术企业"。2004年2月,GIANT获得国家"驰名商标"的认定。2006年,捷安特电动车(昆山)有限公司成立。2009年3月,捷安特(中国)有限公司获批"高新技术企业"。2010年3月,捷安特(中国)有限公司获批"2009年度中国轻工业自行车行业十强企业"。目前,捷安特已发展有12家直营店和28家经销商,700余家专卖店,合计1 500余家经销网点,使得消费者可以享受"一地购车,全国服务"的服务。2007年至今,捷安特自行车连续荣列全国市场同类产品销售量第一名。

自进入大陆市场以来,捷安特秉持着"以客为尊,顾客所欲,长在我心;品质是第一工作"的品质方针,将人类对于未来的执着汇入自身对于自行车的设计理念中,将对生活的热爱展现在它的每一个细节;维系自然和人的交流,在充满机遇的全新时代,以科技、时尚、人本为主题,为中国人民的美好生活创建更完善的产品。捷安特的使命是:"提供品质优良的自行车给全世界追求高度骑乘乐趣或纯粹以轻松及休闲为诉求的消费者;在运动、休闲,或作为代步工具等各方面,创造最佳综合价值的自行车及相关服务,并且在环境保护的前提下促进身心健康及增加生活乐趣。"近年来,捷安特除了深耕市场,同时全力推广骑乘文化,将自行车骑行塑造为健康生活形态的新时尚。

二、捷安特的品牌发展

（一）危机之中的品牌初创

在许多消费者心中，"捷安特GIANT"就是自行车的代名词。不过，很少人知道，这个世界级的自行车品牌，在创业初期，投资者及经营者几乎对自行车业一无所知，经过多次打击、挫折、转型，巨大机械工业股份有限公司这个发迹于台中大甲的跨国企业才在国际舞台上逐渐站稳脚跟。

1969年，为了刺激外销，台湾地区出台拓展美国市场的奖励政策，掀起台湾自行车产品的外销热潮。捷安特GIANT创始人刘金标看到了自行车市场需求量大，决定开拓自行车制造、外销的事业。为此，机械背景出身的刘金标前往日本川村会社观摩，学习自行车的生产技术，向《日本工业标准》取经，向各零件厂商说明标准规格以及质量的重要性，致力提升公司的产品质量。

此外，捷安特锁定当时的美国大厂Schwinn，并积极争取订单。1979年，美国芝加哥工人大罢工，波及Schwinn的工厂。其后，Schwinn陆续关闭美国工厂，将订单移转到台湾，并派员来台解决技术问题，捷安特GIANT的产能也因此大幅提升。

然而，庞大的代工量的背后，不是没有隐忧。当时最大客户Schwinn订单量大、过度集中，使经营高层感到不安。太过倚赖单一客户，形同将所有鸡蛋放进同一个篮子里，一旦客户抽单，企业的生存就会出现问题，因此，创立捷安特品牌的想法便油然而生。

其后，巨大公司不断向Schwinn表达合作意愿，期望合资开一家公司，共同推展捷安特GIANT这个品牌。最后Schwinn答应共同投资一家公司，但巨大公司只能持股两成，Schwinn持股八成，新的品牌仍实质掌控在Schwinn手中。公司感念Schwinn过去的支持，因此接受了这个条件。

然而，最不希望发生的事情还是发生了。因为看好大陆廉价劳力，在未事先告知巨大公司的情形下，Schwinn转与香港自行车厂商及深圳市政府共同成立中华自行车公司（CBC）。客户的突然转向，更加速了巨大（捷安特GIANT）品牌化的决心。于是，巨大公司卖掉闲置土地，积极筹资发展自有品牌的营销，以面对客户将减少订单的现实，并于1986年于荷兰设立捷安特欧洲公司，拓展国际通路；1987年成立美国公司；1988年成立捷安特德国、英国及法国公司；1989年成立日本公司；1991年成立澳大利亚及加拿大公司，全力建构全球营销网。

但是,大举进军国际的同时,严酷的考验也随之而来。20世纪80年代末期,我国台湾地区的产品在国际上的形象仍很糟糕,初期销售至欧洲的自行车更招致质量不佳的批评。为改善质量,公司设立IA(Industrial Art)生产线,集中好手生产高质量自行车,并由刘董事长亲自监督,将自行车当作工业艺术精品来做,以符合欧洲消费者需求。同时也与第三方沟通,提升零组件的质量,品质才渐受欧洲公司总经理的认可。第二年(1987年),捷安特欧洲公司开始获利。

此外,巨大公司坚持每家子公司都是百分之百独资,以贯彻集团理念。而刚开始于海外设立子公司时,企业没有足够的国际人才外派,因此聘用的都是当地有经验的人才,以满足当地市场的需求。而为了就近供应市场,快速响应当地需求,巨大公司于1996年开始在荷兰设厂,并于1997年正式生产。

(二)善用运动营销,提升品牌形象

除了广设营销通路、生产基地外,巨大公司也针对运动营销投注了不少心力,其中赞助知名自行车队便是重要的一环。巨大公司所投资过的车队,包括了西班牙Once车队、德国T-mobile车队、荷兰Rabobank车队、澳大利亚国家代表队、欧洲登山队(ATB Team)、美国越野车队(MBX)及登山车队等。公司通过长期赞助专业自行车队来提升产品质量及品牌地位。一方面,选手们若获得奖项,便替捷安特提升了品牌形象;另一方面,选手们对巨大自行车的反馈有助于自行车的研发与改善质量。

1992年,巨大公司开始进入中国大陆,与布局欧洲的策略一样,公司在中国大陆也是采取在地深耕的大方向。公司在中国大陆采取的是内外销并重的策略,这也是巨大在中国大陆成功的关键因素。在当时,多数台商到大陆设厂是看中了大陆低廉的人力成本,将大陆作为外销的生产基地,但是,巨大公司同时也看到中国大陆庞大的市场商机,所以锁定能内外销并重的华东地区设厂,而非华南地区。1992年,巨大公司在昆山设厂,扩充产能;2004年,公司于四川成立成都厂,产品以销售大陆西南市场为主;2007年,公司再设天津厂,供应华北与东北市场,部分销往日本、韩国。

(三)严把质量关,夯实品牌发展基础

为了改善产品质量,巨大公司自1982年便开始推动"巨友工厂"协力体系,并每年举办巨大体系协力共荣大会,赠送感谢状给绩优厂商;1983年推动品管先生、品管小姐选拔,配合品管圈、标准作业、改善提案制度等,为内部建立注重质量的观念。巨大同时也在增加产量上下功夫,1987年公司引进丰田式生产系统(TPS),后改为 GPS(Giant Production System)。因应新台币持续升值,8H7D 为 GPS 体系的第一个目标,即自行车从下料到装配,要在 8 小时内完成组装,零组件库存量不能超过 7 天。

经过质量和产量的双管齐下,巨大公司在 1990 年产销 160 万台自行车,创下台湾地区单一工厂最高纪录,出口也持续保持台湾地区之冠。

巨大公司之所以能够做出世界一流的自行车,除了把好质量关外,另一个重要的因素为注重研发创新。

巨大公司的产品多为自行开发设计。由于深耕全球各地市场,公司充分利用全球分工的优势,由在地人才提出产品需求反馈,作为研发的重要依据。在分工上,由台湾进行新车种、新材料、新技术的核心研发,提供全球车种(Global Model);各地再依区域需求,开发当地车种(Local Model)。目前比例为 70% 的 Global Model,及 30% 的 Local Model。

在研发经费方面,公司每年固定投入营业收入的 2% 作为研发费用。除了过去率先开发的铬钼合金,目前公司更有优异的铝合金及碳纤维制造技术。全球不同车种,是国外诸如 iF 及 Red Dot 等设计大奖及我国台湾地区精品奖项上的常胜将军。

(四)精心耕耘,同业协作,升级品牌形象

2000 年开始,中国大陆渐渐取代台湾地区,在自行车出口的总值与总量上,双双超越台湾地区。此外,不少台商也因为低廉的劳动力成本,纷纷外移,台湾厂商面临削价竞争以及产业空洞化的危机。面对这样的困境,巨大思考的是必需提升捷安特 GIANT 产品的附加价值,以生产高附加价值的捷安特 GIANT 产品取代削价竞争。

2003 年,巨大公司邀请同业并联合其他自行车上游厂商,共组 A-Team(台湾自行车协进会),整合业界的资源,推动从零组件开发、质量,到整车的质感,以及系列升级计划,包括缩短开发、交货时程等,力图以集体的力量改善产业结构。A-Team 成立之初,其便以台湾制造多样少量的高阶车种,而大陆做量产、中价位车种为定位,目的在于将台湾的自行车产业加以升级,以拉开与大陆廉价自行车的距离。

A-Team 成立之后,通过中卫中心、国瑞汽车、巨大成员,辅导会员导入丰田生产系统(TPS),并以市场需求为导向,减少中间流程、资金积压等,朝及时化供应(Just in time)、零库存目标努力。A-Team 厂商于导入 TPS 3 年后,再导入 TQM(Total Quality Management,全面质量管理),速度与质量并重;过了 3 年再导入 TPM(Total Productive Management,全面生产管理),让设备条件更能符合生产快又好的产品。其次,也提出 A-Team 成员"1-1-1-0"的交货目标,希望每天叫货、交货一次,交货(前置)期缩短至 10 天。而自 A-Team 成立后,成效卓著,台湾地区自行车出口量从 388 万台回升至 540 万台,出口平均单价从 2003 年的 150 美元提高到 2011 年的 380 美元。

这样的产业合作模式,必须破除"同行相忌"的不信任气氛,乐于分享、学习,其次需建立明确的管理中心与游戏规则,并寻找中立第三者从旁协助,才能有效整合产业资源,否则很容易让联盟流于形式,甚至闹得不欢而散。而由产业龙头带领,再链接上游零件厂,创造成员间的信任感,才能达成一种"跟自己竞争、跟同业合作"的完美竞合状态。

A-Team 的成效,随后吸引了其他国际大厂如 Trek、Specialized、Scott 及美国自行车经销商组织 NBDA(National Bicycle Dealer Association)等成为赞助会员。而这种产业合作模式也扩散到其他产业:2006 年,台中精机、永进两大工具机龙头便合推"M-Team"双核心协同合作计划,同业在一起就共同减少浪费、提升质量、缩短交期等方面筹划协商;同年,国内最大手工具自有品牌厂金统立也登高一呼,找 9 家协力厂成立手工具业"T-Team",卫浴产业与汽车钣金领域,也接连建立合作组织,分别是全球最大水龙头厂成霖企业领军的"R-Team"和四大钣金厂共创的"S-Team"。

三、大力推行骑乘文化

为推行骑乘文化,吸引更多人骑乘自行车,巨大公司于 1989 年成立捷安特体育基金会,2000 年改组为自行车新文化基金会,大力推行自行车运动,提倡安全骑乘,设立自行车日,并与台湾地区各级行政中心合办单车成年礼,让青年学子远离电视屏幕,到户外骑自行车,认识自己土生土长的故乡,也学习感恩、分享与团队合作的精神,逐步将台湾地区打造成为自行车岛,与此同时,也在大陆展开类似活动。

由于看好女性市场,公司于 2008 年推出针对女性的 Liv/giant 品牌,并在台北开设第一家专卖店,使自行车扩展至不同市场区隔。通过打造友善的骑乘环境,以及截然不同的通路氛围,引导更多女性骑自行车,有助于将骑自行车塑造为健康与美丽兼具的新时尚。

除此之外,公司也看好休闲旅游市场,2009 年在台湾地区首创捷安特旅行社,除提供自行车,并规划定点及环岛旅游,安排食宿保险外,沿途还会派遣随队的技师与补给车,有助于自行车运动推广,品牌更深植人心。目前捷安特旅游的车友足迹已遍及我国台湾地区各地、大陆,甚至日本。目前,花东的两铁共构,有7个火车站旁边都有捷安特的自行车租赁站,车友可以甲租乙还,再也不用大老远搬自行车到花东骑车。

2009年起,巨大公司与台北市政府合作,于信义区推动公共自行车租赁系统"YouBike",作为大众运输的子系统。至2012年底为止,全台北市已经有41个站,1 000多部公共自行车,高峰时刻的使用率高达每辆车10个周转(平均一辆车一天被使用10次以上)。至2015年,整个台北市区陆续增加至162处租赁站,配备超过5 000辆自行车来服务台北市民,进而使台北市成为一个低碳移动的绿色城市。

每年5月,巨大集团全球海内外员工、经销伙伴与朋友们,都会聚集在一起,通过骑行活动与社群分享,进行一系列"Ride Like King"活动。"Ride Like King"有着双重寓意:像标哥King一样地热爱骑车,同时骑着自行车感觉就像王者一样。"Ride Like King"活动始于2009年,为庆祝董事长刘金标先生(英文名字:King,大家喜欢称呼他"标哥")再次燃起对自行车的热情而举办。多年致力于打造自行车王国的标哥,当年在集团赞助电影《练习曲》的启发下,重新开始追逐他多年的梦想。2007年标哥73岁时,以15天、927千米的成绩完成了人生第一次自行车环岛的梦想之旅。

自此开始,推动自行车运动成为刘金标终身的使命。刘金标投入大量的时间参加我国台湾地区与全球各地的自行车挑战赛、嘉年华等活动,致力于推广自行车生活,他骑遍了中国、日本及欧洲,促使各界的注意力转移至自行车的基础建设如何促进健康、减少污染与提升生活质量等值得深入思考的层面上。

四、尾声

捷安特GIANT在以全新的产品回报社会的同时,秉持着"全球经营,当地深根;全球品牌,当地经营"的新世纪经营哲学,坚持以自身发展来带动自行车文化的发展,保证消费者可以享受"一地购车,全国服务"的服务,在关心中国自行车体育运动的同时,注重自行车休闲文化的导入与发展;在赞助世界及中国顶级自行车队的同时,不忘与消费者之间的互动。

自行车已经有200多年的历史,因此要创造需求。这么多年来,巨大都在努力创造新文化,这一直是巨大努力的方向。刘金标说,"我要用自行车改变世界!"这位自行车界的"苏格拉底"认为,人生只需追求唯一,而不是第一,凡事创新必须从移动开始,而移动始于脚下的踏板。他说,"不喜欢跟人家一样",要做就做市场"唯一",做生意不会把赚钱和利润摆在第一。骑行文化得以发展,刘金标在其中发挥了巨大的作用,同时捷安特也走在了这种潮流的前端。因为对推广自行车文化的突出贡献,刘金标董事长于 2015 年 12 月 2 日获得了第 9 届"台湾卓越成就奖"的殊荣。刘金标董事长以"自行车传教士"为职志,积极推广自行车运动并亲身实践。GIANT 成为全球自行车的领导品牌,得益于刘金标董事长矢志追求"唯一"的独特经营。

捷安特在刘金标的带领下不断进行骑行文化的推广,例如推行"骑行分期",举办各类自行车比赛,推动环岛骑乘及认证,举办国际无车日、自行车日活动,等等。捷安特不计成本地推广新自行车文化,在台湾知名的景点如日月潭以及在繁华的市区,将可租借的自行车作为地铁、公交车等公共交通工具的有益补充。捷安特资助建立了自行车租借站,提供异地还车服务,并负责该租借站的运营管理。他们的努力得到了台湾地区行政中心的配合,每年的 5 月成为台湾的自行车月。但是,他们的努力更多的是"叫好不叫座",例如,他们运营的自行车租借站,的确为市民带来了方便,但是台湾市民出行更多是以机动车为主,这就导致了该租借站长期亏损。面对此种情况,捷安特是应该继续不遗余力地推广骑乘文化,还是应该继续专注自行车生产?如何有效实现企业产品和品牌文化的协调发展?

课题组到捷安特(昆山)有限公司调研

附录1：捷安特大事记

年度	公司重要事项
1972年	成立巨大机械股份有限公司
1980年	成为台湾第一大自行车制造商
1981年	创立自有品牌捷安特及台湾捷安特销售公司
1986年	在荷兰创立欧洲总部，进军欧洲市场，为拓展全球市场奠定坚实基础，接着在英国、德国、法国等地设立更多行销子公司
1987年	创立美国总部
1989年	创立日本销售公司；成立财团法人捷安特体育基金会（2000年改组为自行车新文化基金会）
1991年	创立加拿大销售公司
1991年	创立澳大利亚销售公司
1992年	成立捷安特（中国）有限公司
1994年	巨大股票上市（台证所：9921）
1996年	在荷兰成立欧洲制造工厂
1997年	创立昆山捷安特轻合金科技有限公司
1998年	买进日本HODAKA公司30%股份
2004年	成立捷安特（成都）有限公司
2006年	成立捷安特电动车（昆山）有限公司
2007年	成立捷安特（天津）有限公司
2011年	与台北市政府交通局签订台北市公共自行车租赁系统之BOT案，建置加营运共7年合约到期，由巨大机械股份有限公司建置营运
2012年	捷安特（中国）有限公司在昆山举行20周年庆典
2015年	捷安特公司YouBike事业部独立成立"微笑单车股份有限公司"

附录2：自行车文化

自行车从发明至今，已有200余年历史。自行车虽不是中国人的发明，却受到中国人的广泛青睐。不论是皇城根下，还是乡村僻壤，都能看见自行车的身影。起初，自行车只是人们的代步工具，之后慢慢发展出了例如健身、竞赛等功能。至今，自行车运动已经成为一种健康、绿色的生活方式，成为文明和文化的象征。

自行车文化主要是指运动文化，自行车不仅仅是一个代步工具，更是一种健康运动的时尚标志。欧美自行车市场以运动、休闲为主体,是全球最大的中高级自行车使用市场,已经十分成熟,市场发展空间渐趋平缓,国际大品牌开始将发展方向转移至亚洲,尤其是占世界人口 1/5 的中国市场。近几年,中国经济迅猛发展,中国人的生活水准和品质发生了质的变化,中国正在取代欧美,转变成以运动、休闲为主体的中高端自行车消费大国。在宝岛台湾,每年 5 月 5 日为"自行车日",这是弘扬自行车文化的大众节日。

中国曾是自行车王国,但正在走发达国家"汽车革命"的老路,城市交通几乎是汽车独大,冷落自行车成为普遍社会现象和大众心理。许多人十分留念 20 世纪 60—70 年代那种对自行车的喜爱,可如今这种喜爱早就淡出了大众心理。开车的要么是官员,要么是有钱人,骑自行车的肯定是穷人一族,这已成为公众心目中的等级风向标。

摒弃这种观念需要弘扬"自行车文化"。随着越来越多中产阶层的崛起,汽车已经走入普通的城市市民家庭。曾经为铃声四起的自行车海洋所占据的城市道路已经被嘈杂的汽车鸣笛声和严重的交通拥堵所取代。其实,骑自行车是崇尚自然,是低碳主义,是绿色文化;骑自行车有益健身,是体育文化;骑自行车省钱,是经济文化;自行车比汽车历史悠久,骑自行车更是传统文化。当代中国,自行车文化应该成为考量当地居民幸福生活的指标,从两轮到四轮,再从四轮回归到两轮,可能会是一种趋势。

(资料来源:互动百科 http://www.baike.com)

案例使用说明

一、教学目的与用途

(1) 本案例主要用于 MBA、EMBA 项目的《企业伦理与文化》《品牌管理》等课程。

(2) 本案例教学目的在于使学员理解和掌握企业文化建设特别是品牌文化与企业产品的协调发展。

二、启发思考题

(1) 捷安特是如何推广骑乘文化的?你有何更好的建议?

(2) 如果你现在接手领导捷安特的未来发展,是继续大力发展骑乘文化,还是专注自行车生产？两者有何关联？

（3）企业家文化在捷安特品牌发展过程中是如何体现的？企业家文化对企业文化建设有何影响？

（4）你是否赞同刘金标"要做就做市场'唯一',做生意不会把赚钱和利润摆在第一"的观点？如何有效实现企业产品和品牌文化的协调发展？

三、分析思路

教师可根据自己的教学目的与目标来灵活使用本案例。这里提出本案例的分析思路,仅供参考。

（1）捷安特为推广自行车文化,发展自行车文化健康休闲活动,多年来通过全国各地的销售网络组建骑行俱乐部和车迷会,特别成立专门的公司经营自行车旅游与租赁项目,并捐资设立江苏捷安特自行车文体基金会。捷安特关注环保、发展旅游、改善交通,倡导自行车休闲健身运动,引导人们加入到自行车骑乘中,享受快乐、健康、运动、环保、亲子、旅游、和谐、时尚的骑乘乐趣。

自成立以来,江苏捷安特自行车文体基金会以"轮转共骑""轮转竞技""文化传播""大爱无疆"四个公益项目,分别从策划组织群众体育活动、资助社区文体设施建设、支持竞技体育发展、扶贫救困等方面发展公益事业。其中,关注青少年成长的单车成人礼成为基金会的名牌项目。单车成人礼将古代成人礼仪式与现代自行车骑行挑战相结合,通过对传统文化的传承与现代单车文化的贯彻,磨炼即将成人的18岁青少年的意志力与体力,使其在团队骑车活动中了解家乡,感恩父母,学习团队精神、互帮互助,获得心灵与身体的成长与锻炼。

（2）关于是继续推广骑乘文化,还是专注自行车生产的问题,捷安特自身并未给出非此即彼的答案。两者之间的关联或一致性有待进一步探讨,教师可根据学生分析的理据进行点评和判断。

（3）企业家文化是指企业家在企业经营管理中所遵循的经营理念。企业家所具备的基本素质是企业家文化产生并发展的根源,有了优秀的企业家素质才会有优秀的企业家文化。企业家文化是一种独特的企业文化现象,是企业管理者人格、法律意识、创新精神、事业心、责任感等品质及其所信奉的管理观念和方式、管理规章、管理规范等的综合体。企业文化是企业家文化的鲜明体现,是企业家文化的自然延伸。企业文化又是一个不断创新、不断发展的体系,而其中企业家的创新精神和非凡才能是推动企业文化发展的核心力量。先进的企业文化能推动企业走向成功,而企业文化的精髓则源自于企业家。卓越的企业家既是企业的领导者又是员工的思想领袖,他以自己新思想、新观念、新思维和新的价值取向来倡导和培植卓越的企业文化。一定意义上讲,企业家文化是企业文化的灵魂。

(4)产品是品牌的载体,产品文化是品牌文化的基础,没有产品或产品文化,品牌文化就成为无本之木。品牌文化的形成使员工有了明确的价值观念和理想追求,对很多问题的认识趋于一致。这样可以促进他们之间的相互信任、交流和沟通,使企业内部的各项活动更加协调。同时,品牌文化还能够协调企业与社会,特别是与消费者的关系,使社会和企业和谐一致。企业可以通过品牌个性文化建设,给品牌输入充满魅力的个性,并建立品牌信息的传递机制,让所有的顾客能够深度认识品牌的真实象征,使品牌所代表的文化与消费者产生共鸣。捷安特在刘金标董事长的带领下,并未把赚钱和利润摆在第一位,而是不遗余力推广骑乘文化,未来应该能够找到两者协调发展的有效方案。

四、理论依据与分析

本案例涉及的主要理论:

1. 企业文化理论

企业文化是企业的灵魂,是推动企业发展的不竭动力。它包含着非常丰富的内容,其核心是企业的精神和价值观。这里的价值观不是泛指企业管理中的各种文化现象,而是企业或企业中的员工在从事经营活动中所秉持的价值观念。

本案例中,捷安特 GIANT 在以全新的产品回报社会的同时,秉持"全球经营,当地深根;全球品牌,当地经营"的经营哲学,坚持以自身发展来带动自行车文化的发展。其使命是:提供品质优良的自行车给全世界追求高度骑乘乐趣或纯粹以轻松及休闲为诉求的消费者;在运动、休闲,或作为代步工具等各方面,创造最佳综合价值的自行车及相关服务,并且在环境保护的前提下促进身心健康及增加生活乐趣。

2. 品牌与品牌文化理论

根据美国营销协会(AMA)的定义,"品牌是一种名称、术语、标记、符号或设计,或是它们的组合运用,其目的是借以辨认某个销售者或某销售者的产品或服务,并使之同竞争对手的产品和服务区分开来"。因此,品牌的最终目标是在功能之外实现产品或服务的差异化识别。一个成功的品牌不仅要取得用户的认知,而且要营造一种文化氛围,使得用户可以长久地凝聚在品牌周围。同时,文化可以赋予企业差异化的核心竞争力。

近些年来,品牌文化开始得到国内外学者的日益关注。品牌文化和企业文化密切相关,但是又有所不同。企业文化是基于企业而衍生出来的一种类文化,其核心是企业精神,成熟的企业文化是企业全体员工共同形成的信念、价值观和行为方式。良好的企业文化可以为企业业绩带来积极的影响,并成为企业的一种核心竞争力。但是,品牌文化不等于企业文化,也不等于商品文化和概念文化。品牌文化的内涵一方面是通过品牌名称、品牌标志、品牌包装等展示出来的文化,另一方面,其实质是企业形象、企业经营理念等的总和。

3. 企业家精神

企业家精神最早由弗兰克·奈特(Frank Knight)提出,本意指企业家的才能、才华。从个体特性上看,企业家善于创新的特质、勇于承担的胆识以及独到的洞察力和前瞻性,能够打造企业个性文化。从企业家精神的内涵上分析,精神首先是一种精神品质,精神首先是一种思想形式,是一种驱动智慧运思的意识形态,但精神不完全是仅仅表明个人意识状况或过程的心理的、主观的概念,精神相对于意识,它应该是对意识的一种价值抽象。企业家精神表明企业家这个特殊群体所具有的共同特征,是他们所具有的独特的个人素质、价值取向以及思维模式的抽象表达,是对企业家理性和非理性逻辑结构的一种超越、升华。

五、关键要点

(1)结合案例材料,总结捷安特品牌发展的关键要素。
(2)探讨企业品牌文化如何与企业产品协调发展。
(3)分析企业家文化在企业文化建设中的作用。

六、建议课堂计划

本案例可供专门的案例讨论课使用,课时计划约为100分钟(2个课时)。

以下是按照时间进度提供的课堂计划建议,仅供参考。

1. 课前计划

提前1周发放案例,提出启发思考题。要求学员学习相关理论并利用互联网掌握行业背景知识,请学员在课前完成案例材料阅读和初步思考。

2. 课中计划

首先,由教师作简要的课堂发言,主要介绍本案例大致内容、案例涉及的问题,明确案例讨论问题(5 分钟)。

其次,开展分组讨论(30 分钟)。安排学员按小组就座,每小组由 5 名学员组成(以 50 人的班级为例,可分为 10 个小组)。要求各组针对启发思考题进行讨论,并整理、归纳发言内容。

再次,由小组代表在班级讨论中发言。要求每组发言代表概述本小组对案例问题的分析和解决思路(每组 5 分钟,总时间控制在 50 分钟左右)。

最后,教师归纳总结。教师针对本案例关键点引导学员进一步讨论,并结合各小组陈述情况进行归纳总结(15 分钟)。

3. 课后计划

如有必要,请学员在课堂讨论的基础上,采用报告形式给出更加具体的解决方案,以小组名义提交书面案例分析报告。

七、参考文献

[1] 阿奇·B. 卡罗尔,安·K. 巴克霍尔茨. 企业与社会:伦理与利益相关者管理[M]. 北京:机械工业出版社,2004.

[2] 〔美〕阿克,〔中〕王宁子. 品牌大师[M]. 北京:中信出版社,2015.

[3] 王海忠. 高级品牌管理[M]. 北京:清华大学出版社,2014.

[4] 魏文斌,洪海. 苏州本土品牌企业发展报告(驰名商标卷)[M]. 苏州:苏州大学出版社,2014.

[5] 张红霞,马桦,李佳嘉. 有关品牌文化内涵及影响因素的探索性研究[J]. 南开管理评论,2009(4):11 – 18.

[6] 廖春海,梁浩波. 中国自行车骑行文化的兴衰流变[J]. 搏击:体育论坛,2014(10):43 – 44.

[7] 闫杰,彭国强. 骑行文化研究[J]. 体育文化导刊,2014(2):64 – 67.

飞翔公司的企业文化建设如何优化[①]

摘　要　企业文化是推动企业发展的内在动力,也是企业竞争力的基石。本案例介绍了飞翔公司初创阶段形成的家文化及其困境,描述了其二次创业阶段的企业文化建设情况。但是,若要推进公司实现未来的战略规划和百年企业的愿景,减少在快速发展过程中所遇到的障碍和壁垒,提升公司的核心竞争力,飞翔公司的企业文化尚需进一步优化。本案例对企业文化与战略协同、民营企业文化建设提供了一定的借鉴和思考。

关键词　民营企业;企业文化;企业战略;核心竞争力

飞翔公司于 1990 开始进入表面活性剂行业,在"团结拼搏、负重奋进、自加压力、敢于争先"的精神鼓舞下,用了短短 15 年的时间取得了 10 亿元销售收入的成绩,并成为 P&G、Rhodia 等国际跨国公司的长期战略合作伙伴。飞翔公司的第一阶段发展比较顺利和快速,在随后的几年内,飞翔公司就发展为销售收入达 65 亿、表面活性剂产品国际市场份额占 50% 的化工集团公司。

但在企业高速发展的背后,公司高管居安思危:飞翔公司还能继续突破吗? 实际上,在这个领域飞翔公司已经"做到顶"了,很难再有更大发展空间了。在这样的情况下,飞翔公司高层做出了一个大胆的决策:2010—2012 年期间,将旗下的脂肪胺类表面活性剂和高性能尼龙两个子公司出售,转而投入大量资金,用于开发新的技术,培育新的产业,正式迈入二次创业阶段。公司将曾经的明星产品"表面活性剂"业务出售后,开始由过去的原材料生产商变身为新材料提供商。飞翔公司在第二次创业阶段,若要推进公司实现未来的战略规划和百年企业的愿景,减少在快速发展过程中所遇到的障

[①]　本案例根据公司实地调研素材编写,硕士生华佩佩参与了公司调研和案例编写,作者拥有著作权中的署名权、修改权、改编权。由于企业保密的要求,在本案例中对有关名称、数据等做了必要的掩饰性处理。本案例只供课堂讨论之用,并无意暗示或说明某种管理行为是否有效。

碍和壁垒,提升公司的核心竞争力,其企业文化尚需进一步优化。

一、公司简介及其发展历程

江苏飞翔化工集团(以下简称"飞翔公司")创始于1970年,前身是沙洲县农药厂(生产乙酰丙酸、双酚A、侧链等化学中间体产品),1990年更名为张家港市助剂厂,进入洗涤剂生产领域,投资生产1 000吨/年的染料助剂。在随后的10年中,6 000吨/年的表面活性剂"209"洗涤剂产品投产;建成3 000吨/年的K12喷粉塔;建成3 000吨/年的季铵盐生产车间;投资生产10 000吨/年的染料助剂;6 000吨/年的脂肪伯胺项目建成,脂肪胺类产品系列化;新建6 000吨/年的叔胺生产装置和1 500吨/年的丙二胺项目。其中在1995—1997年出口创汇方面成绩显著,公司被中华人民共和国家农业部、对外贸易经济合作部授予"全国出口创汇先进乡镇企业"称号。

2000年,经江苏省人民政府批准改制成立江苏飞翔化工股份有限公司;成立张家港市飞翔化学有限公司。在随后的几年内,又陆续新建6 000吨脂肪伯胺项目,完成10 000吨季铵盐项目,建成1 100立方米/小时氢气装置;报建20 000吨乙氧基化项目、12 000吨脂肪伯胺项目;在建10 000吨叔胺项目、4 000吨夸特项目;完成3 000千瓦时热电项目。2004年,中共张家港市委员会、张家港市人民政府向飞翔公司颁发"2004年度自营出口总额超三千万美元"奖牌、"2004年度工商企业销售收超5亿元"奖牌、"2004年度苏州市百强民营企业"奖牌。2005年,中共张家港市委员会、张家港市人民政府颁发"2005年度工商企业销售收入超八亿元"奖牌、"2005年度工商企业入库税金超二千万元"奖牌。2006年,中共张家港市委员会、张家港市人民政府向飞翔公司颁发"2006年度自营出口额超五千万美元"奖牌、"2006年度工业企业销售收入超十亿元"奖牌、"2006年度入库税收超4万元企业"奖牌等。同年,飞翔公司成为宝洁叔胺市场的战略合作伙伴。2007年投资并成立苏州翰普高分子材料有限公司。2009年在苏州新加坡工业园区成立苏州新材料研究院有限公司。在过去飞速发展的10年中,飞翔公司每年保证近30%的增速,占据着国际市场50%以上的表面活性剂的市场份额,从全球来看,其表面活性剂产量仅次于跨国化工巨头阿克苏诺贝尔,居全球第二。

在国际市场占有率已达50%的前提下,飞翔公司高层也曾设想到美国等地设立生产基地,为公司未来的发展争取更大的空间。然而由于文化背景、成本、环保等因素,飞翔公司高层的努力多以失败告终。公司高层也曾考虑产品升级,然而碍于公司原有的研发团队太小、研发周期过长等因素,最终选择了放弃。恰逢此时,国际化工巨头罗地亚向公司抛出了橄榄枝。罗地亚集团六大业务部门之一的 Novecare 事业部,专门为化妆用品、清洁产品、农用化学品以及石油化学工业提供高性能的特种化学产品和相关的技术解决方案。罗地亚 Novecare 在全球拥有研发和技术支持网络,并在全球表面化学品领域具有领先的市场地位,其所生产和提供的磷系衍生物、天然聚合物、合成聚合物、聚合物单体和环境友好的二盐类溶剂在全球都有很可观的需求量。飞翔公司旗下的阳离子表面活性剂和脂肪胺正是罗地亚所缺少的产品线,通过整合飞翔公司的产品,罗地亚将显著提高在表面活性剂业务中的领导地位,这是罗地亚实施营利性增长战略的重要一步。2010 年飞翔公司与罗地亚达成了并购协议。

并购完成后,飞翔公司利用出售所获资金发展新材料等产业,让公司从过去的原材料生产商变身为新材料提供商。2010 年成立河北凯德生物材料有限公司、飞翔化工滨海有限公司、江苏富森科技股份有限公司、凯凌化工(张家港)有限公司。2011 年,经江苏省工商行政管理局正式批准成立江苏飞翔化工集团,公司迈入了集团化管理模式;另外,成立江苏奥石科技有限公司。2012 年,飞翔集团成立大连世慕化学有限公司,注资滨海恒盛化工有限公司,并分别与澳大利亚信实药业有限公司合资建立苏州翔实药业有限公司,与美国惠明顿医药科技有限公司和苏州广大投资集团有限公司合资建立苏州威普特化学有限公司。

经过 40 多年的不懈努力和战略经营,飞翔公司已跻身中国精细化工行业的领军企业行列。公司总部设在苏州工业园区,旗下拥有 10 多家核心子公司,公司 2011 年销售额达 65 亿元。飞翔公司拥有四大业务板块:无机材料(IM)、单体和水溶性高分子(MWSP)、精细有机化学品(FOC)、聚合物和工程塑料(PEP)。公司分别在江苏滨海、张家港凤凰、张家港扬子江化工园和连云港东海打造了四大化工生产基地,以世界级的生产制造能力给予四大业务板块以强有力的支持。

飞翔公司始终关注对长期可持续发展科技研发的投入,在过去的 10 余年间,集团已经建成多个科技创新平台,包括国家博士后科研工作站、江苏省级工程技术研究中心、大连世慕化学有限公司,以及新材料研究院。同时,集团还与国内知名大学、研发机构和国际客户建立了多个科技研发合作项目。

目前,飞翔公司已拥有一家国家重点高新技术企业和两家省高新技术企业,拥有国家博士后科研工作站、省级工程技术研究中心、企业技术中心、两个研究生工作站、苏州科技公共服务平台等科技创新基础平台,成为国家表面活性剂特殊贡献单位、全国优秀民营科技先进企业、国家火炬计划张家港精细化工产业基地骨干企业、六项国家行业标准和一项国家标准的起草单位。公司拥有技术人员350多人,并拥有一批高层次高新尖人才团队,拥有化学博士11人,其中享受国务院津贴专家1人,德国化学博士1人,美籍博士3人,留美博士5人。公司为中国洗协表面活性剂专业委员理事单位、中国环境保护产业协会会员、中国染料工业协会会员,是全球阳离子表面活性剂的重点生产企业之一。公司的组织结构如下图所示。

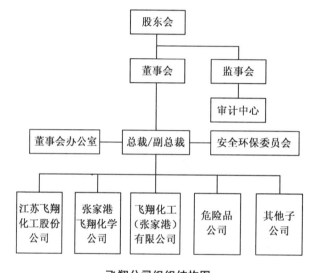

飞翔公司组织结构图

飞翔公司的产业定位是:基于可再生资源的绿色新材料,重点包括高新精细化学品及高科技新材料两大领域。

(1) 在精细化工领域:向上游配套发展基础原材料,向下游配套发展高新精细化工系列产品,如塑料助剂、绿色纺丝油剂等。

(2) 在高科技新材料领域:将重点发展以可再生资源为主要原料的新材料、生物可降解的塑料及有机硅类新材料等高分子新材料、电子化学品、环保水处理材料、生物工程新材料、功能化纤维、功能型化学新材料等。

(3) 在环保水处理与造纸助剂领域:将重点发展功能性单体与聚合物产品等。

二、公司企业文化初形成——家文化

（一）飞翔公司的家文化

飞翔公司在初创阶段,人不足 20 名,钱不足 2 000 元,地不足 2 亩,面对着不可名状的重重困难,此起彼伏的万千艰辛。公司总经理出访了东南亚等世界著名的跨国化工企业,了解化工行业信息,考察市场发展趋势,明确今后的发展方向:设计并建造表面活性剂"黄金产品链"的交互式产业结构。初创期同事间相互鼓励、相互帮助,共同克服技术上与市场中的各种难题,同事们感情如兄弟姐妹般浓厚,因而没有较多的组织制度等约束。同时公司也关心着职工的生活,考虑着职工的利益:

（1）2001 年,公司斥资 850 万元,为全体职工购买了城镇保险,成为全镇率先实现全员保险的企业。

（2）成立工会,定期举办活动,给困难员工发放补助金。

（3）关心员工工作环境,斥资改善环境,如针对产品包装车间的外泄气味,增加吸附装置,彻底消除气味。

（4）公司投资上千万元建造了 5 幢公寓楼,公司关键人才还可以以成本价购买。

（5）公司给外来的高管人员配备了小轿车,帮助他们解决家属的就业问题和子女的入学问题,让他们安心工作。

公司的这些举措,形成了具有飞翔特色的"家文化"。

（二）公司家文化存在的问题

飞翔公司在创业第一阶段形成的家文化主要有以下问题:

1. 家文化的制度缺失

飞翔公司地处张家港市凤凰镇,绝大多数员工是来自周边的村民,初创期形成的家文化必定带来企业管理的非理性。一方面,企业内更注重乡亲、熟人和朋友的感情联络,形成了一种职能等级与血缘关系相混淆的模糊的人际关系,使得企业的经营管理具有非理性特征和落后性特征。亲缘关系使得员工的情感逻辑往往忽视制度和规则的制约,出现行为上的随意性和涣散性,以"情"代"理",以"情"代"法",破坏了制度理性的权威。另一方面,看似紧密的人际关系其实隐藏着大量难以解决的日益加剧的矛盾。企业员工激励机制缺乏理性支持,对于非家族成员的员工来讲,建立在雇佣和被雇佣基础上的企业员工关系严重影响了职工的积极性以及对企业的认同感和归属感。

再则,在创建期,对大部分民营企业创业者来说,企业是实现其个人目的的工具。到了发展期,企业开始有了市场和渠道的基础,面对市场和竞争,创业者的经营思路和行为风格在这个时候会受到极大的挑战。这时,无法再依靠简单的人情关系来维持企业的凝聚力。这时企业不再是创业者一个人的领地,企业的价值取向和经营思想也不再是少数人的权利。企业和业务的扩大使得创业者不能再对所有的事都面面俱到地加以控制,经常在授权和放权之间徘徊,这种情况成为企业成长的障碍。而大多数的民营企业创业者对自己强烈认同,他们希望引进与自己经营思想和行事风格相近的人来代替原有跟不上企业发展的人,却不依赖于发展和建立一种制度文化。而且,企业规章制度往往无法约束创业者的行为。即使管理人员建立了规章和制度,但如果企业创业者是第一个违反的,那么制度的权威性也会随之消散,他们自己也往往成为企业规范化文化建立的瓶颈。

2. 家文化的难延续性

2012年,飞翔公司注资江苏滨海恒盛化工有限公司,此次并购经历了筛选、调查、谈判、实施和并购整合五个阶段。第一阶段,飞翔公司组建了由并购专家、律师、注册会计师等人构成的并购小组,对并购的企业进行全面、彻底、动态的调查和分析,通过考核,最终确定并购意向。第二阶段,对滨海恒盛公司进行审查,调查滨海恒盛公司的基本情况、产业分析、财务和会计资料、财务报告制度和内部控制制度、税收、人力资源和劳资关系、营销和产品、生产过程及工艺流程以及研究与开发,并确定了并购的方法和范围。第三阶段,并购双方进行协商谈判。第四阶段,经过飞翔公司和滨海恒盛公司双方的股东大会、董事会及政府的审议、批准,签订并购合同,双方并购在形式上基本完成。第五阶段,并购后的滨海恒盛公司在人员、财务、资产、文化等方面进行全面整合。

滨海恒盛公司在被并购后重组了管理层,飞翔公司派了人员成为滨海恒盛公司的高级管理层。由于飞翔公司原有的决策模式和行为模式带有创始人强烈的个人风格色彩,因而短时间内无法融入新企业,无法形成固化的企业价值观对员工行为模式进行影响,反而在并购的初期,员工扮演了抵制变革的角色,导致并购后产生了一系列的问题,如公司的经营业绩有所下滑,频繁发生安全事故等。

3. 缺乏对外来人才的包容性

企业的高速发展和规模的不断扩大,使得飞翔公司对各类专业人才、管理人才产生强烈的需求,而民营企业特别是家族企业历来最大的缺陷就是对人才引进的排他性。但因为飞翔公司的创业团队中很难产生充足的此类人才,所以在初创期,飞翔公司对外部人才有着强烈的依赖性,外来人员对企业原有的决策角色和控制力结构产生强烈的冲击。因为这些外部人才有着自己的经营理念和风格,不会盲从创业者的价值观,势必在企业的发展过程中对企业原有的文化产生冲击和稀释。同时,新的管理风格和思想也受到旧员工的挑战。对于那些老员工来说,工作和报酬可能不再是他们对企业的唯一期望,同时他们也不再仅仅是任务的执行者。他们在创业期跟随创业者所取得的成功,让这些随着创业者陪伴企业成长的员工意识不到改变管理体制和员工行为的必要性。而基于新的管理风格的员工行为很难在短期内产生实际的成果,无法对人们产生激励的作用。这使得企业的一些旧员工对待新的管理风格和经营理念,很难从观念和行为上改变过来,可能在心中产生不认同甚至抵抗情绪。

三、飞翔公司二次创业的企业文化建设

在公司将曾经的明星产品"表面活性剂"业务出售后,飞翔公司开始由过去的原材料生产商变身为新材料提供商,这也标志着飞翔公司开始了第二次创业。公司在创始人的带领下,已经经历了40多年的风雨,飞翔人还要继续走下去,要将飞翔公司打造成百年企业,百年飞翔的愿景规划就此诞生:打造具有国际影响力的百年化工企业集团,通过上下游产业链的打造与整合,为客户提供节能、环保、健康的化学品与优质的服务。

根据飞翔公司已有企业文化的现状及存在的问题,结合公司发展战略需要,飞翔公司在第二次创业阶段,主要从四个方面对企业文化进行设计和建设:第一,核心层文化设计——精神文化建设;第二,中层文化设计——制度文化建设;第三,幔层文化设计——行为文化建设;第四,表层文化设计——形象文化建设。

(一) 公司精神文化

飞翔公司第二次创业时提出了公司的使命:通过上下游产业链的打造与整合,为客户提供优质的产品与服务。它的内涵是,飞翔公司将专注在化工领域,将节能、环保、健康的化学品和服务提供给客户。企业使命回答了企业为什么要存在和为什么这样做的现实问题。企业要去到哪里?未来是什么样的?战略目标是什么?这就是企业愿景,愿景不可能轻易实现,可能实现也可能实现不了,但它能让人热血沸腾。飞翔公司提出的愿景是:打造具有国际影响力的百年化工企业集团。

企业全体成员共同认可的价值标准和价值取向是企业精神文化的思想基础，它为全体员工提供积极向上的文化选择。如果一个企业缺乏明确的价值准则或价值观念不正确，是不可能取得经营成功的。飞翔公司在二次创业时将公司的核心价值观确定为：责任、进取、共享。

1. 责任

每个人应该有这样的信心：人所能负的责任，我必能负；人所不能负的责任，我亦能负。作为一名公司员工，应负起对岗位、对自己、对公司的责任。同时，关注安全、保护环境是化工人的第一重要责任，更是保护自己、关爱家人的表现。有了责任心，工作和生活就有了真正的含义和灵魂。

2. 进取

"进"是一种前进的动力，我们只有不断地学习，不断地进步，才能不断地提升自己的能力，让自己在工作中无往不利；"取"是指获取，只是在获取之前，需要你先有所付出。天下没有免费的午餐，有付出才有回报。

3. 共享

企业活力的精髓在于团队的凝聚力。团队凝聚力的核心就是相互协作，员工作为团队中的成员，要相互分享知识、经验，共同进步。当然，共享可以是精神上的，也可以是物质上的。只要员工尽到责任，做到奋力拼搏，那么在团队的共同努力下，员工就能分享共同的成功和喜悦，分享公司的利益；反之，大家将一起承担失败，承担痛苦。

（二）公司制度文化

企业文化并不仅仅停留在无形的理念上，而是要把文化理念外化为员工的行为，这就需要制度加以转化和固化，并形成习惯。企业管理制度作为企业中一种能看得见、摸得着的具体的行为规范，对于形成本企业的企业文化、激励广大员工为企业做出积极的贡献具有十分重要的意义。因而，建立一套科学的管理制度就极为重要。

飞翔公司提出二次创业后，公司的高管也在思考什么样的管理架构、管理模式可以支撑公司的发展要求。高管提出，首先要调整的就是公司的组织架构。企业组织结构能够反映企业内部以及企业内部与外部各相关利益群体间的利益关系，企业内部的组织结构会决定企业行为，进而影响到企业战略的实施。同时，企业战略具有前导性，而组织结构却往往具有相对滞后性，根据企业的发展战略，适时、适度地变革组织结构十分必要。而从企业生命周期的角度看，在企业初创阶段，生产产品结构单一，所面对的市场空间也相对狭窄，组织结构相对单调（如直线制组织结构或职能型组织结构），但随着企业生产规模的进一步扩张,企业生产的产品趋于多样化,所面对的市场范围跨地区甚至跨国界,组织结构也就必须做出相应的变化。

公司的管理依靠管理体系的运作,而管理体系的功能和效率发挥好坏,并不只取决于某一个或某几个制度的运作。同时,为满足来自顾客、政府等第三方的要求,以及公司自身发展的需要,公司需要通过认证的体系越来越多,各种体系之间的接口、各要素之间的协调越来越复杂,而如何将上述标准和要求进行恰当的整合,并与公司的生产经营、人员状况、文化氛围、外在环境等实际情况相协调,需要靠整体有效性的发挥。为解决面临的上述管理难题,飞翔公司于2013年开始实施"一体化管理体系项目"。"一体化管理体系"又被称为"综合管理体系""整合型管理体系"等,就是指两个或更多管理体系并存,将公共要素整合在一起,在统一的管理构架下运行的模式,英文全称为Integrated Management System,故常常缩写为IMS。常见的公司/组织会将ISO 9000质量管理体系标准、ISO 14000环境管理体系标准、OHSAS 18000职业健康安全管理体系标准三位合一,飞翔公司的IMS除了上述三个标准外,还包括地方政府要求的安全生产标准化和环保生产标准化,这两个标准主要是针对飞翔公司的行业特点而言的。

公司应用过程方法,系统地识别所有管理过程及其控制方法,使过程管理从无序到有序,从有序到受控,确保管理无死角;系统地将公司的所有过程分为管理过程、主业务过程和支持过程。显然,主业务过程是企业的增值过程,它始于顾客/相关方,也终于顾客/相关方,为企业创造价值;支持过程主要包括为顺利完成主业务过程而提供必要的支持活动;主业务过程与支持过程及其子过程间相互协调、有效运作离不开管理过程,管理过程处于企业活动的顶端。

公司在管理体系制定和建立过程中,以过程活动为主线,采取"兼容共性,保留个性"的原则,对公司经营所需的所有管理要求进行整合,整合后的一体化管理体系文件包括:第一级文件(一体化管理手册)、第二级文件(程序)、第三级文件(管理规定、技术规程、作业指导书等)、第四级文件(表单)。虽然需要同时满足5个标准/规范、其他相关方要求及其他自身管理需要的要求,但整合后的管理体系文件结构清晰、简洁明了,避免了现代企业管理体系复杂庞大、多重管理、交叉管理、管理分散、管理冲突等现象,解决了现代企业管理体系文件过多、运行效率低的难题。

为满足多重管理体系/标准的需要,公司工作组成员及有关管理人员参加了多个体系/标准的培训,掌握了多个体系标准的要求,并学会了融汇贯通,极大地促进了复合人才培养。在体系建立和实施过程中,广大员工积极参与,在帮助体系顺利建立和实施的同时,员工在质量、安全、健康、环境与卫生等方面的意识也得以提高。

公司建立和实施符合有关体系标准/规范要求的管理体系,是顾客/相关方对公司的要求,也是公司树立自我形象的需要。公司一体化管理体系的顺利建立和实施,无疑满足了这两个方面的要求。

(三) 公司员工行为文化

制度是一种硬性的行为规范,是企业文化理念落实的重要保障。只有当企业制度的内涵被员工接受并自觉遵守时,制度才变成一种文化,才能形成共同的行为模式。制度贯彻需要通过培训进行"文化洗脑"才能使员工从内心认识、认知、认同本企业文化。

企业文化从精神到制度再转化为员工的行为,即是企业文化落地的过程。此过程有四个阶段:一是认识,即员工对企业的文化产生全面充分的认识;二是认知,即员工从知道到接受,让员工与企业就企业文化达成默契;三是认同,即员工从接受到形成共鸣,在行为上以企业文化为导向;四是自觉,即员工在行为上自觉践行企业的文化理念,主动按照文化的导向去行动,自觉履行岗位责任,自主执行上层决策,达到知行合一。

1. 安全行为

化工生产存在易燃易爆、高温高压、有毒等危害因素,稍有不慎,就容易发生事故。大量的统计资料表明,人的不安全行为是导致事故的主要原因。为了预防事故的发生,保证安全管理制度的执行和落地,公司提出了以下安全行为准则:

(1) 按要求穿戴个人防护用品。
(2) 没有授权,不擅自维修任何东西。
(3) 清理维修时,遵守停电挂牌上锁制度。
(4) 吸烟点以外不吸烟。
(5) 防爆区域不打手机。
(6) 保持工作场所清洁有秩序。
(7) 饮用酒精饮料后不进入公司。
(8) 公司区域内如发现不安全行为,立即制止。
(9) 发现任何安全隐患立即报告主管或相应职能部门。
(10) 行走时走在人行道内,非紧急情况,不在厂区内奔跑。
(11) 上下楼梯抓好扶手。

（12）骑行现场自行车时双手扶车,工具放在可靠的工具袋或车篮中。

（13）工业垃圾与生活垃圾分开存放。

（14）保持消防通道的通畅。

（15）未经允许不得将任何危险化学品带入、带出公司。

公司不仅制定了以上安全行为准则,还制定了员工观察方案和考核方案。员工观察方案要求每位员工(包括管理者和普通员工)相互观察不安全行为,发现不安全行为后除了现场制止外还需要进行记录。公司会对记录下的不安全行为进行统计分析,并将统计分析的结果进行宣传和张贴,发挥每一位员工自我监督和监督他人的作用。

除了制定安全行为外,公司还开展各种安全活动,让员工参与安全活动。

（1）各子公司总经理带领各部门领导签署 EHS(环境、健康、安全)管理投入承诺书。

（2）在食堂、宣传栏播放安全视频,制作展板宣传安全事故案例等。

（3）组织应急逃生全员培训,模拟逃生演练及伤员抬运。通过演练,提高员工的自我保护意识,提高面对突发事件的应变能力,增强在紧急状态下的心理承受能力,熟悉逃生疏散线路,能在最短的时间内进行逃生自救。

（4）开展应急演练,增强公司人员应对危化品事故的快速反应能力和应急处置能力,强化应对各类灾害事故的自救和抢险技能,提升企业组织应对突发事件的实战能力,提高各部门应急处置协调能力。

另外,公司还组织各种竞赛活动,如叉车技能比赛、隐患排除比赛、安全知识竞赛,员工既可以增长知识,又体会到了团队精神。

2. 初心会

在企业文化的落地过程中,企业家和公司高管的言传身教是首要环节。员工做什么,并不是听领导说什么,而是看领导在做什么。榜样的力量是无穷的,企业高层正向的示范力量和反向的示范力量都十分巨大。领导,就是要带领、引导。只有领导带头了,文化才有可能落地。如果企业高层不身体力行,甚至不认同,企业文化必然要落空。所以,企业高层在企业文化推行中要发挥重要作用,必须言传身教。当然,企业文化也并不是只有高层参与就够了,全员参与的文化才是真正的企业文化。只有通过全员培训、学习、各类比赛等进行企业文化的宣传,让企业文化深入人心,才能成为全员的企业文化。

为了创造良好的全员学习的氛围,飞翔公司于 2014 年下半年创办了

"初心会"——初心是空空如也的,不受各种习性的羁绊。只有保持这颗初心,随时准备好去接受、怀疑,并对所有的可能性敞开,才能如实看待万物的本然面貌,一步接着一步前进,然后在一闪念中领悟到万物的原初本性。不忘初心,方得始终;不忘初心,共同成长。

初心会要求各子公司每周举办一次企业文化学习会,每次学习会确定明确的学习主题,在学习汇总时要积极理论联系实际,鼓励成员针对性地参与讨论,大胆交流自己对企业文化的学习体会和观点,努力提高学习效果。

初心会定期购买书籍并制定图书管理办法,组织换书活动,每次组织活动前提前以邮件的方式通知所有参加初心会的人员。

初心会每次活动后,组织人员将活动心得或建议以文章形式向公司期刊投稿,并组织评选活动。

(四)公司形象传播

企业形象文化是企业文化的重要组成部分,是企业文化的展示和表现。

飞翔公司自创建以来,就一直有着敢闯敢拼的精神,无论是公司名称还是公司标志无处不显示着飞翔公司和飞翔人希望像雄鹰一般飞得更高、更远的愿景。

飞翔公司标志如下图所示。

飞翔公司标志

飞翔公司标志整体造型契合化工行业的特征,务实、严谨而又不失新意,体现了企业蓬勃发展之意。图形部分以三个色块拼成象形的"飞"字,象征着飞翔如雄鹰展翅,搏击长空。

1. 企业文化视觉识别基础系统

基础视觉识别系统的设计是企业全面推行形象传播的基础,一般包括以下几个部分:

办公系统:PPT模板、名片、信封、信纸、识别牌(员工证、座位卡等)、日常用品(环保袋、手提袋、马克杯等)、礼品赠品(企业请柬、礼品杯等)等。

广告包装系统:企业宣传手册、产品手册、宣传单、企业海报、旗帜、企业形象展示牌等。

服饰系统：化工行业的工作服分为一般工作服和特种工作服，特种工作服主要是针对特殊岗位（如化工生产现场等）的人员。化工作业场所存在大量破坏环境和危害人体的因素，为消除和降低作业场所的危害，目前企业采取的主要措施是替代、变更工艺、隔离、通风、注意个体防护和卫生等。由于工程控制往往不能完全消除作业场所的危害因素，所以特种工作服就是保护作业人员生命健康安全的最后一道屏障。因此，化工行业的特种作业服不仅仅是工作服，还包括安全帽、安全眼镜、安全鞋等。

2. 策划企业文化相关活动和拓宽沟通渠道

公司定期策划企业文化的相关活动，如年终晚会、运动会、集体婚礼、家庭日、摄影比赛等。

3. 创办文化内刊

企业内刊不仅能够促进向内沟通，启发和引导员工了解关心自己的企业，不断认识和提升自身的价值，了解行业状态等；也能够促进向外沟通，让客户、访客等了解公司内部的动态。

伴随着飞翔公司的企业文化升级，2011年第一期《飞翔》终于面世了。《飞翔》的版面设置如下：

第一版：卷首语。主要是公司管理层对公司经营管理、团队建设的理念、追求，在思想上引导和激励员工团结奋进，积极向上。

第二版：要闻回顾。主要是报道公司经营管理中的重要决策、重大的工作举措、重大的新闻事件以及与之相关的行业新闻，传递公司的最新动态。形式主要是文字或图片新闻稿。

第三版：飞翔舞台。全方位报道公司近期的经营动态，如规范化管理，各子公司制度或管理的建设、思路、措施、实施项目、实施案例等。

第四版：企业文化。主要是报道公司企业文化的建设思路、企业文化的理念、企业文化建设案例、企业文化建设的成果等。形式可以为文字或图片。

第五版：绿色家园。此版面主要是贴合公司的行业而设置的。绿色管理是现代社会生产和生活方式的改变在企业经营管理上的反映，是国民经济可持续化发展和人们生活质量提高的必然途径。所以在化工企业中要树立绿色品牌，培养绿色文化，执行清洁生产。此版面内容主要包括安全和环保方面的知识以及公司的政策等。

第六版：科技生活。主要是报道公司研发、科技发展相关的进展，前沿的行业信息等。

第七版：员工风采。主要是刊登公司员工的原创作品，包括员工的感想、健康生活的习惯和相关知识、员工在旅游过程中的感受和景点介绍、员工的宝宝秀、员工的书法和摄影秀、新员工介绍等，大力营造浓厚的企业文化氛围，展现员工积极向上的精神面貌，提升企业外部形象，让企业文化转化为实际的竞争力。

四、尾声

雄鹰脱喙拔趾，方能蜕变重生，傲视苍穹；凤凰浴火涅槃，才可超越自我，意翔九天。我们赞许破蛹成蝶、惊鸿一瞥的神奇；我们陶醉花开新芳、桃吐新蕊的欢喜！而飞翔——一个历经了40多年风雨的企业，还有多少高远梦想需要飞翔人一步步去追寻，还有多少宏大蓝图等待飞翔人一笔笔去描绘？

江苏飞翔集团董事会主席施建刚先生寄语全体员工：

面对未来，我们忠诚、大气、坚韧、敢为的劲头将永不衰退！有创新，我们领先一步；有开放，我们求同存异；有包容，我们胸怀苍穹；有务实，我们和合一家。在这样的文化熏陶下，我们会飞得更高，飞得更远！飞翔集团将加快创新发展不动摇，持续创业开拓不松劲，如雄鹰展翅，搏击长空！

让我们共同唱响"百亿飞翔不是梦，百年飞翔必成真！"的主旋律，共同继承"创新、开放、包容、务实"的核心文化，共同打造"科技化、国际化、绿色化"的新材料航母！

我心，我手为飞翔！

我拼，我搏，我要强！我要强！

一、教学目的与用途

（1）本案例主要用于 MBA 项目的《企业伦理与文化》《企业文化建设》等课程。

（2）本案例教学目的在于使学员理解和掌握企业文化理论在企业实践中的运用，引导学员思考企业文化如何落地，企业文化管理如何与企业战略管理相互协调、相互作用，如何助推企业竞争力的提升。

二、启发思考题

（1）飞翔公司二次创业阶段的企业文化建设包括哪些内容？有何特点？

（2）你认为企业文化与企业战略之间有什么关系？该公司是如何将两者结合的？

（3）你如何看待飞翔公司创业初期的家文化？公司二次创业的文化管理体系有何实际价值和意义？

三、分析思路

教师可根据自己的教学目的与目标来灵活使用本案例。这里提出本案例的分析思路，仅供参考。

（1）企业文化建设是一个长期的过程，不可能一蹴而就，并且它需要全体员工的共同努力才能使企业文化建设落到实处。企业文化建设的主体是员工，所以企业文化建设必须要有员工的广泛参与，只有这样才能使每一位员工了解自己企业的文化，逐步使企业文化深入人心。同时企业要注重培养和提高员工的素质，在员工广泛参与的前提下，不断推进文化建设的深入，逐渐培育员工的团队精神，增强企业的凝聚力。

但是，如果没有企业文化建设制度作为企业文化建设的保证，只是靠员工的自觉行为是不现实的。从企业文化的宣传到深入人心，并表现为员工的自觉行为和习惯，这是一个艰难而又长期的过程，只有靠制度保证，才能成功实施企业文化。因此完善与健全企业的相关制度，形成制度体系，对企业文化的发展有积极的作用。

飞翔公司二次创业的企业文化建设是从物质文化层面、制度文化层面、行为文化层面和精神文化层面进行的，可结合民营企业文化及化工行业特点归纳其企业文化管理的特点。

（2）企业通常由战略管理实现使命和达成愿景。企业战略反映了企业宗旨和核心价值观，有着深刻的企业文化烙印。企业文化能够引领企业价值观并服务于企业的战略。从企业文化的内容来看，企业使命和企业愿景为企业战略的制定提供了基本依据、发展方向和长远目标。

随着企业经营管理实践的发展、内外环境的改变，企业文化需要不断充实、完善和发展，从而更好地适应企业战略发展的需要。企业文化是一种潜在的生产力，只有做到企业战略和企业文化互相协调、互相补充、互相促进，企业文化才会对企业战略目标的实现和核心竞争力的提升起到积极的作用。通过对飞翔公司企业文化建设的分析可知,通过企业文化的建设与推广能够将公司的管理提升到一个新的高度,企业文化将为公司的持续发展起到积极的助推作用。

(3) 我国民营企业的发展或多或少都受到中国传统文化中的"家文化"影响,关于"家文化"对民营企业管理的影响争议不断,且分歧较大。本案例中,飞翔公司创业初期形成"家文化",后因弊端明显,在二次创业阶段构建企业文化管理体系,强化企业文化与企业战略的相互作用。通过讨论,让学员理解企业文化管理体系的形成是企业文化持续发展的必然需要,是保证文化统一性和延续性的基础。优良的企业文化和正确的价值观是一家企业能够做到基业长青的不可所或缺的因素。

四、理论依据与分析

本案例涉及的主要理论:

1. 企业文化管理

企业文化管理是将相对隐性的企业文化提高到战略高度,作为一项重要的管理工具来管理企业。由于企业的专业领域、发展阶段和管理模式不尽相同,在此基础上形成的企业文化也表现出各自不同的特点。根据企业文化的四个层次,企业文化管理可以从物质文化层面、制度文化层面、行为文化层面和精神文化层面进行。

企业文化落地路径是一套"从入眼、入脑、入心到入手"四步走的文化落地路径。

2. 企业战略理论

企业战略理论形成于20世纪60年代初期。1965年,美国著名战略学家安索夫在其著作《企业战略》一书中开始使用"战略管理"一词,将战略从军事领域拓展至经济管理活动。对于战略管理的看法有两大学派:行业结构分析学派和内部资源学派。管理大师明茨伯格将战略管理划分为十个学派:设计学派、计划学派、定位学派、企业家学派、认识学派、学习学派、权力学派、文化学派、环境学派、结构学派。这十个学派可以分成三类。从性质上看,最前面的三个学派属于说明性的学派,它们关注的是战略应如何明确地表述。其后六个学派对战略形成过程中的具体方面进行了思考,它们侧重于描述战略的实际指定和执行过程,而不是侧重于描述理想的战略行为。最后一个学派是其他学派的综合。各个学派都是从某个角度定义和论述企业战略。

企业文化战略是指在正确理解和把握企业现有文化的基础上,结合企业任务和总体战略,分析现有企业文化与理想状态的差距,提出并建立企业文化的目标模式。

五、关键要点

(1)了解企业文化管理及企业文化落地的路径和关键因素。
(2)理解企业文化与企业战略之间的关系。

六、建议课堂计划

本案例可供专门的案例讨论课使用,课时计划约为 100 分钟(2 个课时)。

以下是按照时间进度提供的课堂计划建议,仅供参考。

1. 课前计划

提前 1 周发放案例,提出启发思考题。要求学员学习相关理论并利用互联网掌握行业背景知识,请学员在课前完成案例材料阅读和初步思考。

2. 课中计划

首先,由教师作简要的课堂发言,主要介绍本案例大致内容、案例涉及的问题,明确案例讨论问题(5 分钟)。

其次,开展分组讨论(30 分钟)。安排学员按小组就座,每小组由 5 名学员组成(以 50 人的班级为例,可分为 10 个小组)。要求各组针对启发思考题进行讨论,并整理、归纳发言内容。

再次,由小组代表在班级讨论中发言。要求每组发言代表概述本小组对案例问题的分析和解决思路(每组 5 分钟,总时间控制在 50 分钟左右)。

最后,教师归纳总结。教师针对本案例关键点引导学员进一步讨论,并结合各小组陈述情况进行归纳总结(15 分钟)。

3. 课后计划

如有必要,请学员在课堂讨论的基础上,采用报告形式给出更加具体的解决方案,以小组名义提交书面案例分析报告。

七、参考文献

[1] 魏文斌.企业伦理与文化研究[M].苏州:苏州大学出版社,2013.
[2] 徐明.集团化管控与企业文化建设[M].北京:中国社会科学出版

社,2016.

[3] 张德.企业文化建设[M].第3版.北京：清华大学出版社,2015.

[4] 刘刚,李佳.企业文化二重性与企业绩效关系的实证研究——基于战略匹配的视角[J].经济与管理研究,2014(1):101-108.

[5] 马君,尹志欣.中国传统文化对本土企业核心价值观的影响[J].商业研究,2014(6):172-177.

[6] 徐艳,王凯.民营企业文化构建路径与方法探讨[J].商业经济研究,2015(7):144-145.

[7] 张同全.个体—组织文化契合对敬业度的作用路径研究——以心理资本为中介变量[J].中国软科学,2015(5):101-109.

松鹤楼：餐饮老字号的品牌创新[①]

摘 要 松鹤楼是苏州现存历史最长、饮誉海内外的正宗苏帮菜馆之一，也是商务部首批认定的中华老字号。本案例描述了松鹤楼经过250多年的发展，经历了民国时期由盛而衰、公私合营、企业改制、品牌创新等发展阶段，保持了苏帮菜的龙头地位。近年来，为了适应市场竞争和老字号品牌复兴的需要，松鹤楼进行了品牌创新，在经营模式、质量管理、品牌文化等方面都推出了新的举措。本案例具有典型性，对于有着深厚传统和文化基础的老字号餐饮企业如何实施品牌延伸、老字号品牌文化创新有所启示。

关键词 松鹤楼；老字号；品牌创新；品牌延伸；经营模式；餐饮企业文化

松鹤楼始创于清乾隆二十二年(1757)。由于古人以松鹤寓长寿，故取名松鹤楼。松鹤楼从气象万千的明清款款而来，走出了一段悠长而又舒缓的岁月。250多年的风风雨雨，让松鹤楼浮浮沉沉地演绎着它全部的繁华与喧嚣。

自2008年1月成立苏州松鹤楼餐饮管理有限公司始，松鹤楼拉开了连锁经营的序幕，通过充分发挥老字号品牌优势，走规模化、现代化和连锁化经营道路，松鹤楼在国内市场有了长足发展。2010年试产运行中央厨房后，其在国内市场连锁扩张的速度明显加快。但在连锁扩张以来，松鹤楼高层不断听到来自社会各界的种种质疑声：松鹤楼的中央厨房及在苏州以外城市的分店能否保持苏帮菜的原汁原味？如何平衡老字号文化传承与创新的关系？如何加强餐饮老字号企业文化建设？这些问题值得松鹤楼高层进一步思考。

[①] 本案例根据公司实地调研素材及《苏州本土品牌企业发展报告·老字号卷》的相关案例资料而编写，作者拥有著作权中的署名权、修改权、改编权。由于企业保密的要求，在本案例中对有关名称、数据等做了必要的掩饰性处理。本案例只供课堂讨论之用，并无意暗示或说明某种管理行为是否有效。

一、松鹤楼简介

松鹤楼是目前苏州地区历史最为悠久、饮誉海内外的正宗苏帮菜馆,它是苏帮菜厨师的摇篮。菜品用料上乘、四季有别、因材施艺、精烹细作、讲究火候、鲜甜可口,与吴地温婉灵秀、精致淡雅的风格相得益彰。松鹤楼的名厨在国内外烹饪大赛上屡获金奖,而松鹤楼也荣膺了商业部、内贸部授予的"金鼎奖""中华名小吃"及"国家特级菜馆"等称号。由于松鹤楼在某种意义上代表了苏州美食,因此,它常常见诸电影和文学作品,影片《满意不满意》《中华三味》《美食家》《私人订制》都取材或取景自松鹤楼。著名小说家金庸在其《天龙八部》中多次提到松鹤楼。2007年9月23日,84岁的金庸重回松鹤楼,在品尝了苏帮美食后,欣然命笔,写下了"百年老店,历久常新,如松长青,似鹤添寿"的题词。

"松鹤楼"是商务部认定的第一批中华老字号,于2009年、2010年先后获得"苏州市知名商标""江苏省著名商标"称号。为更好地保护知识产权,进一步提升品牌价值,扩大影响力,2014年12月,"松鹤楼"被国家工商总局认定为"中国驰名商标"。

松鹤楼旗下现有17家连锁店,分布于苏、京、沪、宁等城市。

二、松鹤楼的历史与传承

苏州松鹤楼菜馆是饮誉海内外的苏帮名菜馆,坐落在观前街中段,创建于清乾隆年间。松鹤楼初为面馆,以焖肉面、卤鸭面等苏式面点闻名遐迩。清乾隆二十二年(1757),苏州始创面业公所时松鹤楼已是其中一员,1780年重建面业公所碑刻记载,出钱资助的商店中有松鹤楼的名字。由此推算,松鹤楼的始创年月应在1757年前,迄今为止至少已有250多年的历史。由于松鹤楼选料严谨,加工精细,逐渐成为苏州的名店。光绪十八年(1892)修葺面业公所时立的碑刻(原碑现藏苏州三元坊孔庙内)上,在捐助者的名单中,列第一位的就是松鹤楼,可见当时松鹤楼在苏州已是很有名的面馆了。光绪二十五年(1899),《长洲县禁盗卖僭占面业公所公产碑》(苏州博物馆拓片)亦载有松鹤楼面馆。光绪二十八年(1902),一向经营面点的松鹤楼扩大为菜面馆,并资助面业公所从宫巷原址迁至东美巷新址(此事见苏州博物馆藏《酒馆业集资移设公所仍照旧规办理碑》)。徐金源为有证可查的松鹤楼最早的店主。

有关松鹤楼的起源和店主的情况,民间有许多传说,据松鹤楼老辈讲,清乾隆年间,松鹤楼为一位有名望的洪姓拳教师所开,拳教师广交朋友,生意兴隆。乾隆皇帝下江南时,带两名随身保镖微服来到松鹤楼用膳,碰到白莲教教徒行刺,洪教头率弟子相救,使乾隆脱险。事后乾隆私下嘉赏松鹤楼,命地方官员保障松鹤楼经营。此事一经传出,松鹤楼生意更加兴旺发达。苏州评弹中"乾隆大闹松鹤楼"的一段书就出于此。而松鹤楼招牌题为"松鹤延年,兰贺高寿",则是店主希望松鹤楼能长盛不衰。

另有民间传说,在苏州玄妙观西侧,"天后宫道观"隔河照墙边上,松鹤楼后院内,有千年古井一口,泉水甘甜,长年不断。清乾隆二十年(1755),苏州府发生严重旱灾,河流干枯,田野龟裂。全城大小水井一一干枯,唯有这一古井甘露不断。松鹤楼店主大开门户,普救苏州民众。地方官员请"老道士"探其缘故,"老道士"察看苏州地形后说:"吴王阖闾令伍子胥所建的苏州城犹如蟹形,此井位于城市中心,通八路(娄、齐、平、阊、胥、盘、蛇、匠)泉源,故甘泉不断。"民众为纪念此井的功绩,为其取名"蟹脐泉井"(又名"蟹脐井"),列为玄妙观外十八景之一。从此松鹤楼的生意日见兴旺,财源如"蟹脐泉水"一样长流不断。

据史料记载,清同治年间,松鹤楼还只是小三开间一角楼面的一家经营面点带卖饭菜的小店。但是它经营的面点别具风味,焖肉面的焖肉制作精致,口味适中,入口即化。爆鱼也非常讲究,不用鲭鱼就用草鱼,绝不用杂鱼,夏令鱼缺就用爆鳝应市。最出名的是卤鸭,从五月下旬新鸭上市即开始供应佳肴"卤鸭面"。苏州地方吃"雷斋素""三官素"的市民,在开始素食前的"封斋"习俗就是上松鹤楼吃卤鸭面"封斋",一年一度名驰遐迩。松鹤楼经营的饭菜,是在各色面浇的基础上加工烹制而成,如美味酱方、焖肉豆腐、炒三鲜、小蹄髈、红什拌、汤头尾、毛血汤等属于中低档一类菜。由于店内师傅擅长苏帮原汁原味的烹技,生意越做越活,声誉越来越好,饭菜业逐渐超过面市,老板着意向饭菜方面发展,松鹤楼因而成为苏帮菜的发源地。

民国初年,松鹤楼由"天和祥""金和祥"饭馆经理张文炳接手,"和记松鹤楼"宣告诞生。"和记松鹤楼"为合股企业,股东六人,每股银洋二百元,推张文炳为经理,股东名单如下:张文炳、苏子和、王觉初、邹景高、陆仲康、沈增奎。张文炳合伙盘下松鹤楼后,整顿内部,调集苏、锡名厨高手掌勺,在菜肴的品种、质量和服务态度等方面有了提高和改进。"和记松鹤楼"开张以后,生意逐渐转好。到民国九年(1920)营业额和利润犹如芝麻开花节节高,顾客也由以城乡劳动者为主扩大到上层人士,高档菜的比例迅速上升,松鹤楼成为苏州地方名流宴会之地。民国十三年(1924),张文炳为提高松鹤楼的地位和声誉,会同天兴园、鸿云楼、南新园三家饭馆联名向苏州总商会申请注册。当时社会对菜饭馆行业不甚看重,张文炳恳请前清探花吴荫培出面,多次致函苏州总商会会长贝哉安,才得以办理手续。从此松鹤楼在商会中也有了一定的地位。

张文炳在经营松鹤楼时有一句名言:"做生意最要紧的是取信于顾客。"松鹤楼当时在进货方面严格规定"三不进",即不进鹅、不进鲤鱼、不进黑鱼。这在苏州同业中可谓只此一家。民国十二年(1923),苏州《醇华馆饮食脞志》中记有一段文字:"寻常菜馆多以鹅代鸭,松鹤楼曾有宣言,谓苟能证明其一腿之肉,为鹅非鸭者,任客责如何,立应如何。"足见松鹤楼选料严谨之程度。由于选用上等原料,加上有名厨陈仲曾、费建森等精心烹调,有堂倌杜支卿、徐二宝等悉心服侍,松鹤楼成为苏州地方名流宴请之地。

民国十八年(1929)苏州拓宽观前街,松鹤楼经过近一年的翻建后,隆重开张。店主人在宣传上也下了功夫,民国十九年(1930)1月25日(农历已巳年十二月二十六日),和记松鹤楼在《吴县日报》登出一则广告,全文如下:"苏城松鹤楼和记菜面馆,新屋落成,夏历冬月十九开幕。本店在姑苏观前街创办以来,久已名闻遐迩,辱荷各界之赞美,顾客之称善,已有口皆碑,无待赘述。兹缘旧有店屋,不敷应用,来宾咸以堂无雅座相责,本主人深抱歉仄。兹特重建高大房廊,布置精良,扩充雅座。至于空气新鲜,光线充足,犹其余事,兼烹调适口,价格低廉,伺候周到,藉答惠顾诸君之雅意。承办喜庆筵席,挂炉烧烤,随意小酌,各式细点,各式大面,是所擅长。务请各界连袂偕来,欢迎之至,电话八十六。"自新屋落成开张,生意愈加兴隆,门市和筵席应接不暇。

20世纪80年代,松鹤楼名菜佳肴已达300余种,拥有25名特级烹调师、27名一级烹调师的松鹤楼一直是苏州最负盛名的正宗苏帮菜馆。

1984年,松鹤楼菜馆与北京联营,开设"苏州松鹤楼"分店。一举把苏帮菜肴奉献给北方人民和国际友人。

1994年,"松鹤楼"获得了国家工商局的注册商标。

1999年,松鹤楼菜馆被国内贸易部命名为"中华老字号"。

2002年,苏州市实施产权制度改革。

2003年8月,苏州松鹤楼饮食文化有限公司成立,松鹤楼的国有资产和职工身份全部进行了置换,完成了国有向民营的转变。新的决策层决定投资翻建松鹤楼,让"老字号"重新焕发青春。

2008年1月,苏州松鹤楼餐饮管理有限公司成立,松鹤楼步入快速发展阶段。

如今的松鹤楼在苏州快速崛起之时,又开始着它新的传奇。

三、松鹤楼的店面管理模式

松鹤楼自创始以来,一直坚持选料严谨、加工精细、烹调讲究、礼貌服务、经营灵活的特色。苏州松鹤楼餐饮管理有限公司自成立以来,尊崇"踏实、拼搏、责任"的企业精神,并以"诚信、共赢、开创"的经营理念,创造良好的企业环境,以全新的管理模式、完善的技术、周到的服务、卓越的品质为生存根本。其店面管理模式包括:

1. 以人为本

店面高级管理人员中80%左右受过高等教育,平均年龄约30岁,是充满生机、管理人性化、追求完美的管理层。

经理负责制和严格的业绩提成体现了松鹤楼具有先进的管理流程和制度,全公司上下都为争创业绩目标而努力。每个岗位都有严格的规章制度,有规定的工资级别和畅通的晋升渠道。每周高层开例会研究发展方向及经营指标,每天门店开例会通报隔天的服务情况和客户反映,以各种形式提升团队精神,松鹤楼员工队伍的建设管理已经提升到了一个新的水平。

人是第一生产力,而具有先进理念的人才是企业发展的基础。在企业管理过程中,对人才的招聘、录用、使用、晋升是松鹤楼决策层最为关注的问题。

2. 安全卫生

卫生安全管理所关注的不只是食物,还有厨房和餐厅的清洁、餐具桌椅的卫生消毒、员工的身体健康和卫生意识等各个方面。松鹤楼餐厅的卫生检查已成为企业常态化管理,以后会尽力向消费者展示出来,传达卫生、安全的信息,如厨房与餐厅只隔一层玻璃的透明化操作,密封式消毒餐具的直接供应,等等。

3. 统一采购

采购的方式是由供应链中心确定供应商,签订相关合同,确定付款周期。根据各门店每天上报的配送产品要求,本地门店每天送货,外地门店3~5天送货,保证食品的新鲜、安全。目前,松鹤楼85%的采购实行统一配送,15%的零星采购在各门店进行。

4. 标准品质

松鹤楼标准化管理要求不同时间和地点生产的同一餐饮产品品质保持

高度的一致性,品种、质量、包装、服务都要求做到高度同质化。品种和质量的同质化是第一位的,松鹤楼餐饮产品根据现有的风格特色制定了一套严格的操作规范和标准,摒弃了传统操作中的少许、一汤勺等模糊概念,采用标准计量方法。

为保证各门店菜品的品质统一,松鹤楼于2010年11月启用中央厨房。中央厨房目前分为2个部分、5个生产车间,分别为生料加工部(腌制上浆、点心馅料),熟料加工部(卤水、涨发、热菜)。管理辅助部门为品控部、工程部、人事部、财务部、采购部。各部门协力合作,保障中央厨房的正常运行。经过几年的发展,松鹤楼餐饮管理有限公司中央厨房生产品种从开始的7个品种增加至如今的140个品种。在生产过程中,质量从源头开始把控,选料严谨,精细配料,细致加工。为降低食品安全风险,形成集约化、标准化的操作模式,中央厨房对原料采购的要求也在不断提高,不仅能够保证原料稳定的供应,良好的物流体系能更好地保证原料的新鲜与安全。在原辅料达到规范的前提下,产品才有统一的保证,产品质量才可能达到稳定一致。中央厨房从采购到加工都有严格的控制标准。

四、松鹤楼品牌文化创新

松鹤楼通过对时尚文化的兼收并蓄,将人文情愫、营养健康的传统与时尚的饮食理念贯穿于经营管理中,形成了"后经典苏邦菜"的饮食文化体系。

现代健康理念的植入,也带给了苏帮菜新的爆发点。社会在发展,人的口味在变,苏帮菜要发展要开拓市场,对本地而言,要研究现代人的口味,在保留苏帮菜基本特点的情况下进行改良,让年轻人接受苏帮菜;对外地而言,要宣传苏帮菜的优点,让人们接受"不吃苏帮菜等于没到苏州"的理念。在口味上,要适合现代人的口味,从原来的"色香味形"向"色香味形意(意境)养(营养)"六大元素过渡。经过改良后的苏帮菜,浓油赤酱的问题逐渐得到控制,口感更清爽,符合现代少油少盐的烹饪理念。

从视觉、口味方面进行了全方位包装的苏帮菜,已经成为市场广泛接受的潮流。在松鹤楼,松鼠鳜鱼、清熘河虾仁、响油鳝糊经典三菜的营业额就占到了20%以上,并且其创新发展脉络逐渐清晰而稳定,拥有了"既带有传统经典特质、又富有时代气息的特色代表菜肴"。于是,"后经典苏帮菜"应运而生。这些后经典苏帮菜既保持了传统苏帮菜的优点,又根据现代餐饮消费特点,在菜肴的用料、烹制、配伍、装盘等方面进行了全方位的创新与整合,融合经典内涵与时尚元素于一体,彰显传统之美与现代艺术于一品,充分体现出了时代的勃勃生气。

松鹤楼与众多苏帮菜馆和谐相处,它专注的只是树立标杆。在菜肴上,松鹤楼致力于提升苏帮菜的整体档次,在顾客心目中营造一种"苏帮菜也可以很高档"的印象:一是大量本地家常菜如腌笃鲜、百叶结烧肉、银杏菜心等,经过精工细作后被引入高档宴席;二是许多新口味、新做法的苏帮菜层出不穷。阳澄湖、太湖和长江所产的大闸蟹、太湖三白、水八鲜等众多"江鲜""河鲜",这些苏州特有的物产,通过创新做法令人耳目一新,如太湖白鱼用虾籽蒸,菱肉、藕片、白果与鲜鸡头米炒的"水乡四宝",用桃树上的胶烧制的"桃仁羹",等等,这些苏帮菜已是今天苏州的新招牌菜。

此外,松鹤楼还利用文化事件,如金庸与松鹤楼、电影《私人定制》等传播品牌文化。

五、尾声

松鹤楼将秉持250多年"取信于顾客"之店风,乘着新时代经济市场化和人口城镇化大潮,继续在以苏州为中心的长三角地区和以北京为中心的京津地区巩固现有基础,不断开拓市场。近期将在条件成熟的情况下,重点开拓常熟、昆山等苏州县级城市的市场,将松鹤楼品牌在苏州各地做实,并适时择机开拓诸如我国香港、台湾地区,以及新加坡、日本、美国等海外市场。另外,重拾"服务大众,薄利多销"之传统,在做好端午、中秋、春节三大传统节日的节日食品销售的基础上,积极开发具有苏州特色的糕团、汤包、腌制品等精美食品礼盒;力争兼并或重组一家苏州食品加工企业;加强子品牌建设,开发苏州特色茶餐,组建"松鹤楼·姑苏茶餐厅"餐饮连锁经营有限公司,丰富松鹤楼的餐饮产品线。作为中华老字号品牌的传承者,松鹤楼肩负使命,以战略的眼光、诗意的情怀、工匠般的细致、布道般的热忱让中华菜肴美食承载着中华文化走向全世界。

附录1:松鹤楼的发展历程(大事记)

年度	松鹤楼大事记
1757年	松鹤楼菜馆始创。
1984年	苏州松鹤楼与北京东城饮食公司联营在北京开设了北京松鹤楼菜馆。
1989年	松鹤楼菜馆被评为首批国际旅游定点餐馆。

续表

年度	松鹤楼大事记
1990年	松鹤楼菜馆的首席名菜"松鼠鳜鱼"荣获全国金鼎奖。
	入选全国商业酒店(饭店)50强。
1992年	由特一级厨师刘学家、特二级厨师谢长明领队在新加坡第八届国际沙龙烹饪大奖赛中荣获团体银奖。
1993年	李俊生、谢长明两位名厨分别获得全国烹饪大赛华东区冷盘、热炒金牌。
1996年	陆苏平等名厨在新加坡"马林百列新春美食节"上摆出盛大的"千人宴",令新加坡总理吴作栋等政界要人赞不绝口。
1997年	"姑苏卤鸭"荣获"中华名小吃"称号。
	松鹤楼菜馆被国内贸易部首批命名为"国家特级菜馆"。
1999年	被国内贸易部命名为"中华老字号"。
2003年	总厨师长潘培权在全国中餐厨师长争霸赛中荣获金奖。
2006年	行政总厨潘培权在世界餐饮联合会举办的"世界餐饮联合会国际烹饪大赛"中荣获金奖,同时被世界餐饮联合会授予"国际烹饪大师"称号,2011年12月被评为"中国烹饪大师"。
	10月,在首届中国地方特色菜(宴)上获得"特金奖"。
2007年	在北京广渠门外大街开设苏州松鹤楼菜馆双井分店。
	10月,在由中国烹饪协会、江苏省经济贸易委员会、苏州市人民政府举办的第二届中国·苏州美食节上,获得"特色菜(宴)"特金奖。
	12月,在由江苏省经贸委、江苏省烹饪协会等十家单位联合举办的第五届"贺盛杯"烹饪技术比赛中,松鹤楼选送的"松鹤寿宴"荣获"宴席特别金奖",松鹤楼获得"团体特别金奖"。
2008年	1月,成立苏州松鹤楼餐饮管理有限公司。
	和昆山周庄镇旅游公司合作,联手在著名旅游景点——沈厅开设松鹤楼菜馆。
2009年	3月,在苏州著名的旅游老街——山塘街开设松鹤楼菜馆山塘街分店。
	10月,在北京西城区商业繁华地段开设苏州松鹤楼菜馆月坛店。
	12月,在苏州四星级酒店苏州茉莉花假日酒店内开设松鹤楼中餐馆,成功实现了老字号和高星级酒店的合作经营。同月,在苏州新区永利广场开设新区店。
2010年	5月,成立上海松鹤楼餐饮管理有限公司,并在上海外滩十六铺开设上海黄浦店。
	"松鹤楼"商标获评"江苏省著名商标"。

续表

年度	松鹤楼大事记
2011年	4月,在太仓开设松鹤楼太仓海运堤店。
	8月6日,意大利甲级联赛国际米兰对AC米兰在国家体育场进行,松鹤楼承办了该次活动的餐饮供应与服务工作。
	10月,在苏州东环路开设凤凰广场店。同月,"松鹤楼"进驻南京,在南京地标性建筑"紫峰大厦"正对面开设松鹤楼南京鼓楼店。
	11月,"松鹤楼"在北京的第一家门店重新装修,老店新开,更名为松鹤楼台基厂店。
2012年	4月,"松鹤楼"在北京外交部附近悠唐生活广场开设松鹤楼朝阳门店。
2013年	通过微营销获得"中国好味道"美食排行榜年度"最受吃货喜爱的十佳餐厅"及"苏州微美食十大名博"称号
	10月,松鹤楼观前店、月坛店获得"国家五钻级酒家"称号。
2014年	推出"松鹤楼小馆",让顾客在时尚休闲环境中享受苏帮经典美式。
	12月,"松鹤楼"被国家工商总局认定为"中国驰名商标"。
2015年	12月,"松鹤楼"在吴中万达广场开设松鹤楼苏州万达店。

附录2：苏帮菜

1. 概要

苏帮菜,顾名思义就是苏州本帮菜。中国四大菜系分别为川、鲁、粤、苏。江苏菜是南菜正宗,中国菜之翘楚,名镇海内外。如果把江苏菜系作为大系,往下可分淮扬菜、苏锡菜、徐海菜、金陵菜。苏帮菜就是苏锡菜的一个组成部分,是苏州的本帮菜。

苏州地处太湖之滨,土地肥沃,物产丰饶,以奇园美景、评弹、美食、丝绸闻名于世。苏帮菜则以用料上乘、鲜甜可口、讲究火候、浓油赤酱著称。苏帮菜属于"南甜"风味,不仅选料严谨,制作精细,更是因材施艺,四季有别。烹调技艺以炖、焖、煨为主；重视调汤,保持原汁。

2. 历史发展

苏帮菜历史悠久,据说苏州城公元前514年的诞生就和"太湖炙鱼"即苏式熏鱼有关,到今天已发展成特色鲜明的地方菜系。但在改革开放之初,南风北上,广帮菜在苏州一度十分吃香,占据了餐饮业的高位。后来,又有四川火锅等大举进入,接着是杭帮菜挟雄厚资金在苏州开出巨无霸式的菜馆。近些年来,除了又进来东北菜、贵州菜、台湾菜、新疆菜、云南菜等国内菜系外,日本菜、法国菜、印度菜、韩国菜、马来西亚菜、墨西哥菜等国际风味餐厅也相继进入,国内外风味的菜馆和松鹤楼、得月楼等苏帮菜馆唱起了对台戏。这些外来菜系丰富了苏州的餐饮市场,但在这餐饮业红火的背后,苏帮菜也感受到了空前的压力。

如何应对这前所未有的外来挑战,让苏帮菜继续成为苏州的骄傲,成了苏州人关心的热门话题。苏州作为一个经济快速发展的城市和全国重点旅游城市,应该打开大门海纳百川。虽然受到外来菜系的冲击,但苏帮菜自身具有的文化内涵,加上苏州的水乡地理环境,通过创新,跟上时代潮流,仍能以自己新的魅力占领市场一席之地。

苏帮菜之所以近年来能卷土重来,和苏州近年来经济和文化快速发展是分不开的。来苏州开会、旅游的人普遍对苏州印象好,再加上古典园林、昆曲、苏州评弹、苏州刺绣、苏州丝绸、江南丝竹等这些苏州的特色文化给了人们美好的印象,苏帮菜作为苏州文化的一个重要组成部分,也自然被人们所喜欢和接受。在苏州,苏帮菜已是厨师们安排菜单的根本。

当前,苏帮菜正以新的面貌在市场上展示风采。一是大量本地菜如腌笃鲜、百叶结烧肉、银杏菜心等经过精工细作后被引入高档宴席,二是许多新口味、新做法的苏帮菜在各家饭店层出不穷。阳澄湖和太湖所产的大闸蟹、太湖三白、水八鲜,长江里的"江鲜",众多河里所出产的"河鲜"等苏州特有的物产,通过创新做法令人耳目一新,如太湖白鱼用虾子蒸,菱肉、藕片、白果与鲜鸡头米炒的"水乡四宝",用桃树上的胶烧的"桃仁羹",猪肠和猪肺煨成的"肠肺汤",等等,这些菜在今天已是苏州的新招牌菜。

3. 苏帮菜代表菜

碧螺虾仁:南太湖淡水嫩河虾,配苏州特产碧螺春茶叶,清熘而成。此菜茶香清醇,虾仁鲜滑,令人回味无穷。

松鼠鳜鱼:采用有太湖石斑之称的太湖鳜鱼加以精细刀功刻花而成。经油炸、淋汁后吱吱有声,形似松鼠,经道光皇帝御笔赐名而得,乃江南最为著名的佳肴上品。

腌笃鲜:苏帮菜名菜之一,主要是春笋和鲜、咸五花肉片一起煮的汤,口味咸鲜,汤白汁浓,肉质酥肥,笋清香脆嫩,鲜味浓厚。"腌",就是咸的意思;"鲜",就是新鲜的意思;"笃",就是焖的意思。

樱桃肉:苏州传统名菜之一,最显著的特点是色泽诱人,肉面要切得如樱桃般大小,排列整齐,樱桃肉色泽也应像樱桃般鲜艳透红、亮丽诱人。

鲃肺汤:属于羹汤,主要原料是斑鱼肝、火腿、蘑菇等,口味是鲜,工艺是煮,烹饪难度属于中级。斑鱼(又名:鲃鱼)腹白,背青灰,有斑纹,可鼓气如球浮于水面,是苏州的特产。此鱼每年秋季上市,肉质细腻,风味独特,汤清味鲜,营养丰富。

(资料来源:互动百科 http://www.baike.com/wiki/苏帮菜)

案例使用说明

一、教学目的与用途

(1) 本案例主要用于 MBA 项目的《企业伦理与文化》《品牌管理》等课程。

(2) 本案例教学目的在于探讨老字号品牌在市场竞争中面临的挑战,引导学员从老字号品牌传承与创新角度思考如何进行品牌创新,餐饮老字号在品牌延伸时如何保证其产品品质的统一性,以及如何加强餐饮老字号企业的文化建设。

二、启发思考题

(1) 运用品牌延伸理论,分析松鹤楼从哪些方面进行品牌创新促进了其连锁经营。

(2) 对于餐饮老字号经营者而言,如何处理好品牌文化传承与创新的关系?

(3) 结合本案例,探讨餐饮老字号如何加强企业文化建设?

三、分析思路

教师可根据自己的教学目的与目标来灵活使用本案例。这里提出本案例的分析思路,仅供参考。

(1) 品牌延伸是在已有相当知名度与市场影响力的品牌基础上,将原品牌运用到新产品或服务上以期望减少新产品进入市场的风险的一种经营策略。目前的理论研究认为,品牌的强势度与产品相关性是决定品牌延伸成功的两个核心要素。其中,品牌强势度受到品牌感知度、定位度和知名度三个因素影响,而产品相关性受到具体产品相关度和受众相关度两个因素影响。

连锁经营是品牌延伸的常见形态,分析者要认识到标准化和品质保证是连锁经营的根本。近年来,连锁经营已成为我国餐饮服务企业实现规模扩张的一种重要方式。连锁经营的过程表现为对某一经营体系不断进行简单复制的过程。为了实现可复制,要求总部必须在统一经营理念、统一制度和规范的基础上,实现产品和服务的标准化。标准化了,便可以对连锁经营的分店管理行为、提供给市场的产品和服务进行有效的质量控制,也便于统一形象。

(2)品牌文化是文化特质在品牌中的沉积和品牌经营活动中的一切文化现象,以及它们所代表的利益认知、情感属性、文化传统和个性形象等价值观念的总和。老字号所具有的得天独厚的品牌知名度、深厚的文化底蕴,是值得保护和传承的,但是也更应该看到,在新经济和互联网时代,老字号企业应顺应时代潮流,抓紧对品牌文化的创新,为品牌文化注入具有时代特征的积极文化元素。

松鹤楼在这方面做了一定的尝试。在激烈的市场竞争之下,松鹤楼依靠其"中华老字号"的品牌知名度吸引顾客,充分利用消费者的怀旧情绪,但为了维护老字号品牌的良好口碑,必须在产品工艺传承的基础上进行市场拓展和产品创新,使怀旧和创新达成统一,为品牌注入新鲜血液,提升老字号品牌价值。

(3)餐饮老字号企业文化是指企业从创立之初开始,经过漫长的发展过程,逐步形成的被企业大多数从业人员接受,并为广大人民群众所熟悉的具有老字号特色的企业价值观和形象。中华餐饮老字号企业文化主要通过企业的特色产品、特色服务、市场形象、经营模式、特色技艺等来体现。与普通企业的企业文化相比,传统餐饮老字号企业文化具有极强的传承性、地域性和独特性。每一家国内驰名的餐饮老字号企业,其企业文化都是建立在前人优秀文化成果的基础上,根植于中华民族的优秀文化,经过不同阶段的发展而形成的,具有浓厚的民族特色和文化底蕴。

精神文化作为企业文化的核心内容,是企业文化建设的关键环节之一。与制度文化、形象文化等相比,精神文化具有抽象性、民族性、时代性、继承性等特征。从餐饮老字号企业的精神文化来看,其内涵十分丰富,不仅凝结了老字号企业在数百年发展过程中积累的思维方式和价值理念,同时还包含历代企业领导者的个人智慧,是老字号企业生存和发展的精神支柱。因此,注重餐饮老字号企业精神文化的传承,是保证企业持续发展和基业长青的有效方式。松鹤楼不仅融合经典内涵与时尚元素于一体,还利用文化事件,如金庸与松鹤楼、电影《私人定制》等传播品牌文化。

四、理论依据与分析

本案例涉及的主要理论：

1. 老字号品牌理论

商务部于 2006 年公布了《中华老字号认定规范(试行)》,制定了认定老字号品牌的规范。该规范中将中华老字号界定为："历史悠久,拥有世代传承的产品、技艺或服务,具有鲜明的中华民族传统文化背景和深厚的文化底蕴,取得社会广泛认同,形成良好信誉的品牌。"就行业归属来讲,餐饮老字号属于餐饮业,它们不仅有着特殊的经济意义和文化价值,而且还具备着一般餐饮企业所没有的特点。餐饮老字号可理解为既能展示我国的文化价值,又能体现我国的传统文化背景,拥有世代传承的特别烹饪技艺和饮食产品,具备餐饮消费场所,提供各种餐饮产品给顾客,拥有普遍的社会认同和良好商业信誉的餐饮企业或餐饮产品品牌。

2. 品牌延伸理论

品牌延伸是指利用原有品牌已经取得的市场地位,在新市场推广产品或者服务及开拓新的细分市场,从而可以降低企业的营销成本或者获得更多的市场份额。品牌延伸理论问题涉及的相关问题范围相对广泛,涉及品牌价值理论、品牌定位理论以及心理学上的风险知觉理论和学习理论等内容。

品牌定位理论认为,定位就是明确产品的目标市场,并使产品在顾客心里获得相对有利的地位,其重点是通过策划和创意,对有可能争取到的市场和有可能争取到的顾客施加一定的营销影响,同时营造良好的社会声誉,最终形成品牌在竞争市场中的有利地位。"有利的地位"主要包括两种情形：第一,品牌与产品类别的紧密关联,每当提到某类产品时大家会立刻联想到某个品牌,这样的品牌传递给顾客极其深刻的印象和影响,并在一些顾客心里成为一些类别产品的代名词。譬如,在本案例中,提到苏帮菜时,消费者心中就不由自主想到"松鹤楼"。第二,品牌与产品的特性联系密切。用定位理论来指导品牌延伸时,要准确领悟定位理论的核心,充分考虑品牌定位的与时俱进问题,尤其是变化的方向、方式和幅度等,使品牌独特性与发展性共存。对于餐饮老字号企业而言,品牌延伸是指将老字号品牌使用到同一产品、同一服务的其他相关分店,甚至是使用在全新的产品或者新店上的一种经营方式。本案例中"松鹤楼"连锁经营即是品牌延伸的应用。

3. 连锁经营理论

连锁经营是指一个或多个投资者(企业)在多地点甚至多区域,按照统一模式开展经营活动的商业组织形式。在该组织形式下,经营同类商品或服务的若干个企业以一定的形式组成一个联合体,在整体规划下进行专业化分工,并在分工基础上实施集中化管理,把独立的经营活动组合成整体的规模经营,从而实现规模效益。连锁经营关系是一种授权人与被授权人之间的合同关系。被授权人应维护授权人在合同中所要求的统一性,包括统一采购、统一配送、统一标识、统一营销策略、统一价格、统一核算等。

为了实现可复制,首先要实现产品和服务的标准化,没有标准化,就没有连锁经营。但对于中国餐饮服务业来说,由于所提供产品和服务较西餐复杂得多,所以标准化是一项艰巨的任务。但这并不是说中餐不能标准化,松鹤楼的中央厨房主要就是解决产品标准化问题。

4. 企业文化理论

企业文化是在企业经营和管理中,由管理层根据发展的实际情况制定和推广的,可以被全体员工认同和接受的企业价值观、员工规范、制度准则、企业形象等因素的物化精神总和,是企业品牌形象和文化底蕴的体现。

企业在发展过程中不仅需要重视对企业产品质量、服务质量、营销方式等"物"的管理,还要重视对企业一线员工、中层管理人员、高层管理人员等"人"的管理,将二者相结合,才能实现企业可持续发展。综合来说,企业文化包含物质、精神、行为和制度文化四方面内容,管理者需要四者并重,才能构建积极、健康的企业文化。

五、关键要点

(1)中餐企业在实施连锁经营过程中面临的一大难题是产品和服务的标准化问题。中餐产品和服务的标准化需要抓住中餐内在规律性的东西,并在此基础上开展定标工作。标准化还需要解决好制度的统一化和行为的规范化问题。

(2)探讨餐饮老字号企业文化建设的对策建议。

六、建议课堂计划

本案例可供专门的案例讨论课使用,课时计划约为100分钟(2个课时)。
以下是按照时间进度提供的课堂计划建议,仅供参考。

1. 课前计划

提前1周发放案例,提出启发思考题。要求学员学习相关理论并利用互联网掌握行业背景知识,请学员在课前完成案例材料阅读和初步思考。

2. 课中计划

首先,由教师作简要的课堂发言,主要介绍本案例大致内容、案例涉及的问题,明确案例讨论问题(5分钟)。

其次,开展分组讨论(30分钟)。安排学员按小组就座,每小组由5名学员组成(以50人的班级为例,可分为10个小组)。要求各组针对启发思考题进行讨论,并整理、归纳发言内容。

再次,由小组代表在班级讨论中发言。要求每组发言代表概述本小组对案例问题的分析和解决思路(每组5分钟,总时间控制在50分钟左右)。

最后,教师归纳总结。教师针对本案例关键点引导学员进一步讨论,并结合各小组陈述情况进行归纳总结(15分钟)。

3. 课后计划

如有必要,请学员在课堂讨论的基础上,采用报告形式给出更加具体的解决方案,以小组名义提交书面案例分析报告。

七、参考文献

[1] 魏文斌,洪海.苏州本土品牌企业发展报告(老字号卷)[M].苏州:苏州大学出版社,2014.

[2] 刘巨钦,田雯霞.老字号企业品牌文化创新研究[J].商业研究,2012(4):64-68.

[3] 张永,张洁.中国老字号企业连锁经营模式研究——以全聚德为例[J].管理学报,2012(12):1752-1760.

[4] 安贺新,李喆.中华老字号顾客体验管理问题研究[J].管理世界,2013(2):182-183.

[5] 潘月杰等.中华老字号品牌文化继承与创新发展研究[J].生产力研究,2013(10):160-162.

[6] 蒋尊国等.地方老字号的传承与振兴研究[J].江苏商论,2014(4):11-13.

[7] 李飞.中华老字号品牌的生命周期研究[J].北京工商大学学报(社会科学版),2015(4):28-34.

[8] 许衍凤,杜恒波,赵晓康.餐饮老字号品牌延伸对品牌形象的影响机制研究——基于感知契合度的视角[J].北京工商大学学报(社会科学版),2015(5):99-107.

附录：管理案例教学[①]

一、案例教学法及其作用

案例一词来源于英语"Case"，原意为情况、事实、实例等，但译成中文，在不同的领域有不同的意思。在医学上译为病例，在法律上译为判例，在军事上译为战例，在企业管理上译为个案、案例、实例等，一般认为在教学中翻译为案例较为贴切。将案例应用于教学，通过教师讲课、组织学生讨论、撰写案例分析报告、教师归纳总结等过程来实现教学目的的方法，称为案例教学法(Case teaching method)。

现代意义上的案例教学始于哈佛大学。1908年哈佛商学院成立时，在第一任院长盖伊(E. F. Gay)的策划下，邀请了15位商人参加哈佛"企业政策"课。在第一次上课时，每位商人报告他们自己企业所遇到的问题，并解答学生们所提出的询问。在第二次上课时，每个学生须携带分析这些问题及解决这些问题的书面报告。在第三次上课时，由商人和学生一同讨论这些报告。这些报告，便是哈佛企业管理研究院最早的真实案例。1919年，华莱士·B. 唐哈姆(Wallance B. Donham)出任哈佛企业管理研究院院长，他毕业于哈佛法学院，敏锐地看到了法律和商业管理教学之间的关联性，全力推动哈佛商学院的案例教学，并请欧普兰德(Opeland)教授从事收集和整理制作案例的工作，于1921年出版了第一本案例集，由此奠定了管理案例教学的基础。教学案例的编写由粗到细、由简单到复杂，逐渐成熟起来，案例教学也逐渐成为管理教学中的一种独特甚至是唯一的教学方式。

1984年，"世界案例教学法研究与应用学会"在美国成立，这是一个由教授、研究者、决策者、专业人员及公司经理人等组成，会员横跨世界50多

[①] 本文原题为："案例教学法在工商管理教学中的应用"，原文发表于《苏州丝绸工学院学报》，2001(6)：316-318。此处进行了修改和补充。

个国家的全球性组织,该组织的成立标志着案例教学法的发展已趋成熟。目前,西方各大学的工商管理教学中普遍采用案例教学。哈佛商学院已经成为全球管理院校在案例教学领域的领军者,拥有世界上最大的管理案例库,并致力于在全球推广案例教学模式。

我国从20世纪80年代开始引入案例教学,但因为种种原因,未能广泛开展起来,有的大学已意识到案例教学的重要性,并在一定程度上开始应用,但效果并不尽如人意。我们认为,案例教学法具有一般教学方法不可替代的作用,在21世纪的工商管理教学中,必须大力推广。2007年,在全国MBA教育指导委员会的领导和支持下,成立了中国管理案例共享中心,该中心日常机构设在大连理工大学管理学院。中国管理案例共享中心以"统一规范、分散建设、共同参与、资源共享"为宗旨,提升了我国管理案例教学与研究水平。

(一) 案例教学既可巩固学生所学的理论知识,又可提高学生的实际操作能力

听课、复习、考试等教学环节,对于学生掌握所学理论知识,都有一定的作用,不可忽视。但是,平铺直叙地、"满堂灌"式地正面接受知识,并不一定能使学生真正理解。而进行案例讨论,要有针对性地运用理论知识去分析问题,这时学生不仅要知其然,而且要知其所以然,知其应该如何运用,从而可加深对课堂教学内容的理解;在案例讨论中还会发现学生学习上的薄弱环节,从而注意加以弥补。通过对理论知识的应用来促进理论知识的掌握和理解,这是案例教学的一个重要作用。

(二) 案例教学能有效地开发学生的智能,提高学生的分析能力

管理案例的基本功能就是"迫使学生去思考"。一位好的教师,一种好的教学方法,不仅要给学生以知识,而且要开发学生的智力,提高学生吸取知识、运用知识的能力。进行案例教学的好处,就在于它使学生在学习知识的同时,能够在运用知识解决问题的过程中受到多方面的锻炼,就像在游泳时学会游泳,从而具有对任何江河湖海都能适应的能力。

(三) 案例教学使学生变被动听讲为主动参与,有利于调动学生的积极性和主动性

传统的教学方法着重于吸收知识,而忽视应用知识,学生处于被动地位。进行案例教学时,学生要独立地解决问题,这样对学生就提出了更高的要求。学生犹如企业管理者"当事人"一样,身临其境,处理问题,分辨是非,提出方案,因而能够有效地提高分析问题和解决问题的能力,不断调动学习

的积极主动性。

（四）案例教学能不断提高学生的语言文字表达能力

工商管理专业的学生必须具备良好的语言文字表达能力,才能胜任相关的工作。案例教学通过课堂讨论与案例分析报告的撰写,在这方面将起很大作用。学生在案例讨论之前,必须进行充分的准备,写出发言提纲。在小组讨论和案例讨论过程中,头脑风暴和激烈的辩论对于提高学生的语言表达能力会有很大的帮助。在案例讨论之后,还要写出案例分析报告,这些都有利于提高学生的语言文字表达能力。

二、管理教学案例的编写

管理教学案例是为了适应教学目的的需要,围绕特定问题,在对目标企业进行实地调研的基础上编写的典型实例。在管理教学中,能否有效地运用案例教学法,其关键之一就是是否有高质量的教学案例或案例教材。

（一）管理案例编写的原则

既然教学案例是适应教学目标的要求,以提高学生分析问题、解决问题的能力的,那么,在编写案例教材时,就应遵循以下目标原则：

(1) 目的性原则。教学案例的选材要适应教学目的的要求,每个教学案例的设计应要求在讨论中能突破课程中的某些重点和难点,使学生对课程的一些问题有较深入的理解。因此,在编写工商管理教学案例时,要注意案例之间的合理组合,如决策案例、并购重组案例、竞争战略案例、人力资源管理案例、财务管理与资本经营案例等,才能达到预期的目的。

(2) 启发性原则。教学案例必须包括一定的问题,即思考题。这些问题通常是显而不露、引而不发的,让学生自己去挖掘。案例中蕴涵的问题不在于多,而在于要能启发人去思考,问题越能诱人深入,越能给学生留下较多的思维空间,教学效果越好。这些问题的准确答案不是从书本上得到的,而是通过讨论、互相启发得到的。

(3) 真实性原则。教学案例应是企业实际发生的实例,尽管也可能对某些情节进行虚构,但内容必须有客观依据。编写案例时应尽可能真实地描述,这是保证案例学习者对管理问题做出正确分析、决策的必要条件,也是案例编写的基本要求。而且案例教学主要不是研讨理论本身,而是运用理论知识来解决实际问题,它要求学生实现从理论学习到分析实践的飞跃。

(4) 生动性原则。案例必须生动活泼,有一定的故事性,才能引起学生的兴趣,以便展开深入讨论。

(二) 管理案例的类型

管理案例可按不同角度划分类型,常见的案例类型划分有:

(1) 按篇幅可分为短、中、长、超长四类。短篇案例,通常指 2 500 字以下的;中篇案例,指在 2 500~5 000 字之间的;长篇案例,指超过 5 000 字的;超过 2 万字的案例称为超长案例。

(2) 按专业课程领域可分为单一专业案例和跨领域的综合案例。单一专业案例往往只涉及一个管理主题,如运营、财务、营销、人力资源、技术管理等。跨领域的综合案例涉及多个主题,通常是在综合多个管理主题基础上突出某一主题,如战略与营销、财务、研发等,创业与市场、创新、商业模式等,企业文化与战略、组织行为等。

(3) 按案例性质和学习功能可分为描述/评价型案例、分析/问题型案例(也称为问题决策型案例)。[①] 描述型案例主要是描述一个故事,常用的结构是按照时间顺序来叙述事件的发生、发展及其结果。描述型案例可以按照事件发生的背景、原因、过程以及做出的决策等进行叙述。一般不叙述执行结果,也不进行总结与评价,而给学生留下更多思考空间。决策型案例往往是始于对一个决策者面临问题或困境的描述,在抛出问题或困境之后,并不是接着就对其进行详细的描述,而是笔锋一转,描述与公司相关的内外环境,为学生创设一个真实的决策环境,使其身临其境,站在决策者的角度进行决策。接下来就应该对案例的决策点进行描述。案例的决策点是决策型案例的重中之重,在这一部分,需要运用多种技巧来展示各个矛盾冲突点,可以描述几个相关的故事情节,设置悬念。决策型案例可以突然结束,让学生站在决策者的角度进行决策,也可以对案例进行一个简单的总结并且提出相关的问题来让学生提出解决方案,还可以提出多个备选方案来让学生进行评价和选择。这类案例无疑有利于培养学生全面的管理能力。

(三) 管理案例的结构

管理案例的类型多种多样,所涉及的主题也很广泛,但一般来说,管理案例的基本结构总体上包括两大部分:案例正文、案例使用说明。

案例正文通常包括标题、摘要、引言、背景介绍、主题内容、结尾、附录、注释等。

(1) 案例的标题。标题是教学案例的名称,通常有三种类型:一是素描型,直接以企业名称作为标题,如《纽威阀门案例》《天孚通信案例》等。二

---

① 郭文臣等.描述型案例和决策型案例的采编[J].管理案例研究与评论,2014(10):427-435.

是问题提示型,稍稍提示一下这是一个什么性质的事件,便于读者从题目上想到事件的梗概,如《每年降低7亿成本是如何实现的?》《固定工资还是佣金制?》等。三是画龙点睛型,此类题目是抓住案例材料中最本质的话题,一语道破,切题、醒目,易于引导读者的思路朝案例主题方向思考,如《旭日装饰的企业文化升级之路》《捷安特的品牌文化》等。

(2) 摘要。是对案例主要内容的概括,便于读者了解案例的主题和领域。

(3) 引言。即案例的开场白,要求案例在引言一开始就开宗明义,点明主题、关键内容、主要人物及时间、地点等,向学生或读者交代他们将要承担的角色。

(4) 背景介绍。主要介绍案例企业的概况,如企业规模、历史沿革、组织规模、发展前景等。背景材料应剪裁适度,恰到好处。

(5) 主题内容。这是案例的核心内容,主要是对真实的管理事件、管理情景等案例的主题内容进行比较细致、具体的介绍和描述。在主题内容这部分,无论怎样安排资料、设定情景,都应使读者根据案例情节进入"角色"、进入"现场",面临"问题",作决策分析。

(6) 结尾。这部分主要是对正文精辟的总结。结尾的方式根据需要也有所不同,国外多数管理案例最后是戛然而止,令人有意犹未尽、不知所终之惑。这正是留给分析者去续写的。有些案例用一个启发题来结尾,这种结尾引导读者分析案例也较恰当。

(7) 附录。主要阐述与案例有关但又没有列入案例正文的一些相关资料,这些资料虽然不是案例的主要内容,但对正确地理解案例、讨论案例很有帮助。附录要为正文服务,作一些补充说明。

(8) 注释。一个标准、完整的案例还要有注释,包括篇首注释、脚注等。

案例使用说明,也称为"教师使用手册",是教学案例的重要组成部分。通常包括:教学目的与用途、启发思考题、分析思路、理论依据与分析、关键要点、建议课堂计划、参考文献等。

三、管理案例教学的组织

案例教学法是一种互动式、启发式的教学方法,案例教学组织的精髓在于教师与学生进行互动交流,让学生的学习由被动型变为主动型。教师应鼓励学生成为案例教学的主角,同时要明确自身在案例教学中的角色。

(一) 教师在案例教学中的角色

案例教学与一般基础理论课相比,对教师有更高的要求。哈佛大学之所以能成功推行案例教学模式,就是因为哈佛大学经过几十年的磨炼,培养了一批熟练掌握案例教学的教师。案例教学中,教师的作用虽然不同于直接授课,但要介绍分析框架或理论工具,引导学生进行分析,对学生的不同观点及时进行分类梳理,对有些重要的理念给予提示。这些都要求教师熟悉案例,有广博的知识,以及较强的逻辑分析、要点概括和驾驭课堂的能力。因此,案例教学的功夫在课堂之外,无论是教师还是学生。

传统的教授教学,主要是教师讲,学生听,师生关系比较容易处理,而在案例教学中,唱主角的是学生,这就有一个如何处理师生关系的问题。在案例教学中,教师应该在选用案例、引导学生做好讨论前的准备、组织学生讨论案例、做好讨论后的总结等方面起主导作用。特别是在案例讨论过程中,教师应设法调动学生的主动性和积极性,鼓励学生不断提出新的设想和思路。案例教学中,教师应充当好"三导"角色:

(1)"导航",引导学生进入案例讨论、智力开发的港湾之中。在案例准备阶段,教师要像教练员那样向学生提出具体要求,引导学生进入学习状态,帮助学生明确教学目的,了解学习的程序、规范和操作方法。在案例讨论阶段,教师要充当主持人的角色,控制发言顺序和学习进度,使讨论总是围绕一个问题或一定范围内的问题进行。

(2)"导游",引导学生在知识旅游中不断览胜,拓展知识领域。教师就像催化剂一样,促进学生进行讨论和学习,否则学习就难以深入,难以取得预期效果。教师催化剂角色的发挥,就是帮助、启发学生,通过一个又一个的提问向学生提出挑战,促使他们思考,将问题由表面引向纵深。在学生交流的过程中,教师要发挥桥梁和穿针引线的作用,使各种观点相互撞击和融合,丰富教学的内容。

(3)"导演",舞台是演员施展才华的场所,但是他们必须在导演的指挥下才能演好角色,案例讨论也是如此。案例的课堂讨论虽然以学生为主体,但这并不等于完全放任自流,它实际上一直处于教师紧密而又巧妙的监控与指导之下。教师就像那未曾出现在舞台或屏幕之上却无所不在的导演一样,发挥着潜在的影响力。导演角色的灵活度和难度都很大,对教师的群体互动能力和现场应变能力要求较高。

在案例讨论中,教师应切忌充当"三员"角色:忌当"演说员",忌不注意发挥学生积极性,随意发表自己的见解;忌当"评论员",忌频繁地插话,任意对学生见解评头论足;忌当"仲裁员",忌对学生争论妄断是非,教师以"权威者"自居妄下断语,实际上就终止了讨论。教师应认真听取学生的发言,积极鼓励不同的观点,耐心梳理大家的意见,勇于接纳批评和反驳,创造一个师生之间平等学习的良好氛围。同时,学生也应该有敢于与教师讨论问题的胆识,做到教学相长。在课堂上,教师也应当在必要时为学生释疑解惑,以及在展开讨论的基础上适当予以归纳、评论。这里所说的归纳和评论更多的是引导性的,而不是替代,要引导学生多想、多说,以收到激发思考、集思广益之效。正如孟子说的"君子引而不发,跃如也",这对于成功的案例研讨是极为重要的。

(二)案例教学准备

案例教学的准备,是在确定了教学案例之后,根据教学目标,对案例内容、重点及课堂实施的计划等问题进行准备。

1. 教学案例选择和案例内容准备

教学案例的选择要考虑的维度包括:教学目标、案例难度、案例适用性、学生特点等。

案例内容的准备主要是教师对案例的理解。教师应对案例的事实和相关信息进行清晰透彻的了解和分析。教师不仅应该对案例本身,还应该对案例涉及的公司、其他背景等相关信息比较了解,争取对案例的内容有所扩展。在课堂上,要做到从容不迫,对所需要的重要信息要做到信手拈来。教师还要对案例思考题加以注意,如果原来的问题设计过于宽泛或难度较高,就要有针对性地做些修改,以达到让学生将理论与实践尽快融合的效果。

2. 教学重点和难点的准备

教师应尽量在有限的时间内,对案例中的重要议题作优先安排,根据教学的目标不同,教学重点也应有不同的侧重。案例教学特有的重点是对问题的识别与分析,对资料和数据进行分类与说明以及制定备选方案和决策,既可以是内容性的,也可以是过程性的,完全根据具体的需要进行选择和确定。在教学重点的准备过程中,必须考虑教学目标与学生特点等因素,避免凭教师的主观想象来确定教学重点。

3. 教学实施计划的准备

根据教学目标和教学重点,教师通常需要制定教学实施计划,明确一系列方法步骤。比如:教师希望课堂上发生什么?如何使其发生?讨论按什么顺序进行?是先决策然后再分析,还是先分析再决策?案例的每一部分需要讨论多长时间?是对讨论进行控制,还是任其自由发展?以上所有问题都应在教学实施计划中做出回答。教学实施计划通常涉及预习思考题、课堂时间分配、板书计划及拟定提问学生名单等方面的问题。不同教师的课堂计划所包含的组成部分和具体内容不尽相同,其详细的程度也不一样,有的将其写在纸上,有的则存在脑子里。我们推荐教师在刚接触案例教学或对此方法还不熟悉的时候,将教学实施的方法罗列到纸上,方便随时查看。当教师有了丰富的案例教学经验后,也不能放松对教学的准备。

4. 划分小组与教室的布置

以学习小组的形式组织学生进行讨论,是案例教学中的重要环节。在划分小组时,要考虑小组规模(人数)、互补性、互容性等问题。

对于案例教学而言,理想的教室是可以根据场地的形状、面积、学员人数和教学进度进行灵活调整的。总体原则上,一定要保证教师和学生、学生和学生间可以毫无障碍地看到彼此展示的板书、课件、物品等,可以毫无障碍地听到彼此的发言内容。当教师将学生们分为小组的时候,一定要保证每个小组有足够的空间,让其所有的学生一起讨论。在设计上,如果条件允许,可以根据教学的进程选择座位的排列。在小组讨论阶段,可以使用"梅花形座位",座位无主次之分,大家都是平等交流,机会均等。在全体学员一起讨论的时候,可以使用"O形座位",这样的安排适合双向交流,教师可以站在中间,学生之间彼此都可以看到对方,教师可以随时转向发言的同学,也可以随时向任何一个学生提问。到最后讨论结束的时候,可以用"U形座位"进行成功交流、案例的总结点评。

(三)案例教学的课堂实施

案例教学在课堂实施中主要表现为交流讨论、多向互动。一般情况下,课堂案例讨论的形式是以学生为主,教师启发引导为辅,应遵循"以学生为主""集体参与"和"以鼓励为主"的基本原则。在案例教学课堂的组织中,教师应注意以下几个方面:

1. 做好开头和总结

在教学过程中,也应该适当穿插小结。当教学的一项内容或一个过程完成时,阶段性的小结方便教师更容易地掌握教课的节奏,使学生对知识更加条理化、结构化。教学最后的总结,要再次突出案例的重点、难点分析,强调教学目标。这样一环环地相扣,可以让教学课堂结构清晰化,教师可以更好地把握案例教学的大方向。

2. 把握课堂氛围

在案例教学的课堂中,应鼓励适度的争论,这样可以让气氛更为活跃,也可以激发学生参与讨论。但是,如果争论超出了一定的限度,就变成无意义的纠缠,既浪费课堂时间,同时也容易偏离教学目标。这时,通过澄清概念,可以把学生拉回到最初探讨问题的状态中去,从紧张和对立的情绪中摆脱出来。同时,在概念澄清过程中,往往还可以发现许多共同点,进一步增进理解。

3. 进行课堂有效沟通

管理案例的课堂教学,主要是强调水平沟通,是教师和学生、学生和学生之间思想交流和互动学习的过程。对于学生的课堂表现和发言,应及时给予恰当的反馈,恰当的反馈是对学生学习的激励,也是对学生积极参与课堂讨论的肯定,同时也是教师对教学方向的有效把握。有效的沟通往往可以决定案例教学的效果。

(四) 案例教学的课后评估

课后评估的主要目的在于使学生和教师都能获得关于本次案例教学的信息反馈,并且有利于教师和学生的教学改善。

对学生进行案例教学的课后评估并没有固定模式,关键是要针对不同的培训对象以及不同的教学目的灵活掌握。形式上可以是口头阐述,也可以是书面报告;可以是对每个人单独评判,也可以是以小组为单位。一般而言,在对学生的案例教学情况进行评估时,可从以下方面确定评估的维度:**理论联系实际,逻辑分析;表达和沟通能力;案例分析技巧;解决方案的创新程度;小组成员的默契程度;案例分析报告的分析能力、决策能力、创新能力、表达能力等。**

针对教师的评估,目前有"从终结性评估向过程性评估转移"的趋势。**提倡教师在案例教学过程中发挥主动性和能动性,通过引导和激励学生来实现案例教学的价值和效果。**因此,对于教师的评估应更多地关注案例教学的全过程。

四、结语

管理案例教学虽然在国际著名商学院的运用已经成熟,但在中国不同的院校对运用案例教学仍存在较大差异。既有院校领导重视程度问题,也**有教学案例的采编及激励机制问题;既有案例中心作用的发挥问题,也有教学设施条件问题;既有精通案例教学的师资队伍建设问题,也有学生对案例教学模式转变的适应问题。**而且,当前管理案例教学的主流价值取向是以**案例的工具价值为基础,以获得科学知识和管理技巧为目的的学术—技**

取向,这使得案例教学产生了不少消极的效应。随着管理的相关观念以及管理实践的新变化,有必要对管理案例教学进行重建,重建的方向是以案例的内在价值为基础的经验—探究取向的管理案例教学。这种案例教学,就是以案例作为叙事知识这一内在价值为基础,传播叙事知识,培养叙事思维,最终实现个体实践知识改造或自我转化的教学,从而真正实现案例教学目的。

参考文献

[1] Uma Sekaran. 企业研究方法[M]. 第4版. 北京:清华大学出版社,2005.

[2] 付永刚,王淑娟. 管理教育中的案例教学法[M]. 第2版. 大连:大连理工大学出版社,2014.

[3] 慕凤丽,金汉弛. 案例教学在中国:机遇与挑战[M]. 北京:北京大学出版社,2015.

[4] 郭文臣等. 描述型案例和决策型案例的采编[J]. 管理案例研究与评论,2014(10):427-435.

[5] 靳玉乐,向眉. 论案例教学价值取向的变革——基于对工商管理案例教学的分析[J]. 西南大学学报(社会科学版),2015(1):93-98.